세계사를 바꾼
50가지
배 이야기

지은이 이언 그레이엄(Ian Graham)

1953년에 영국 북아일랜드의 벨파스트에서 태어났다. 대중 과학, 기술, 역사 분야에서 30년 넘게 활동한 작가다. 응용물리학 학위와 언론학 대학원 학위를 취득했다. 잡지에 광범위한 주제로 글을 썼으며 우주 탐사, 항공, 운송, 에너지, 통신, 발명 및 군사 기술 등 다양한 주제에 관해 200권이 넘는 책을 썼거나 공동 집필했다. 또한 고전 이야기를 재해석한 범죄 소설과 그래픽노블도 출간했다. 2012년 '영국 왕립 학술원 어린이 도서상'을 공동 수상했고, 2014년에는 교육 작가상(Educational Writers' Award) 후보로 지명됐다.

옮긴이 이재황

서울대학교 동양사학과에서 공부하고 한국방송(KBS), 내외경제(현 헤럴드경제), 중앙일보 등에서 기자로 일했다. 역사와 언어·문자에 관심을 가지고 공부하고 있다. 『실크로드 세계사』 번역으로 제58회 한국출판문화상(번역 부문)을 수상했으며, 그 밖에 『두 강 사이의 땅 메소포타미아』, 『바다의 황제』, 『아시아 500년 해양사』, 『기후 변화 세계사』(전 2권), 『중세인들』(전 2권), 『신의 기록』, 『지중해 세계사』, 『책을 불태우다』, 『도시는 왜 사라졌는가』, 『몽골제국, 실크로드의 개척자들』, 『카운트다운 1945』, 『비잔티움제국 최후의 날』, 『초목 전쟁』 등 20여 권의 영문서와 『맹자』, 『순자』 등 동양 고전을 번역했다. 『한자의 재발견』, 『처음 읽는 한문』(전 2권), 『기발한 한자 사전』, 『가장 빨리 외워지는 한자책』 등을 썼으며, 조선왕조실록을 재편집 번역한 『태조·정종본기』 및 『태종본기』(전 3권), 정인보의 『양명학연론』을 교감하고 주석한 『정본 양명학연론』을 펴냈다.

일러두기

1. 이 책은 Ian Graham의 *Fifty Ships that Changed the Course of History: A Nautical History of the World*(Quarto Publishing, 2016)를 번역한 것이다.
2. 외래어 인명과 지명은 국립국어원의 외래어 표기법에 따라 표기했다.
3. 본문에 독자의 이해를 돕고자 설명이 필요한 부분에는 괄호 안에 옮긴이 주를 넣었으며, 인명의 경우 옮긴이 주 표시 없이 생몰 연도를 밝혔다.

세계사를 바꾼 50가지 배 이야기

이언 그레이엄 지음
이재황 옮김

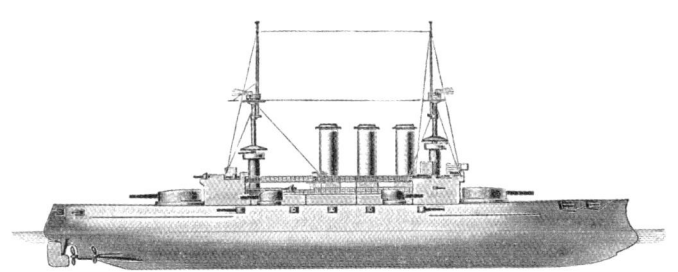

산처럼

차례

서문	6
쿠푸 파라오의 태양선	8
삼단노선	12
뉘담 배	16
이시스호	20
모라호	24
정화의 보선	28
산타 마리아호	32
메리 로즈호	36
빅토리아호	42
메이플라워호	46
인데버호	50
빅토리호	54
시리우스호	60
클러몬트호(노스리버호 증기선)	64
서배너호	68
비글호	72
아미스타드호	78
그레이트 브리튼호	82
래틀러호	86
아메리카호	90
챌린저호	94
글루아르호	98
모니터호	102
커티 사크호	106
프람호	110
스프레이호	114
오리건호	118
홀랜드호	122
포툠킨호	126
드레드노트호	130

빅토리호, 54쪽

클러몬트호(노스리버호 증기선), 64쪽

루시타니아호	134		노틸러스호	186
타이태닉호	138		레인보 워리어호	190
U-21호	144		레닌호	194
노르망디호	148		토리 캐니언호	198
비스마르크호	152		엔터프라이즈호	202
일러스트리어스호	158		앨빈호	206
패트릭 헨리호	162		글로마 익스플로러호	210
야마토호	166		얼루어 오브 더 시스호	214
칼립소호	170			
미주리호	174		더 읽어볼 책	218
콘티키호	178		찾아보기	221
아이디얼 X호	182		이미지 저작권 / 선박 톤수에 관하여	227

서문

우리 조상들이 왜 처음 육지를 떠나 위험을 무릅쓰고 바다로 나갔는지, 언제 그런 일이 일어났는지 우리는 알지 못한다. 먹을 것을 찾아 나선 것일 수도, 물건을 싣고 교역을 하러 간 것일 수도 있다. 그들은 정복에 나선 전사이거나, 강 건너 또는 바다의 수평선 너머를 향해 떠난 탐험가일 수도 있다. 그때 이후로 배와 그 배를 인간이 이용한 방식은 우리의 역사, 문화, 문명의 모습을 결정지었다.

> 나는 다시 바다로 나가야 한다. 외로운 바다와 하늘로 그리고 내가 원하는 것은 커다란 배와 그 배를 지나가는 별 하나뿐이다.
> —존 메이스필드(1878~1967),
> 「바다 열병Sea Fever」

기원전 2550년 무렵, 이집트에서 커다란 해양 항해용 선박들이 건조됐다. 고대 세계의 배들 중 지금 볼 수 있는 가장 오래된 것 중 하나가 1950년대에 이집트에서 발견됐다. 4,500년 전에 만든 파라오 쿠푸(재위 기원전 2589~기원전 2566)의 장례용 배다. 이 같은 초기 이집트의 배들은 크고 작은 노를 사용했다. 돛에만 의존해 추진하는 첫 배 다우dhow도 이곳에서 개발되어 수천 년 동안 거의 비슷한 모습으로 지금도 여기서 볼 수 있다.

이집트와 다른 곳에서 단순한 형태로 시작된 배들은 갈수록 커졌고, 서로 다른 용도로 전문화된 여러 유형의 배들로 진화했다. 선체가 큰 배들은 무역을 위해, 날씬하고 빠른 배들은 전투용으로 건조됐다. 최초의 군함은 노를 젓는 갤리였다. 군함은 화물선이 노를 돛으로 대체한 한참 뒤에도 노를 이용했다. 함포를 가지고 거리를 둔 채 싸우기 전에는 상대를 들이받거나 승선하기 위해서 군함들이 적선에 가까이 가야 했다. 노를 사용하면 군함을 더 정밀하게 조종하고, 원하는 속도로 움직일 수 있었다. 노를 세 줄로 배치하는 삼단노선三段櫓船은 지중해에서 1천 년여 동안 가장 성공적인 군함이었다. 더 북쪽에서는 바이킹들이 더 날씬하고 우아한 랑스킵을 개발하여 해안과 강을 습격했다. 동아시아에서는 평저선平底船이 바다에서 무역 및 전투 용도로 널리 쓰였다.

먼바다를 항해할 수 있는 배가 나오자 탐험가들은 새로운 땅을 찾아 나섰고, 마침내 세계를 일주하며 여러 섬과 해안의 지도를 만들었다. 세계의 주요 해양 강국들은 해외 식민지를 건설하면서 계속 부딪쳤고, 이것이 더 큰 포를 탑재할 수 있는 더 큰 군함 건조로 이어졌다. 포탄 도입은 목제 선체에서 철제 선체로, 다시 강철 선체로 변화를 촉진했다.

전쟁, 무역, 과학, 오락

거대 전함은 제1차 세계대전 때의 드레드노트급 전함들과 제2차 세계대전 때 독일의 비스마르크호, 일본의 야마토호大和號, 미국의 미주리호 등으로 절정에 다다랐다. 한편 무역선은 점점 더 커졌고, 커티 사크호 같은 클리퍼(쾌속 범선)들은 속도를 위해 화물의 양을 줄였다. 비행기로 수송이 빨라지자 화물선은 초대형 유조선과 컨테이너선같이 거대해졌다. 미국의 아이디얼 X호 같은 배들이 선도한 컨테이너 수송은 세계 화물 수송을 변화시켰다. 한편 수면 아래에서는 공학자와 발명가들이 20세기 초 첫 실용 잠수함을 건조하면서 물속에서 이동할 때 수반되는 문제들을 해결해 해전의 양상을 완전히 바꾸었다.

해양에 대해 더 알고자 하는 욕망은 과학 연구와 관련된 탐험으로 이어졌다. 이런 탐험들에는 군함을 개조한 비글호나 챌린저호 같은 배들이 사용됐다. 이들은 해저와 해류를 조사하고 수많은 새로운 생물 종을 발견했다. 상업적인 선박에 돛 대신 증기를 사용하면서 오락과 스포츠를 위한 항해가 인기를 끌었다. 아메리카 컵 요트 대회 같은 국제 대회에서 이기는 것은 국가의 위신이 걸린 문제여서 지속적인 경쟁이 촉발됐다.

육상 활주로가 없는 전쟁 지역에서 항공기를 이용하기 위해 항공모함이 개발되어 배수량 10만 톤의 거대한 니미츠급 항공모함과 이를 대체한 제럴드 F. 포드급 항공모함이 만들어졌다. 이 배들은 원자력을 동력으로 삼음으로써 사실상 할 수 없는 게 없었다. 증기 동력으로 정기 대서양 횡단 여행이 가능해지면서 선박 건조 회사들은 노르망디호 같은 보다 크고 보다 빠르며 보다 호화스러운 여객선을 만들어 유럽과 미국 사이의 수익성 높은 노선에 투입했다. 그들은 대서양을 가장 빨리 건너는 배에게 주는 블루리본상을 차지하려고 서로 경쟁했다.

방대한 물량의 상품과 물자가 활발하게 이동하는 세계에서 배는 우리 일상생활과 식품 공급, 우리의 안전에 줄곧 필수적이었다. 그리고 인류가 바다로 나가는 이유는 수천 년 전 배가 처음 바다로 나선 이후 변하지 않았다.

왼쪽 이 스케치는 미국 해군 최초의 스크루 프로펠러, 증기 동력 군함 프린스턴호(1851)다. 이 배는 두 번째로 프린스턴호라는 이름이 붙은 미국 군함이다.

아래쪽 이 메이플라워 2호는 1620년 잉글랜드에서 최초로 신대륙으로 건너간 필그림파더스들이 탔던 유명한 메이플라워호를 실물 크기로 복제한 것이다.

서문

쿠푸 파라오의 태양선

고대 이집트 문명은 5천여 년 전 나일강 기슭에서 탄생했다. 이 강과 연안을 따라 이루어진 수상 운송은 사람 및 물자 수송 그리고 소통과 어로에도 필수적이었다. 이집트인들은 일찌감치 작은 강배를 개발했고, 이어 지중해 항구들과 교역하기 위해 더 큰 항해용 선박을 만들었다. 이 시기의 큰 배는 남아 있지 않다고 여겼는데, 1954년 고고학자들이 이례적인 발견을 했다.

유형 태양선
진수 이집트 고왕국, 기원전 2566년 무렵
길이 43.6미터
톤수 미상
건조 레바논 삼나무 판자
추력 다섯 쌍의 노

파라오 쿠푸는 그리스어 이름 케옵스로도 알려져 있으며, 기원전 2589년부터 기원전 2566년까지 이집트를 통치했다. 그는 기자Giza에 가장 큰 피라미드(대피라미드)를 건설했으나, 그것 외에는 그에 대해 알려진 것이 많지 않다. 그를 묘사한 조각상이라고 발견된 것은 이집트 파라오 조각상 중에 가장 작은 것으로, 높이가 7.5센티미터인 좌상이 유일하다.

1950년대 초 대피라미드 바닥에서 잔해들을 치우던 중 작업자들은 한 벽의 잔해를 발견했다. 고고학자들은 그 위치가 이례적으로 피라미드와 너무 가까워 보였다. 고고학자 카말 엘말라크(1918~1987)는 그 아래 땅속에 무언가를 숨기려고 한 것이 아닐까 생각했다. 대피라미드 유적지의 다른 곳에서도 구덩이들이 발견됐다. 거기에는 파라오가 내세에 필요할 듯한 물건들이 들어 있었다. 그중에 하나가 배였다. 당시의 종교적 믿음에 따르면 파라오는 태양신 라Ra가 있는 하늘의 우주해宇宙海를 항해하기 위해 태양선太陽船이 필요했다. 쿠푸의 내세를 위해서 배 다섯 척이 준비된 것으로 보인다. 불행하게도 당시까지 발견된 구덩이는 도굴꾼들이 쓸어간 뒤였다.

땅이 치워지자 거대한 돌 토막들이 한 줄로 늘어서 있는 것이 드러났다. 그것들은 단순히 벽의 기단으로 보기에는 너무 컸다. 그래서 엘말라크는 그것이 커다란 구덩이의 지붕일 것이라고 생각했다. 땅에 작은 검사용 구멍을 뚫어보니 돌 토막들이 구덩이를 덮고 있는 것이 확인됐고, 엘말라크

오른쪽 파라오의 태양선 목재 조각들은 무덤 구덩이에 너무나도 잘 보존되어 있어 재조립할 수 있었다. 조각들에 새겨진 표시들은 그것이 어떻게 짜 맞춰지도록 계획됐는지를 보여준다.

왼쪽 쿠푸의 태양선은 대피라미드 남쪽 바닥 부근의 한 구덩이에서 조각 상태로 발견됐다. 그것들은 거기서 손을 타지 않고 수천 년 동안 놓여 있다가 1950년대에 발견됐다.

가 얼굴을 구멍 가까이에 대자 파라오의 장례용 배에 사용하는 삼나무 향이 났다. 그 시점에 엘말라크는 그 안의 나무가 어떤 상태인지 알 수 없었다. 개미가 파먹었을 수도 있고, 썩어서 부스러졌을 수도 있었다. 거울을 이용해 햇빛을 구멍 안에 비춰봤더니, 배의 노 모양이 확연했다. 그 구덩이에는 4,500년 이상 전(파라오의 시신이 피라미드 안에 안치된 때)에 들여놓았던 배가 있었다. 그리고 상태도 좋았다. 배는 조각나 있으나 내세에 재조립할 수 있도록 목재 조각을 모아놓았다. 그것은 고대의 명석과 밧줄 잔해로 덮여 있었다. 조각은 작은 나무못부터 큰 판자까지 모두 1,224개였다. 그것을 구덩이에서 옮기는 데 거의 2년이 걸렸고, 보존 처리와 선박 재조립을 하는 데는 10년이 넘게 걸렸다.

위쪽 배의 앞뒤를 올린 우아한 곡선 모양은 파피루스형으로 불린다. 이집트 지역의 이전 파피루스 배의 모양을 닮았기 때문이다.

파라오를 위한 맞춤형 선박

선체는 '선先 선체shell first'라는 방법으로 건조됐다. 선체 판자들을 먼저 붙인 뒤 골조와 버팀대를 끼워 이들을 함께 묶었다. 최대 23미터의 통나무에서 판자 30개를 잘라내고 이어 자귀로 선체의 곡선을 따라 꼼꼼하게 모양을 만들었다. 선체 모양은 배의 앞뒤가 높은 이전의 파피루스 갈대 배를 바탕으로 한 듯하다. 파피루스 배는 고대 이집트에서 흔한 것이었다. 큰 배를 만드는 데 필요한 만큼의 목재를 제공할 수 있는 나무가 별로 없었고, 반면에 파피루스 갈대는 풍부했기 때문이다. 쿠푸의 태양선에서 목재는 삼나무가 사용됐는데, 거의 모두 동부 지중해에서 수입됐을 것이다. 선체는 바닥이 평평했고, 용골이 없었다. 이집트의 배들은 이후 1천 년 동안 용골이 없었다.

배의 여러 조각은 장부맞춤으로 조여졌고, 풀로 만든 밧줄로 묶었다. 길이 9미터의 창 없는 선실이 갑판 위에 있다. 그 안에는 사람의 몸이 들어갈 길이 정도의 더 작은 방 하나가 있다. 아마도 파라오의 신체가 마지막 여행을 위해 놓였던 곳일 것이다. 배의 양쪽에는 각기 다섯 개의 노가 있고, 배꼬리에는 모두 같은 나무를 깎아서 만든 두 개의 키잡이 노가 더 있다.

한때 배가 있었을 다른 구덩이들도 이후 이집트의 여러 무덤과 신전에서 발견됐다.

다우

다우는 15세기까지 아라비아 해안, 페르시아만, 동아프리카, 인도 일대의 해상 여행을 지배했다. 지중해나 인도양이나 홍해에서 기원했을 것이다. 그것은 기원전 600년에서 기원후 600년 사이 어느 시기에 개발됐을 것으로 보여, 고대 이집트의 마지막 파라오는 나일강에서 다우를 보았을 것이다. 다우는 규모 면에서 작은 어선도 있고 커다란 해양 항해선도 있었다. 이 배가 항해에 가장 큰 기여를 한 것은 대형 삼각돛lateen이다. 유럽과 동아시아에서 사용된 사각돛보다 더 효율적이었다. 대형 삼각돛을 단 다우는 사각돛을 단 배에 비해 바람을 더 잘 받으며 항해할 수 있기 때문에 운전이 더 쉬웠다.

위쪽 다우는 주로 길고 날씬한 선체에 한두 개의 대형 삼각돛을 단 무역선이었다. 선체 앞뒤를 가로지르는 독특한 삼각돛은 다우의 조종을 매우 쉽게 해주었다.

상당수가 비어 있었지만 일부에는 수천 년 전 안치됐던 배들이 아직 있었다. 1991년 아비도스 부근 사막에서 5천 년 가까이 된 배 14척의 잔해가 묻힌 채 발견됐다. 고대 이집트는 나무가 부족해 해양 강국이 되는 길이 막혔지만, 쿠푸의 태양선은 오늘날까지 남아 있는 가장 오래된 판자 선박 중 하나다. 그것이 4,500년 전 파라오의 시신을 마지막 안식처로 싣고 가는 것이었다고 생각하면 희귀한 배다.

두 번째 배

두 번째 구덩이는 1954년 대피라미드 바닥에서 발견됐고, 여기에도 역시 파라오 시대 이후 손을 타지 않은 배가 한 척 들어 있었다. 처음에는 이 두 번째 배를 그냥 놔두기로 결정했으나, 1990년대에 점검했더니 나무가 썩어가고 있었다. 구덩이의 밀봉을 뜯는 바람에 습기와 곰팡이가 들어간 것이다. 배를 옮기지 않으면 썩어 해체될 수밖에 없었다. 나무의 방사성탄소 시험 결과 4,500년 된 것임이 드러났다. 나무가 보존 처리되면 배를 복원할 예정이지만, 과정이 까다로워 여러 해가 걸릴 것이다.

왼쪽 분해된 배가 기자 피라미드의 기반암을 파낸 구덩이에 조심스럽게 안치되고 석회석 석판으로 밀봉됐다.

삼단노선

고대 세계의 거대한 두 해양 문명을 건설한 페니키아인과 그리스인은 지중해를 종횡으로 누비는 화물선과 군함을 건조했다. 그들은 당대의 탁월한 군함인 삼단노선三段櫓船을 발명했다. 노로 운항하는 이 군함은 세계 역사의 흐름을 결정지은 전투에서 그리스 해군이 사용해 유명해졌다.

왼쪽 삼단노선은 가공할 전함이었다. 일반적으로 승조원은 200명 정도였고, 수병 분견대와 함께 최소 170명의 노잡이가 포함되어 있었다.

유형 노 젓는 군함
진수 그리스, 페니키아, 로마, 기원전 600년경 이후
길이 37미터
톤수 배수량 70톤
건조 목재 판자
추진 노잡이 170명과 두 개의 사각돛

노 젓는 배 갤리는 고대 이집트 파라오 시대부터 이용됐다. 이 배는 길고 날씬한 선체에 흘수선이 낮았고, 양 측면에 노잡이들이 배치되어 있었다. 대체로 한 개 이상의 돛대가 있어, 바람의 방향이 맞으면 돛의 힘으로 전환할 수 있었다. 전쟁 때 이 배들은 주로 전투원을 실어 날랐다.

전투에서 배들끼리 직접 부딪치지는 않았다. 그러다가 기원전 800년 무렵에 충각衝角 전법이 개발됐고, 군함 전용의 배들이 탄생했다. 충각은 뱃머리의 아래쪽에 장착됐다. 충각을 단 배들은 빠른 속도로 노를 저어 적선의 옆구리로 접근한 뒤 수면 아래의 선체를 충각으로 들이받았다. 그리스인들은 펜테콘테로스(50노선)라는 충각 장착 갤리를 개발했다. 한쪽에 25명씩, 모두 50명의 노잡이가 노를 저어 나아갔다. 노잡이 30명의 트리아콘테로스(30노선)도 있었다.

기원전 700년 무렵에 페니키아인들은 펜테콘테로스에 현외부재舷外浮材를 추가해 새로운 유형의 갤리를 만들었다. 추가된 부분은 제2열 노잡이들을 위한 상층 공간이 됐다. 노잡이가 2열로 배치됨으로써 배는 더 빠르고 강해졌다. 이단노선二段櫓船이다. 그 뒤 기원전 600년 무렵 그리스인 또는 페니키아인들이 이단노선의 노잡이 줄 두 개 위에 한 줄을 더해 삼단노선을 만들었는데, 금세 동부 지중해의 표준적인 군함이 됐다.

오른쪽 삼단노선의 노잡이들은 세 줄(또는 층)로 배치됐다. 아테네에서 나온 이 돋을새김은 삼단노선의 맨 위 줄 노잡이들이 노를 뱃전에 올려놓은 모습을 보여준다.

살라미스 해전

고대 세계의 가장 중요한 해전 중 하나는 수백 척의 삼단노선 사이에서 벌어졌다. 기원전 482년 아테나이는 페르시아의 침략에 대비해 삼단노선 군함을 건설했다. 침공은 기원전 480년에 일어났고, 처음에는 페르시아가 이겼다. 그들은 육상의 테르모필라이(지금의 테르모필레)에서 병력이 적은 그리스군을 전멸시켰다. 한편 아르테미시온 해전에서는 수백 척의 그리스 삼단노선이 더 수가 많은 페르시아의 삼단노선 군함에 맞서 싸웠다. 그리스 함대는 더 이상 손실을 감당할 수 없게 되자 철수했고, 페르시아가 이겼다. 그러나 그리스군 사령관 테미스토클레스(c. 기원전 524~c. 기원전 459)는 해군을 설득해 살라미스섬에서 적을 방어했다.

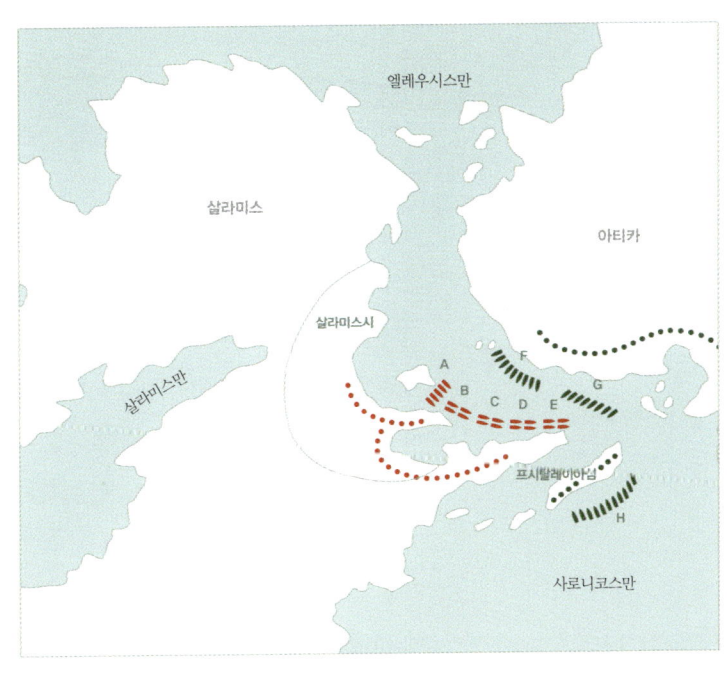

오른쪽 살라미스 해전은 살라미스섬과 그리스 본토 사이의 좁은 만이라는 제한된 공간에서 삼단노선 함대들 간에 벌어졌다.

• • • • • 그리스 부대
• • • • • 페르시아 부대

▥▥▥▥▥ 그리스 함대
    A 코린토스군
    B 아테나이군
    C 에기나군
    D 기타 그리스군
    E 스파르타군

▥▥▥▥▥ 페르시아 함대
    F 페니키아군
    G 이오니아군
    H 기타 페르시아군

위쪽 수적으로 우위였던 페르시아의 삼단노선 함대가 살라미스 해전에서 불리한 상황에 빠졌다. 그리스 함대가 승전을 위한 완벽한 장소를 골랐기 때문이다. 페르시아의 배 수백 척이 침몰했고, 페르시아는 패배했다.

페르시아는 손실이 컸지만, 여전히 그리스에 비해 배도 많았고 승조원들도 더 노련했다. 그들은 그리스 배들이 공격을 받으면 흩어져 달아날 것이라고 예상했다. 그러나 그리스 배들은 오히려 살라미스섬과 아테나이 해안 사이의 제한된 공간을 자기네에게 유리하게 이용했다. 그들은 페르시아를 좁은 해협 안으로 유인했다. 페르시아 배들은 자유롭게 기동할 수 없어 조직력이 흐트러졌으며, 심지어 일부는 자기네끼리 충돌했다. 이어진 전투에서 페르시아는 남아 있던 배 수백 척을 잃고 패배했다. 살라미스에서 그리스가 승리함으로써 이제 효과적인 해군의 지원이 사라진 페르시아군은 그리스 침략을 완수할 수 없게 됐다.

살라미스의 삼단노선 전투는 포괄적인 중요성을 지녔기 때문에 주목할 만하다. 고대 그리스는 서양 민주주의와 문명의 모태였기 때문에 페르시아가 살라미스 해전에서 승리하고 이어 그리스 침략에 성공했더라면 그 이후 서양 역사의 흐름이 바뀌었을 것이다.

로마의 해군

살라미스 해전은 해군력의 중요성을 입증했다. 주로 육상 기반의 군사력을 갖고 있던 로마는 기원전 3세기에 이익 범위를 확장하자 오늘날 튀니지 해안의 카르타고와 적대 관계가 조성됐다. 카르타고는 로마와 달리 노련한 항해자들로, 서부 지중해를 지배하고 있었다. 로마는 자기네의 영토와 항구와 교역로를 지키기 위해 자체 삼단노선과 나아가 더 큰 오단노선 함대를 건설했고, 해양 강국이 됐다. 오단노선은 삼단노선에서 노 하나당 붙는 노잡이의 수를 늘린 것이었다. 위의 두 줄의 노에는 노 하나당 노잡이 두 명, 맨 아래 줄에는 노 하나당 한 명이 배치됐다. 3층으로 된 각 위치마다 노잡이가 다섯 명이어서 오단노선이었다. 오단노선 하나에는 승조원이 400명, 그중에 노잡이가 300명이었다.

로마인들은 새 전술을 개발했다. 그들은 군함에 코르부스(까마귀)라는 장치를 장착했다. 이것은 다리 또는 건널판으로, 적선에 코르부스를 걸쳐놓고 로마 병사들이 쏟아져 들어가 백병전을 벌였다. 코르부스는 아래에 새 부리처럼 생긴 스파이크가 있어 두 배를 묶어주었다.

위쪽 튀니지에서 발견된 이 모자이크는 로마의 삼단노선을 보여준다. 뱃머리에 그려진 눈은 여러 문화권의 배들에 공통되게 나타나는 상징인데, 악령을 물리치고 적을 위협하는 것으로 생각된다.

나중에 카르타고가 패배하고 더 이상 경쟁할 만한 해상의 적이 없자 로마 해군은 해안과 주요 강들을 경비하고 상선을 호송하며 해적을 소탕하는 군대로 진화했다. 중무장한 군함은 이 일에 적합하지 않아서 해군은 더 작고 가벼운 배를 개발했다. 5세기에 로마 제국이 몰락하자 제국의 동반부는 동로마제국으로 1천 년을 더 지속했으며, 새로운 군함 드로몬을 만들었다. 이는 리부르니안이라는 로마의 작은 갤리가 발전한 것으로, 동로마제국의 핵심 군함이었다. 드로몬은 대형 삼각돛을 단 완벽한 배였다. 뱃머리의 충각은 이 무렵에 떼어버렸다. 드로몬은 크기가 다양했다. 노의 열은 1열짜리도 있고 2열, 3열짜리도 있었다.

노를 젓는 갤리 형태의 군함들은 16세기부터 사양길에 접어들었다. 갤리 전함들 사이의 마지막 주요 해전은 1571년의 레판토(나우팍토스) 해전이었다. 에스파냐가 이끄는 동맹국이 오스만제국에 승리했다. 그 뒤 갤리는 돛을 단 더 큰 군함들을 지원하거나 해안과 강의 작전에 사용됐지만, 삼단노선과 거기서 발전한 여러 가지 노 젓는 배들의 시대는 끝났다.

올림피아스호 건조

고대 세계의 삼단노선은 남아 있는 게 없다. 이 배는 1985년에 고대 아테나이의 삼단노선을 만들던 피레우스의 한 작업장에서 복제품으로 만들어진 것이다. 이 작업은 2년이 걸렸다. 올림피아스호라 불린 이 배는 미송과 버지니아오크로 만들어졌으며, 뱃머리에 청동을 씌운 충각을 달았다. 버팀줄은 배가 파도 위를 지나갈 때 수축('호깅hogging' 또는 '새깅sagging')되는 것을 막는 데 도움을 주었다. 바다 시험 운항에서 올림피아스호는 모두의 기대를 뛰어넘었다. 노잡이 170명 정수를 다 승선시킨 이 배는 9노트(시속 17킬로미터)의 속력을 냈고, 1분 안에 180도 회전(배의 길이 2.5배 이내에서)도 성공시켰다. 그러자 올림피아스호는 그리스 해군의 군함으로 취역했다. 현대 해군에서 이런 유형의 군함으로는 유일한 사례가 됐다.

위쪽 올림피아스호는 기원전 5~기원전 4세기 아테나이 삼단노선을 실제 크기로 재현한 복제품이다. 1987년 진수한 배수량 70톤의 이 배는 이 유형으로는 유일한 것이다.

삼단노선

뉘담 배

19세기 중반에 덴마크의 어느 교사가 한 습지로 발굴을 나갔다가 북유럽에서 알려진 것으로는 가장 오래된 노 젓는 배를 발견했다. 이는 뉘담 배로 알려지게 되는데, 1,600년 넘게 습지에 잠겨 있었다. 이것은 지금도 바이킹 이전 북유럽의 배들 중 가장 훌륭한 사례로 꼽는다. 이는 바이킹의 랑스킵으로 이어지는 초기 북유럽 선박 디자인의 여러 단계 중 하나라는 점에서 중요하다.

유형 바이킹 이전 군함
진수 덴마크 남부, 315년경
길이 23미터
톤수 배수량 3톤
건조 오크나무, 갑옷식 판붙임(겹판)
추진 15쌍의 노

오른쪽 뉘담 배는 북유럽에서 알려진 가장 오래된 노 젓는 배이자 갑옷식 판붙임 배다. 이 배는 습지 속에 잠겨 1,600년 넘게 묻혀 있었다.

1851년 덴마크는 제1차 슐레스비히 전쟁에서 프로이센·슐레스비히·홀슈타인의 독일연방에 승리를 거두었다. 덴마크인들은 슐레스비히홀슈타인의 일부를 점령하자 적에게 동조했던 관리와 그 외 사람들을 제거했다. 이 때문에 교사 수가 모자랐다. 그래서 새로운 교사들이 교단에 섰는데, 그중에 콘라드 엔겔하르트(1825~1881)가 있었다. 그의 업무 중에는 지역의 '야스페르센 컬렉션'이라는 고대 유물을 수집해서 관리하는 일도 있었다. 그는 지역 농민과 토탄土炭 채취자들에게 부탁해 그들이 칼이나 항아리 같은 것들을 발견하면 기부를 받아 컬렉션을 늘리고자 했다. 엔겔하르트도 직접 발굴을 나가 유물들을 찾았다.

1859년 그는 뉘담모세(뉘담 습지)라는 덴마크 남부 쇠더보르에서 약 8킬로미터쯤 떨어진 지역에서 발굴을 시작했다. 이후 4년에 걸쳐 그는 고대의 배 세 척과 철기시대까지 거슬러 올라가는 여러 가지 물건들을 발견했다. 그중에 칼도 100여 점이 있었다. 이 무렵에 제2차 슐레스비히 전쟁(1863~1864)이 벌어졌다. 이번에는 덴마크가 졌고, 엔겔하르트가 발견한 것들의 소유권은 독일에 넘어갔다. 불행하게도 그가 발견한 배 중에 하나가 파괴되어 영영 사라졌다. 전쟁 때 병사들이 그것을 땔나무로 써버린 것이다. 그러나 뉘담 배는 보존되어

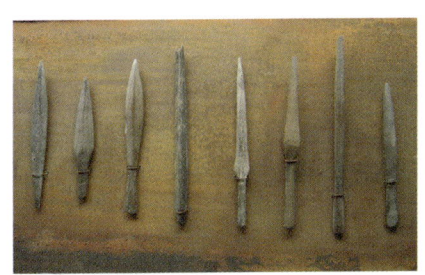

위쪽 뉘담 습지에서는 배 몇 척 외에 사슴뿔과 뼈로 만든 화살촉과 창끝이 다수 나왔다.

슐레스비히홀슈타인주의 주도 킬로 가져갔다가 나중에 슐레스비히의 고토르프성에 있는 주립 고고학박물관으로 옮겨 지금도 전시되고 있다.

뉘담 배는 오크나무로 만들어졌다. 용골은 길이 14.3미터, 폭 57센티미터의 통짜 오크나무다. 양쪽에 각기 다섯 개의 판자(뱃전판)가 있다. 이들과 선수재船首材·선미재船尾材는 나무못과 쇠못으로 내부의 늑재肋材에 고정되어 있다. 추진은 양쪽에 15개씩 있는 노를 가지고 했다. 노는 길이가 3.5미터 이하여서 노젓기는 짧고 빨랐을 것이다. 1993년 넓은 키잡이 노가 발견됐다. 그것은 배꼬리의 우현 쪽에 고정되어 측면 방향타로 사용됐다. 배 내부에는 돛대나 돛대 기부基部(돛대를 떠받치는 나무토막)의 흔적이 없었다. 따라서 뉘담 배는 돛이 없었을 것이다. 북유럽인들이 능숙하게 돛을 사용하기까지는 이후 350년이 더 필요했다. 이 배의 길고 좁은 선형과 그 안에서 발견된 무기의 수는 그것이 전투용 배였음을 시사한다. 고대의 군함이다. 이것은 바이킹 랑스킵이 개발되기 직전의 선박 기술 상태를 보여준다.

아래쪽 뉘담 배는 오크나무로 건조됐으며, 나무못과 쇠못, 끈으로 묶었다.

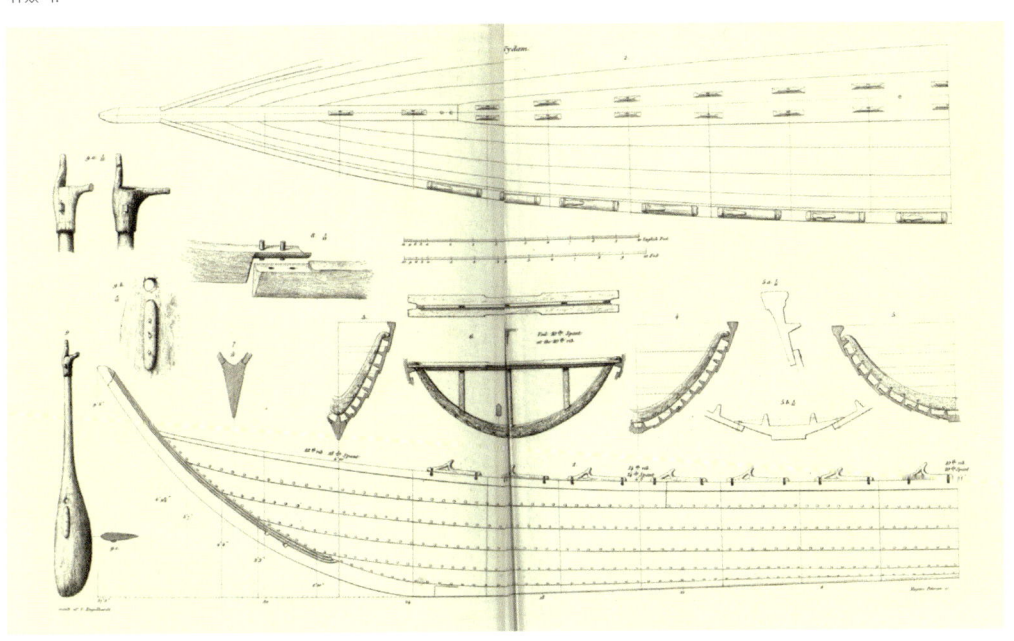

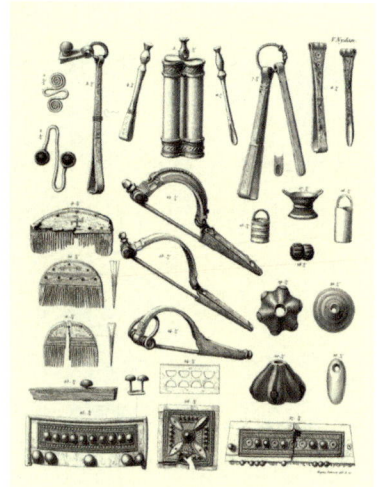

위쪽 콘라드 엔겔하르트가 덴마크의 뉘담 습지와 그 외 지역들에서 발굴한 것들로, 무기를 포함한 옷, 빗, 펜던트, 귀고리, 단추 등 철기시대 개인 소지품을 정리한 것이다.

성스러운 곳

이후의 뉘담 습지 연구는 물건들이 그곳에 여덟 차례 이상에 걸쳐 저장됐음을 보여주었다. 가장 큰 네 차례의 저장(뉘담 A에서 D까지)은 대략 200년에서 400년 사이에 이루어졌고, 당시 습지는 호수였던 것 같다. 엔겔하르트가 발견한 배 세 척 중 가장 큰 뉘담 배는 주요 저장 중 세 번째인 350년에 이루어진 것으로 추정됐다. 나이테 연대측정법으로 이 나무는 310~320년 무렵에 만들어졌다. 475년 무렵까지 적어도 세 차례 이상 더 저장이 됐다. 마지막 것은 36개의 칼로 '울타리'를 둘러친 곳에 1천 점가량의 물건이 묻혀 있었다.

북유럽과 스칸디나비아에서 발견된 가장 잘 알려진 고대의 선박 중 일부는 무덤의 일부로서 묻혔다. 시신과 함께 묻힌 부장품이거나, 하나 또는 여러 시신의 안식처로서다. 그러나 뉘담 배는 전리품으로 다른 배들 및 무기들과 함께 묻힌 듯하다. 그것들은 전투 뒤 패배한 적으로부터 탈취한 것으로, 승리에 대한 감사 표시로 신에게 바쳤을 것이다. 습지에서는 수많은 무기가 발견됐는데 이는 철기시대 군대의 조직 구성을 부분적으로 보여주었다. 전사 대부분은 크고 작은 창으로 무장했다. 나머지 대부분은 칼로 무장했고, 그 밖의 사람들은 궁수와 기병이었다.

1984년 몇몇 새로운 물건들이 발견된 이후 덴마크 국가박물관의 해양 고고학연구소는 이 습지에 대해 상세히 조사했다. 그들은 엔겔하르트가 놓쳤던 뉘담 배의 일부를 비롯해 유물을 더 발굴했다. 이 중에는 머리 모양의 나무 조각품 두 점도 있었는데, 이는 뱃머리 양쪽에 달아 배를 매어두기 위한 말뚝으로 사용했던 것으로 보인다. 2011년에는 네 번째 배가 발견됐다. 이 배는 뉘담 배보다 컸지만, 복원할 수 없을 정도로 심하게 손상됐다.

오른쪽 뉘담 배는 측면에 설치한 노로 조종했다. 이것이 중세 말에 키가 도입되기까지 북유럽에서 통상적인 조종 방식이었다.

랑스킵의 발전

뉘담 배는 랑스킵의 발전 단계를 보여주는 발견이었다. 1920년 고고학자들은 수십 년 전인 1880년 덴마크 알스섬 요르트스프링에서 토탄을 캐는 농민들이 발굴한 배에 대해 처음 알게 됐다. 요르트스프링 배는 본래 길이가 약 19미터였는데, 14미터만 남아 있었다. 이 배는 기원전 350년 무렵에 판자를 붙여 만든 비교적 단순한 노 젓기 '전투선'이었다. 판자를 겹쳐, 후대의 여러 배가 사용한 '갑옷식 판붙임' 즉 '겹판' 건조 방식을 보여주었다. 315년 무렵의 것으로 추정되는 뉘담 배는 후대의, 더 크고 더 발전한 디자인이었다. 그 가장 긴 판자(뱃전판)는 모두 두 조각 이상의 판재를 보이지 않는 이음매로 능숙하게 연결했다. 판자에 못을 박고 노를 사용한 것은 요르트스프링 배에서 발전한 부분이다.

그 후 1920년에 묻혀 있던 7세기의 배 두 척이 노르웨이 크발순에서 발견됐다. 둘 중에 큰 배는 이전의 배들보다 더 넓고 용골이 있어, 악천후에도 항로를 잘 유지할 수 있었다. 크발순 배는 바이킹 랑스킵의 특성 대부분을 갖추고 있다. 그다음 단계의 배가 바로 랑스킵이다.

서턴후

배에 시체를 담아 묻은 것이나 선박 희생 및 제물은 고대 선박의 설계에 대한 중요한 기록이며, 이는 스칸디나비아에서만 그런 것이 아니다. 1939년 이디스 프리티(1883~1942)는 고고학자 배질 브라운(1888~1977)에게 영국 서퍽주 서턴후의 자기 땅에 있는 거대한 앵글로색슨족 봉분을 조사해달라고 부탁했다. 브라운은 봉분 안에서 27미터 크기의 배 흔적을 발견했다. 아마도 7세기 초에 만들어진 것으로 추정됐다. 배는 썩어 사라졌지만 그 모양은 흙 속에서 분명하게 보였다. 판자를 접합했던 쇠못도 함께 발견됐다. 여기에는 은제품, 장신구, 철제 투구, 의류 잔해 등 엄청난 보물들이 잔뜩 들어 있는 묘실이 있었다.

위쪽 서턴후 배의 목재는 전혀 남아 있지 않지만, 땅에는 뚜렷하게 배의 흔적을 남겼다.

왼쪽 서턴후에서 나온 가장 중요한 발견물 중 하나는 근사한 앵글로색슨족의 장식 투구다.

이시스호

스칸디나비아 선박 건조자들이 랑스킵을 개발해가는 동안 로마제국은 유럽 전역으로 뻗어 나가고 있었다. 로마의 교역 확대에는 상선이 필요했다. 1988년 해저 탐험가 로버트 밸러드(1942~)는 독특한 발견을 했다. 손타지 않은 4세기 로마 상선이었다. 잠수부들이 약탈하기에는 너무 깊은 곳에 있었다. 밸러드는 이시스호를 세계 다른 지역의 연구자들과 난파선 탐험을 공유하는 새로운 방법을 개척하는 데 이용했다. 로봇 잠수정과 인공위성을 연결한 것이었다.

유형 상선
진수 로마제국, 4세기
길이 약 30미터
톤수 100~200톤
건조 납을 씌운 목재(화이트오크)
추진 노 그리고 두 개의 돛대에 사각돛

로버트 밸러드와 그의 팀은 지중해 해저를 살펴 고대 난파선의 흔적을 찾고 있었다. 그의 배 스타렐라호가 시칠리아와 튀니지 사이의 스케르키 대륙붕이라는 퇴적물로 구성된 완만한 경사의 수중 고원 위를 지나고 있을 때 배가 예인하는 아르고호라 불리는 카메라 썰매는 해저 표면의 실시간 사진을 전송하고 있었다. 스케르키 대륙붕은 카르타고와 로마 사이 해로 아래 760미터 지점에 있었다. 고대의 선박이 이곳에서 악천후에 휘말렸다면 그 잔해가 스케르키 대륙붕에 남아 있는 것을 볼 수 있을 터였다.

1988년 6월 3일, 스타렐라호 선상 관제실 화면에 암포라가 나타났다. 로마의 화물선들은 저장 용기인 암포라를 가득가득 실었다. 암포라에는 올리브 기름, 물고기, 포도주 등을 담았다. 아르고호의 카메라들이 더 많은 암포라를 발견했다. 밸러드 팀은 고대 로마 선박의 파편을 발견한 것이다. 그들은 암포라를 떨어뜨린 배를 찾기 시작했다.

6월 12일 관제실의 모니터 요원들이 갑자기 화면에서 암포라와 그 밖의 물건들이 잔뜩 쌓여 있는 무더기를 보았다. 배가 해저에서 멈춘 장소인 듯했다. 그들은 이 배에 '이시스'호라는 이름을 붙였다. 선체나 삭구의 흔적은 없었다. 배가 실어 날랐을 법한 곡식 자루 역시 사라졌다. 그러나 암포라 무더기, 병, 단지, 숫돌은 분명히 보였다. 일부 금속 잔해는 난로 또는 배의 닻 잔해인 듯했다. 이 물건들은 배가 가라

오른쪽 선체가 둥근 이런 화물선이 로마제국의 운송을 책임졌다. 필수 물품을 싣고 지중해 교역로를 끊임없이 왕래했다. 이 배들은 육상으로 실어 나르는 것보다 빠르게 상품과 물자를 운송할 수 있었다.

왼쪽 로버트 밸러드가 발견한 화물선은 스케르키 대륙붕에 놓여 있었다. 이 대륙붕은 시칠리아, 사르데냐, 튀니지 사이의 해저에 있으며, 그 위쪽에 있는 카르타고와 로마의 항구 오스티아 사이의 해로는 고대에 통행량이 많았던 곳이다.

앉은 이후 처음으로 사람의 눈에 띈 것이었다.

밸러드는 그해 작업을 마무리하고 이듬해에 보다 야심 찬 계획을 가지고 돌아오기로 했다. 그는 '텔레프레즌스telepresence'라는 기법을 개척했다. 해저의 실시간 모습을 수천 킬로미터 떨어진 여러 교실에 전송하면 학생들이 그것을 보고 조사 팀에게 질문을 하는 것이었다. 그는 이 기술을 이용하는 '제이슨 프로젝트'를 만들어 과학·기술·공학·수학 쪽의 진로를 택한 학생들에게 자극을 주고자 했다. 1989년의 탐사는 그 첫출발이었다.

밸러드 팀은 이제 탐사선 스타 허큘리스호에 올라 '메데아'라는 새로운 촬영 장비와 '제이슨'이라는 보다 발전된 원격 조작 잠수기ROV를 사용했다. 이 사업의 첫 송신은 300미터 깊이에 있는 수중 활화산 마르실리 해산海山을 탐사하는 것이었다. 그리고 이시스호를 찾을 시간이 됐다. 바로 다음 생방송이 시작되자 메데아는 난파선에 관심을 집중했다. 그들은 전 지역을 상세하게 조사했다. 정확한 조사가 필수적이었다. 유물이 발견된 장소에 대한 정보가 현재와 미래의 고고학자들에게 유용할 것이기 때문이다. 파편이 쌓인 곳의 규모와 발견된 유물의 유형을 근거로 조사 팀은 그것이 난파된 로마 화물선이라고 확신했다.

전형적인 로마 화물선은 배 앞뒤가 높다. 배꼬리는 앞으로 휘어져 흔

오른쪽 오스티아에서 나온 이 조각에는 곡물을 싣고 있는 '이시스 지미니아나'라는 화물선이 그려져 있다. 마기스테르(선장)의 이름은 파르나체스이고, 선주는 아라스칸투스다.

히 백조의 목과 같은 모습을 하고 있다. 돛대는 두 개였다. 선체 중앙의 큰 돛대는 사각돛을 달고, 때로 그 위에 삼각 윗돛을 추가로 단다. 앞쪽의 작은 돛대는 뱃머리 쪽으로 기울어져 있고 아르테몬이라는 작은 돛을 달았다. 이시스호 같은 작은 화물선은 암포라를 3천 개까지 실었고, 더 큰 배들에는 1만 개도 실을 수 있었다.

수면 위로

조사가 끝나자 물건을 인양하기 위해 제이슨을 내려보냈다. 전문가들은 그렇게 깊은 곳(818미터)에서 암포라를 부서뜨리지 않고 올리는 것에 회의적이었다. 제이슨의 기계 팔은 암포라를 하나씩 들어올려 망태기에 넣었는데, 그 망태기는 해저에 놓인 승강기라고 불린 장치의 일부였다. 음향신호가 물속으로 내려가자 승강기가 무거운 강철 추를 놓았다. 그러자 승강기에 부착된 부대(浮袋)가 부력을 일으켜 그것을 수면 위로 끌어올렸고, 그렇게 해서 이 귀중한 화물은 모선 스타 허큘리스호로 옮겨졌다.

아래쪽 로버트 밸러드가 자신의 탐사선에서 학생들에게 이야기하고 있다. 밸러드는 멀리 떨어진 해저 난파 지점을 실시간으로 학생·교사·과학자에게 전송하는 데 인공위성 기술을 이용하는 길을 개척했다. 텔레프레즌스로 알려진 방식이다.

암포라들은 수면 위까지 무사히 올라왔다. 그것들은 튀니지에서 만들어진 유형이므로, 이시스호는 북아프리카에서 이탈리아로 가던 중인 것으로 추정됐다. 암포라의 모양으로 보아 이 배가 가라앉은 것은 3~4세기로 보인다. 기름등도 건졌는데, 이것으로 로마의 기름등 사용 시기는 4세기 후반이라고 정확하게 추정할 수 있었다. 그리고 난파 장소에서 찾아낸 항아리를 엑스선 촬영을 해보니 바닥에서 주화가 발견됐다. 355년 무렵에 주조된 청동 켄테니오날리스(고대 로마의 은화—옮긴이)여서, 기름

원자력 잠수함

NR-1호는 미국의 해양 관측용 원자력 잠수함이었다. 1969년에 진수했고, 2008년까지 운용됐다. 배수량 406톤으로, 해양을 거의 1천 미터 깊이까지 탐사할 수 있었다. 세계의 대륙붕 거의 대부분을 커버할 수 있었다. NR-1호는 원자력 잠수함치고는 작아서, 길이가 불과 44미터였다. 이것은 대부분의 잠수함과 달리 세 개의 관찰 현창舷窓과 외부 조명이 있어 탑승자들이 바깥을 볼 수 있었다. 그리고 그것은 특이하게도 아래에 접이식 바퀴가 있어 해저에서 굴러다닐 수 있었다. NR-1호는 1997년에 난파선이 있을 가능성이 높은 지역을 찾아내는 광범위한 연구에 이용됐고, 그 후속 작업에는 ROV 제이슨이 투입되어 상세하게 조사했다.

아래쪽 잠수함은 정상적으로는 언제나 해양 바닥과의 접촉을 피하지만, NR-1호는 그곳에서 움직이도록 설계됐다! 그 원자력 장치 또한 다른 어느 연구용 잠수함에 비해 잠수 시간이 길었다.

등의 증거가 확인됐다.

찾지 못한 보물

밸러드 팀은 해저에 드러나 있는 물건을 건질 수 있는 장비만 가지고 있었다. 그러나 그들은 배의 나머지 부분들이 여전히 흙 속에 묻혀 있을 것으로 추측했다. 암포라가 수천 개 더 있을 것이라고 보았다. 배의 선체 극히 일부분이 발견되어 수습됐다. 그것은 로마의 선박에 전형적인 장부맞춤 건조임을 보여주었다. 그것은 '선先 선체' 방식으로 건조됐을 것이다. 선체의 판자를 장부맞춤으로 붙이고 그 뒤에 내부의 골조와 교차 부재를 넣는 방식이다.

밸러드는 1997년 새로운 배를 가지고 이시스호 난파 장소로 돌아왔다. NR-1호라고 불리는 작은 원자력 잠수함이었다. 이 잠수함은 최대 30일 동안 수중에 머물러 있을 수 있었다. NR-1호를 이용해 고대의 난파선 다섯 척을 더 발견했다.

모라호

노르만인의 잉글랜드 정복은 지난 1천 년 동안 가장 영향력 있는 사건들 중 하나였다. 1066년 잉글랜드 지배권을 장악한 노르만 귀족의 야심을 고려하지 않고는 지난 1천 년의 영국 역사를 이해하는 것은 거의 불가능하다. 알다시피 영어의 탄생에서부터 프로테스탄트의 확산, 여러 대륙의 식민지화에 이르기까지 그 영향은 다양하고 광범위하다. 그리고 그것은 노르망디 공작 기욤 2세(잉글랜드 왕 윌리엄 1세(재위 1066~1087))의 기함 모라호가 이끈 침략 함대로부터 시작됐다.

유형 드라카르 랑스킵
진수 프랑스 바르플뢰르, 1066년
길이 미상
톤수 미상
건조 목재, 겹판 판붙임
추진 사각돛 한 개, 노 60~70개

1066년 1월, 잉글랜드 왕 에드워드 참회왕(재위 1042~1066)이 후계자 없이 죽고, 에드워드의 처남이자 잉글랜드의 가장 강력한 귀족이었던 웨식스 백작 해럴드 고드윈슨(c.1022~1066)이 왕위에 올라 해럴드 2세가 됐다. 하지만, 곧바로 해럴드 2세의 동생 토스티그(c.1026~1066)와 노르웨이 왕 하랄 3세(c.1015~1066), 에드워드의 친척 노르망디 공작 기욤 2세가 왕위에 도전을 해왔다.

토스티그와 하랄 3세가 먼저 해럴드 2세를 공격해왔다. 해럴드 2세는 군대를 390킬로미터 이상 진군시켜 요크셔로 가 스탬퍼드브리지 전투에서 토스티그-하랄 3세 연합군을 격파했다. 그런 뒤 재빨리 군대를 돌려 남쪽으로 가서 기욤 2세와 맞섰다. 한편 기욤 2세는 7천 명의 침략군을 모았던 듯하다. 기병과 궁수도 있었다. 그리고 해럴드 2세의 군대와 달리 그들은 전투 준비가 끝나 있었고 팔팔했다.

왼쪽 해럴드 2세는 바이킹 침략군을 물리친 스탬퍼드브리지 전투 이후 그의 군대를 단 2주 만에 400킬로미터 남쪽의 헤이스팅스로 진군시켜 두 번째 침략군과 맞섰다. 이번에는 노르망디에서 온 침략자였다.

➡ 1066년 '정복자' 윌리엄(기욤 2세)의 원정
➡ 해럴드 2세의 요크-헤이스팅스 진격로

위쪽 노르망디 공작 기욤 2세는 잉글랜드 침공을 랑스킵에 의존했고, 이 함대를 가지고 고대 그리스 시대 이래 최대 규모의 상륙 공격을 감행해 성공을 거두었다.

침략 함대

기욤 2세의 함대 규모는 알 수 없다. 아마도 배 수백 척에 이르렀을 것이다. 그가 이용한 배의 유형은 분명하다. 기욤 2세의 영지는 최근에 노르망디로 알려진(북방인 즉 노르드인들이 정착했기 때문이다) 프랑스 지역이었다. 그리고 이 바이킹의 후예들은 대체로 프랑스어를 받아들였지만, 그들은 여전히 자기네의 전통적인 선박 건조 방식을 유지하고 있었다.

일부 병력과 장비는 노르드인들이 9~10세기에 아이슬란드와 그린란드에 가서 정착할 때 사용했던 상선인 크나르로 옮겼을 것이다. 그러나 기욤 2세의 함대는 주로 랑스킵에 의존했다. 상륙 공격을 위해 설계된 군함이다. 무게가 가볍고 흘수선이 낮은 랑스킵은 경사가 완만한 어떤 해안에서도 상륙하고 배를 댈 수 있다. 침략군은 상륙할 때 가장 취약했는데, 랑스킵이 상륙하고 짐을 내리는 속도는 그것을 전투에서 가공할 무기로 만들었다. 바이킹은 이를 거듭거듭 입증했다. 랑스킵을 이용해 아일랜드에서 우크라이나에 이르는 지역을 성공적으로 습격하고 침공했다.

랑스킵은 주로 길이와 노의 수로 구분되는 여러 종류가 있지만, 가장 크고 빠른 유형은 드라카르 즉 용선龍船이었다.

기욤 2세의 기함

잉글랜드 왕권을 주장하는 기욤 2세는 대단히 위신이 서는 배를 가지고 원정을 지휘해야 했다. 따라서 아내인 플랑드르의 마틸드(c. 1031~1083)는 바르플뢰르에서 모라호를 건조했다. 기욤 2세 함대에서 가장 큰 드라카르였다. 모라호는 길이가 30미터를 넘었고, 노위櫓位가 양쪽에 각기 34개나 됐던 듯하다. 노잡이가 최소 68명이었고, 노 하나에 두 명씩 붙는다면 두 배가 필요했을 것이다. 이 배에는 기욤 2세 자신의 수행원 외에 기사 열 명이 탔다. 기사는 각각 여러 명의 수행원과 말 한두 필 그리고 장비와 생활에 필요한 물건 등 개인용 화물을 실어야 했기에 배에 실을 것이 많았다.

모라호는 아름다웠다. 돛은 화려한 색깔을 뽐냈고, 선수상船首像은 상아 뿔나팔을 부는 아이 형태의 도금상이었다. 그것이 앞쪽, 틀림없이 잉글랜드 쪽을 가리키고 있었을 것이다.

랑스킵

모라호는 최고의 랑스킵이었다. 대부분의 것들보다 더 크고 더 화려하며 더 빨랐지만, 어느 모로 보나 바이킹 시대 군함의 모습이었다. 랑스킵은 수백 년의 발전이 축적되어 좁고 앞뒤가 없었으며(뱃머리와 배꼬리 어느 쪽으로도 나아갈 수 있었다) 판자를 겹판으로 붙인 것이었다. 이들은 노를 저어 쉽게 나아가고, 커다란 사각 외돛에 바람을 받으면 속도가 상당히 빨랐다. 때로는 15노트(시속 28킬로미터)의 속도로 물 위를 미끄러져 스치듯 달렸다. 똑바른 용골을 갖추어 바람을 안고 달릴 수 있었으며, 그러면서도 유연하게 굴곡을 일으키며 나아갈 수 있었다.

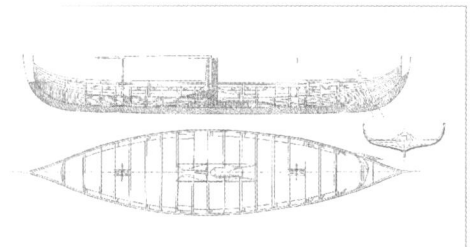

위쪽 랑스킵은 무게가 가볍고 흘수선이 낮아 해변에 올려놓을 수 있었다. 이것이 상륙 공격을 빠르고 치명적인 것으로 만들었다. 이것은 해럴드 2세의 주적인 기욤 2세가 타고 온 배였다.

뱃전에는 노를 꽂는 좁은 구멍이 나 있어서 노를 수면 위 적당한 높이로 늘어뜨렸다. 돛을 올리고 나아갈 때는 경첩이 달린 덧문으로 이 구멍을 닫아 바닷물을 막았다. 선실이나 선루船樓는 없었고, 노잡이들을 위한 긴 의자도 없었다. 노잡이들은 바닷물을 넣고 빼기 위한 해수함海水函에 앉아야 했다. 하나뿐인 커다란 키잡이 노는 배의 오른쪽 부분에 달았다 (이 '조타판(操舵板. 방향 조절 장치-옮긴이)'을 가리키는 옛 영어 'steorbord'에서 '우현右舷'이라는 뜻의 'starboard'가 나왔다).

랑스킵이 가볍고 흘수선이 낮다는 것은 돛이나 노를 이용해 강 깊숙이까지 들어갈 수 있고, 얕은 물이나 급류에서도 사람이 끌고 갈 수 있다는 것이었다. 따라서 그들은 9세기 이후 스코틀랜드·웨일스·아일랜드와 유럽 대

바이킹 선박 발견

몇몇 고고학적 발견이 바이킹의 선박 건조 방법을 잘 이해할 수 있게 해주었다. 가장 중요한 것이 오세베르그와 고크스타의 배다. 모두 노르웨이 베스트폴의 귀족 무덤으로 사용된 것으로, 지금은 오슬로 바이킹 선박박물관에 전시되어 있다. 침략자들을 막기 위해 덴마크 스쿨델레우 항구에 고의로 침몰시킨 다른 바이킹 배 다섯 척은 덴마크 로스킬레의 바이킹 선박박물관에 전시되어 있다.

오른쪽 연구자들은 현대의 복원을 통해 바이킹 시대 선박들의 항해 특성에 관해 많은 것을 알아냈다.

륙의 북쪽 해안 전체를 습격했고, 심지어 이베리아반도 남부와 북아프리카 해안에까지 진출했다. 노르만인의 잉글랜드 정복 이전에도 잉글랜드를 침략하고 정착해 런던에서 요크셔까지 데인로Danelaw를 건설했다. 그들은 드니프르강과 볼가강을 따라 내륙으로 들어가 나중에 러시아가 되는 나라를 건설했고, 이탈리아 남부, 시칠리아, 콘스탄티노폴리스에도 정착했다.

침략

기욤 2세는 9월 27일 늦게 공격을 개시했다. 해럴드 2세의 군대는 아직 북쪽 멀리에 있었다. 모라호의 돛 꼭대기에 등불이 걸렸고, 함대가 어둠 속에서 따라올 수 있도록 주기적으로 뿔나팔을 불었다. 하지만 모라호가 너무 빨라서 28일 아침에는 나머지 함대가 보이지 않았다. 모라호는 돛을 내리고 함대를 기다렸다. 기욤 2세는 해협 중간에서 기다리며 "포도주를 곁들여" 아침을 먹었다(역사 기록이 그렇게 전한다). 기욤 2세가 잉글랜드 남해안 페번지Pevensey에 상륙할 때 저항은 없었다. 그는 해럴드 2세의 지친 군대와 만나기 전에 강력한 방어망을 확립하여, 10월 14일 헤이스팅스 부근의 전투에 나섰다. 전투는 밀고 당기기를 반복하다 해럴드 2세가 전사하면서 끝났다. 이것은 노르만인의 승리에서 결정적인 사건이었고, 기욤 2세는 '정복자' 윌리엄이 됐다.

아래쪽 「바이외 태피스트리Bayeux Tapestry」 일부. '정복자' 윌리엄이 탄 모라호를 비롯한 그의 침략 함대가 바다를 건너 잉글랜드로 향하는 모습이다.

정화의 보선

중국은 2천 년에 걸친 제국의 역사 중에 상당 기간을 세계에 대해 문을 닫아걸고 내부로만 향했다. 그러나 15세기 초 중국은 일곱 차례나 대규모 함대를 인도양에 보내 멀리 아프리카에까지 진출했다. 당대의 기록을 믿을 수 있다면 그 배들 중 일부는 거대했고, 그때까지 건조된(그리고 이후 수백 년 동안 어느 곳에서 건조되는) 어느 배보다도 더 컸다. 일곱 차례의 함대는 모두 정화鄭和(1371~1433)라는 유명한 환관 제독이 지휘했다.

유형 평저선
진수 중국, 15세기 초
길이 최대 164미터(논쟁 중)
톤수 배수량 2만~3만 톤
건조 목재, 판자
추진 돛대 아홉 개에 사각돛 12개

영락제로도 알려진 중국 명나라의 세 번째 황제 주체朱棣(재위 1402~1424)는 모든 잠재적인 적으로부터 중국을 방어하는 데 특히 공격적이었다. 그는 몽골 부족들에 대한 군사 원정을 직접 이끌었고, 만주족과 베트남 등의 위협에 대처하기 위해 군사를 파견했다. 그는 더 멀리 떨어진 잠재적인 적을 위무하기 위해 정화라는 신임하는 장군을 보내기로 했다. 1403년 황제는 '하번관군下番官軍(해외 원정 함대)'을 건설해 정화로 하여금 지휘하도록 명령했다.

이 함대는 거대한 규모였다. 보선寶船이라 불린 거대한 배가 60척이 넘었다. 배의 길이는 가장 긴 것이 164미터였다고 한다. 갑판이 네 개였고, 이 중 선체에 물이 들어오지 않는 방들이 있었다. 배수량이 3만 톤이고 2,540톤의 화물을 적재할 수 있는 것으로 유명했다. 이것이 사실이라면 이 배들은 사상 최대의 목조 선박이었고, 당시 유럽 최대 선박 길이의 두 배를 가뿐히 넘었다. 19세기에 유럽에서 이 정도 규모의 목선을 건조한다면 구조적인 문제에 봉착해 선체가 파손되지 않도록 철제 죔쇠를 써야 했다.

15세기에 중국의 항해 기술은 유럽보다 훨씬 앞서 있었다. 그러나 중국의 거대한 보선에 대한 이야기는 작가들의 지나친 상상력으로 과장됐다고 생각해왔다. 그러다가 1962년 난징南京의 한 고고학 발굴에서 보선의 타주舵柱(키를 다는 고물의 기둥—옮긴이)가 발견됐다. 난징은 명나라 초(1368~1421) 수도였던 내륙 항구다. 알려진 다른 배들의 타주 길이를 근거로 판단하면 이 타주를 단 배의 길이는 150미터쯤 됐을 것이다.

아래쪽 정화 제독의 보선 함대를 건설하도록 지시한 영락제의 이 청동상은 그가 당당한 모습이었음을 보여준다. 이 동상은 중국 베이징北京의 명십삼릉明十三陵에 있다.

오른쪽 정화 함대의 중간급 보선을 실물 크기로 복원한 모습. 난징 보선창寶船廠에 있다. 콘크리트에 나무판자를 붙여 만들었다.

정화의 일곱 차례 원정

첫 번째 보선 함대가 가장 컸다. 최대 60척의 배가 1405년 난징을 출발했다. 군함과 식료품 등 기타 보급품을 가득 실은 화물선 수백 척이 동행했다. 군함은 전투에서 기동성을 최대한 발휘할 수 있도록 함대에서 가장 작고 가장 가벼웠다. 그러나 그것들조차도 크리스토퍼 콜럼버스의 기함 산타 마리아호에 비하면 두 배 길이였다. 보선들은 산타 마리아호의 최대 다섯 배 길이였다.

2만 7천 명 이상의 선원을 태운 총 317척의 배가 베트남, 샴(지금의 타이), 자와, 믈라카해협, 코친을 거쳐 인도 서해안의 캘리컷(지금의 코지코드)까지 갔다. 보선은 외국 수장들에게 줄 선물로 고급 자기, 비단, 차, 칠기 등을 가득 싣고 갔다가 향신료, 상아, 진주, 보석, 약물 등을 선물로 받아왔다. 함대는 1407년 중국으로 돌아왔다. 비슷한 함대가 1407년과 1409년에 같은 항해를 반복했다. 1413년의 네 번째 원정은 더 멀리 페르시아만의 호르무즈까지 갔다. 1417년과 1421년의 다섯 번째, 여섯 번째 원정에서는 이전에 왔던 외국 수장과 사절들을 본국으로 돌려보냈다. 다섯 번째 항해는 아프리카 동해안까지 가서, 중국에서는 보지 못했던 사자와 얼룩말 같은 이국적인 동물들을 가져왔다.

1431년의 일곱 번째이자 마지막 항해는 홍해로 향했다. 함대는 전쟁,

오른쪽 말레이시아 피낭에 있는 중국 절의 이 벽화는 명나라의 거대한 보선 중 하나를 보여준다.

반란, 해적 활동을 보는 대로 진압했다. 일곱 번째 함대가 중국으로 귀환하던 중 1433년 정화가 죽었다. 이 예순두 살의 제독은 바다에 묻혔다. 전하는 바에 따르면 그의 머리칼이 중국으로 보내져 매장됐다고 한다.

명나라판 '충격과 공포'

이 대항해는 탐험이나 교역이 주목적이 아니었다. 중국 상인들은 이미 멀리 인도와 동아프리카까지 나가고 있었다. 이 항해는 모든 중국의 잠재적인 적에게 중국의 막강한 힘을 과시함으로써 그들을 위협하려는 황제의 의지를 표현한 것이었다. 이것은 명 왕조의 '충격과 공포'였다. 그 메시지는 이런 것이었다. "우리가 무엇을 할 수 있는지 보라. 우리가 만들 수 있는 강력한 배를 보라. 우리가 자유자재로 운용할 수 있는 선진 기술을 보라. 우리한테 까불지 마라. 안 그러면 재미없다!" 이 원정들의 숨은 동기는 영락제의 전임인 건문제(재위 1398~1402)의 흔적을 찾아 여러 나라를 뒤지는 것이었다. 건문제는 알 수 없는 상황에서 사라졌다. 궁궐이 불탔지만 그의 시신은 발견되지 않았고, 그가 변장을 하고 피신했다는 소문이 돌았다. 영락제는 그가 돌아와 왕권을 탈환하지 않을까 우려했지만, 그의 자취는 알 수 없었다.

그런데 아주 갑작스럽게 중국은 보선 함대를 더 이상 파견하지 않았다. 국내에 더 중요한 문제가 있었고, 돈도 모자랐기 때문이다. 영락제는 수도를 난징에서 베이징으로 옮기고 그곳에 자신의 새로운 근거지인 거대한 자금성을 건설하면서 국가 재정의 압박을 받고 있었다. 게다가 자연재해가 처참한 기근·홍수·전염병을 일으켰다. 중국과 육상 국경을 맞대고 있는 호전적인 부족들도 갈수록 공격적이었다.

영락제는 1424년에 죽었다. 그리고 아들 홍희제(재위 1424~1425)가 제위를 이어받았다. 홍희제는 보선 운항을 끝내도록 명령했다. 그는 겨우 아홉 달 동안 재위했고, 그의 아들 선덕제(재위 1425~1435)가 이어 등극했다. 선덕제는 정화에게 한 차례 더 원정에 나서도록 했다. 일곱 번째 원정이었다. 결국 보선 함대는 그 엄청난 비용에 비해 국가에 별 가치가 없다고 결론이 내려졌고, 원정은 더 이상 진행되지 않았다.

거대한 보선들을 포함한 방대한 함대는 불태워지거나 썩도록 방치됐다. 모든 해외 교역은 금지됐고, 중국에서 여러 개의 돛을 단 배를 타고 나가는 것은 중대 범죄가 됐다. 해군은 이전 규모의 일부에 해당하는 정도로 축소되어야 했고, 결국 대형 선박은 모두 파괴하라는 명령이 떨어졌다. 보선 함대에 반대했던 유학자 관료와 학자 들은 그 존재의 흔적을 공식 기록에서 말살하려고 했다. 만약 보선 함대가 계속 더 멀리까지 나아갔더라면 이후 수백 년 동안 세계의 더 먼 지역들에 식민지를 건설한 것은 유럽 열강이 아니라 중국이었을 것이다.

아래쪽 서울의 전쟁기념관에 전시되어 있는 축소 모형의 거북선. 장갑을 두른 갑판과 두꺼운 나무 선체가 안에 있는 선원들을 보호했다.

한국의 거북선

한국은 7세기까지 거슬러 올라가는 오랜 해군의 역사를 갖고 있다. 한국의 가장 유명한 군함이 거북선이다. 임진왜란(1592~1598) 직전에 이순신 장군이 일본의 군사적 위협에 맞서기 위해 개발한 것으로, 갑판이 여러 개이며 노나 돛으로 움직일 수 있는 배다. 당시 일본 해군의 전술은 적선에 오르는 것이었다. 거북선의 상부 갑판은 목재로 지붕을 이고 철판과 쇠못으로 덮여 있어, 배 위에 오르기 어렵게 만들었다. 한국 해군은 19세기까지 거북선을 사용했다.

산타 마리아호

유럽인들이 신대륙을 발견하고 그곳에 정착한 것은 세계 역사상 가장 중요한 사건들 중 하나다. 크리스토퍼 콜럼버스(1451~1506)가 구대륙에서 아메리카 대륙에 도착한 최초의 탐험가는 아니지만, 뒤이은 탐험과 정착을 이끌어낸 것은 콜럼버스의 항해였다.

유형 나오(카라카)
진수 에스파냐 갈리시아 폰테베드라, 1460년
길이 대략 19미터
톤수 대략 108톤
건조 목조 선체
추진 세 돛대 및 기움돛대에 돛 다섯 개

　노련한 상선 선원 콜럼버스는 서쪽으로 가면 중국과 인도에 닿을 수 있을 것이라고 확신했다. 그러나 이를 입증하기 위해서는 부유한 후원자가 필요했다. 그는 프랑스·잉글랜드·포르투갈에서 후원자를 얻는 데 실패하고 에스파냐의 문을 두드렸다. 해외 영토 확보에 목말랐던 아라곤-카스티야의 왕 페르난도 2세(1452~1516)와 여왕 이사벨 1세(1451~1504) 부부가 그를 후원하기로 했다. 그들은 콜럼버스에게 산타 마리아호, 니냐(소녀)호, 핀타(반점)호를 주었다. 세 척 중에 가장 크고 가장 느린 산타 마리아호는 콜럼버스가 지휘했는데, 그는 이 배를 '라 카피타나(기함)'라 불렀다. 이 배는 돛대 세 개에 승조원 약 40명이 탄 카라카(에스파냐어로는 나오 nao, 포르투갈어로는 나우 nau)였다. 니냐호와 핀타호는 더 작은 카라벨라로, 역시 돛대는 세 개이고 승조원은 약 20명이었다.

　콜럼버스가 제안한 항해는 15세기 말에는 이례적인 것이었다. 당시 배들은 공해로 수백 킬로미터까지밖에는 나가려 하지 않았다. 콜럼버스

카라카와 카라벨라

카라카는 15세기에 흔한 화물선이었다. 이것은 앞돛대와 큰 돛대에 사각돛을 달았고, 뒷돛대에 대형 삼각돛을 달았다. 사각돛은 속도를 내는 데 사용됐고, 대형 삼각돛은 조종에 도움을 주었다. 사각돛은 또한 기움돛대 밑에도 달 수 있었다. 카라벨라는 더 작은 배였다. 본래 어선이었지만 나중에 더 큰 화물선으로 발전했다. 카라벨라는 길이 대비 폭이 넓어 카라카에 비해 통제와 조종이 쉬웠다. 본래는 대형 삼각돛을 단 카라벨라 라티나 caravela latina였지만, 사각돛과 대형 삼각돛을 혼용할 수 있는 카라벨라 레돈다 caravela redonda가 되어서 순풍을 받으면 더 빨리 갈 수 있었다. 카라카와 카라벨라의 뱃머리와 배꼬리는 모두 들어올려져 선수루船首樓와 선미루船尾樓를 이룬다.

위쪽 콜럼버스의 작은 선단이 대서양을 건너 신대륙으로 가는 역사적인 항해를 시작하고 있다. 세 척의 배 중 가장 큰 산타 마리아호는 콜럼버스의 기함이었다.

는 수천 킬로미터의 항해를 하려 했다. 그가 항해를 끝내고 살아 돌아올 수 있다고 생각한 것은 세 가지 잘못된 믿음 때문이었다. 첫째로 그는 세계가 실제 크기보다 훨씬 작다고 생각했다. 둘째로 그는 아시아 대륙이 실제보다 동쪽으로 더 멀리 뻗어 있다고 생각했다. 그리고 마지막으로 그는 여행 도중 아시아에서 동쪽으로 2,400킬로미터 지점에 있다고 본 지팡구라는 섬에서 쉬어 갈 수 있다고 생각했다.

아시아를 찾아서

콜럼버스의 작은 배 세 척은 1492년 8월 3일 에스파냐 남부 팔로스에서 항해에 나섰다. 그들은 카나리아제도의 라고메라섬에 들러 대양 항해를 위한 마지막 수선과 보급을 했다. 니냐호의 범장帆裝 역시 대형 삼각돛에서 사각-대형 삼각돛 혼성으로 바꾸었다. 이로써 이 배가 이 작은 선단에서 가장 빠른 배가 됐다. 그들은 9월 6일 라고메라섬을 출발했다. 한 달 뒤, 승조원들이 폭동의 조심을 보이고 콜럼버스가 되돌아가리고 하는 찰나에 그들은 나무토막과 초목이 바다에 떠다니는 것을 보았다. 하늘에는 새들이 날고 있었다. 그들은 육지가 가깝다고 생각했는데 10월 12일 마침내 멀리에 있는 육지를 발견했다. 그곳은 작은 섬이었고, 해안에는 사람들이 있었다. 콜럼버스는 그 땅이 에스파냐의 땅이라고 선

> 바다는 모든 사람에게 희망을 줄 것이다. 잠을 자면 누구나 고향의 꿈을 꾸듯이.
>
> -크리스토퍼 콜럼버스

아메리카의 바이킹

콜럼버스는 신대륙에 처음 간 유럽인으로 유명하지만, 그보다 먼저 간 건 바이킹 탐험가들이다. 콜럼버스가 카리브해에 도착하기 500년 전에 바이킹 레이프 에이릭손(c. 970~c. 1020. 에이릭손은 성이 아니고 '붉은 수염'으로 불린 에이릭의 아들이라는 의미다)이 뉴펀들랜드에 상륙했다. 여러 세대에 걸쳐 구전으로 내려온 그의 항해 이야기들은 서로 다르다. 한 이야기는 그가 아이슬란드에서 노르웨이로 가다가 길을 벗어나 우연히 북아메리카에 상륙했다고 한다. 다른 이야기는 그의 역사적인 항해가 우연이 아니고 10년 전 북아메리카 해안을 발견한 아이슬란드 상인 뱌르니 헤롤프손의 발길을 되밟은 것이라고 한다. 레이프는 자신이 발견한 땅을 빈란드 Vinland라고 불렀다. 포도주를 만들기에 알맞은 포도vin를 발견했기 때문이다. 그는 빈란드에서 한 해 겨울을 보낸 뒤 귀국했다. 고고학자들은 1960년대에 뉴펀들랜드 북부 랑스오메도스에서 허물어진 바이킹식 정착지를 발견했다.

언했고, 산살바도르라는 이름을 붙였다. 그 정확한 정체와 위치는 불확실하지만, 오늘날 바하마제도로 알려진 군도 중 하나였다. 원정의 목표는 아시아에 가는 것이었고, 따라서 선단은 항해를 계속했다. 그들이 안내인으로 태운 현지인 일곱 명은 그들을 쿠바로 데려갔고, 콜럼버스는 그곳을 아시아의 한 반도라고 잘못 생각했다. 그는 또한 원주민들이 담배 피우는 것을 처음으로 보았다.

핀타호의 선장은 콜럼버스의 허락도 없이 탐험을 나섰다. 12월 5일, 다른 두 척의 배는 히스파니올라섬(지금의 아이티와 도미니카공화국)에 도착했다. 크리스마스 전날 산타 마리아호가 히스파니올라섬 해안을 따라 항해하고 있을 때 콜럼버스는 이틀 만에 눈을 좀 붙이기 위해서 자기 선실로 들어갔다. 날씨가 매우 평온해서 배의 조종을 맡은 승조원은 심부름하는 아이에게 조종을 맡겼다. 한밤중에 배는 모래톱에 좌초했다. 콜럼버스는 배를 모래톱에서 끌어내리기 위해 선장을 작은 배에 태워 닻 하나를 뒤쪽에 내리게 했다. 그러나 선장은 그러지 않고 작은 배를 타고 니냐호로 도망치려 했으며 승조원들은 그를 타지 못하게 했다. 콜럼버스는 산타 마리아호의 돛대들을 베어버리라고 명령했다. 무게를 줄이면 모래톱에서 떠오를 것이라고 여겼던 것이다. 그러나 그때 배가 옆으로 넘어져 선체 목판이 갈라지고 산타 마리아호는 사라졌다.

니냐호는 양쪽 승조원들을 태우기에는 너무 작았다. 그래서 승조원 39명은 히스파니올라섬에 남았다. 그들이 세운 도시 비야 드 나비다드(크리스마스 도시)는 신대륙 최초의 유럽인 정착지였다. 니냐호는 1493년 1월 출발해 고국

왼쪽 바이킹 탐험가 레이프 에이릭손은 아마도 북아메리카 본토에 발을 들인 첫 유럽인이었을 것이다. 미국에서는 10월 9일을 '레이프 에이릭손의 날'로 삼아 이를 기념하고 있다.

위쪽 세바스티아노 델 피옴보(본명 세바스티아노 루치아니)의 이 그림은 콜럼버스를 그린 것이라고 한다. 그가 죽은 지 몇 년 뒤에 그려진 것이기는 했지만 말이다.

> 해안이 보이지 않는 곳으로 나갈 용기가 없으면 절대로 대양을 건널 수 없다.
> -크리스토퍼 콜럼버스

을 향한 여행을 시작했다. 며칠 뒤 핀타호가 다시 합류했다. 두 배는 폭풍우를 만나 헤어졌지만 두 척 모두 살아남았다. 콜럼버스는 2월 중순 아소르스제도에 잠시 들른 뒤 동쪽으로 항해를 이어갔다. 또 한 번 폭풍우를 만나 포르투갈의 리스본으로 가게 됐다. 그는 3월 15일 마침내 에스파냐에 도착했다.

사슬에 묶인 영웅

콜럼버스는 신대륙에 세 번을 더 가서 카리브해와 남아메리카 해안을 탐험한다. 그의 두 번째 선단에는 에스파냐인 정착민들이 동행했다. 그는 히스파니올라섬에 남겨두었던 승조원들을 데리러 다시 그 섬에 갔지만 그들은 원주민에게 살해된 뒤였다. 콜럼버스는 세 번째 항해 끝 무렵부터 신뢰를 잃기 시작했다. 그가 건설한 새 식민지를 잘못 관리했다는 평가를 받고, 그는 사슬에 묶여 에스파냐로 소환된 뒤 재산을 몰수당했다.

콜럼버스는 마침내 다시 자유를 얻었고, 건강이 좋지 않았지만 네 번째 항해에 나섰다. 그의 배는 심하게 물이 새서 자메이카 해안에 올려놓아야 했으며 그들은 그곳에 1년 동안 고립되어 있다가 구출됐다. 그의 건강은 이후 1년 반 동안 악화됐고, 1506년 5월 20일 에스파냐 바야돌리드 자택에서 숨을 거두었다.

오른쪽 신대륙을 향한 콜럼버스의 첫 항해는 유럽인들의 탐험과 정복의 새로운 시대를 열었다. 그는 언제나 자신이 아시아로 가는 길을 발견했다고 주장했으며, 또 하나의 대륙을 발견했다는 말은 결코 받아들이지 않았다.

메리 로즈호

잉글랜드 해군의 군함 메리 로즈호는 근대 초의 가장 유명한 배 중 하나다. 그 명성은 취역 때의 공적에서 비롯된 것이 아니라 그 침몰을 둘러싼 미스터리와 해저에서 400여 년 만에 건져진 데서 생겨난 것이다. 메리 로즈호는 또한 새로 발명된 포문을 처음 설치한 군함이기도 하다. 그 난파선에서 발견된 수많은 유물들은 고고학자들에게 튜더 왕조 시대(1485~1603) 군함 생활에 대한 뛰어난 통찰을 주었다.

유형 카라카형 군함

진수 잉글랜드 포츠머스, 1511년

길이 32미터 용골

톤수 원래 500톤, 개조 후 700~800톤

건조 갑옷식 판붙임(겹판), 후에 카라벨라 선체 판붙임으로 개조

추진 네 개의 돛대와 기움돛대에 돛 9~10개

헨리 8세(재위 1509~1547)는 잉글랜드 적들(주로 프랑스와 에스파냐)의 해군력 증강에 직면해 군함 함대를 만들어 현대 영국 왕립 해군의 초석을 놓았다. 그중에 하나가 메리 로즈호로, 해군에서 가장 큰 배 중 하나였다. 이 배는 1510년 건조를 시작해 이듬해 진수했다. 프랑스와의 두 차례 전쟁에 투입된 뒤 1535년까지 예비 자원으로 돌려졌다.

대략 이 시기에 이 배를 대대적으로 수리했다. 선체는 갑옷식 판붙임에서 카라벨라 선체 판붙임으로 바뀌었다. 본래 덮여 있던 판자는 제거되고, 그 뒤에 있던 톱니 모양의 틀을 매끈하게 깎아 평평한 '카라벨라' 판붙임을 할 수 있도록 했다. 측면에는 포문을 뚫었다. 포문 도입은 함포의 크기와 무게가 갈수록 커지고 무거워지면서 필요해졌다. 군함의 안정성을 유지하기 위해 무거운 대포는 선체에서 낮게 설치됐고, 배의 측면에 구멍을 내서 그곳을 통해 발사해야 했다. 포문은 수면에 가까웠기 때문에 필요할 경우 막을 수 있어야 했다. 매끈하게 깎인 판붙임은 포문에 방수용 뚜껑을 붙일 수 있도록 했다.

프랑스의 공격

헨리 8세가 로마가톨릭교회와 결별하고 잉글랜드 국교로 성공회를 만든 후 그는 대륙의 가톨릭 강국들 중 하나가 잉글랜드를 침략해올 것을 걱정했다. 특히 잉글랜드의 숙적이었던 프랑스가 염려됐다. 1545년 7월 16일, 100여 척의 프랑스 배가 솔런트해협으로 들어왔다. 와이트섬과 잉글랜드 본토 사이를 가르는 해협이었다. 80척가량의 잉글랜드 배가 그들을 기다리고 있었다. 그중에 하나가 새로 개조된 메리 로즈호였다.

아래쪽 헨리 8세는 자신의 왕국을 수호하기 위해 신생 '영국 왕립 해군'을 확충했다. 메리 로즈호는 그가 발주한 첫 '거함' 중 하나다.

두 함대는 7월 18일 전투를 벌였다. 첫 교전에서는 양측 모두 큰 피해가 없었다. 이튿날은 바람이 거의 없어 돛으로 움직이는 배들은 기동할 수 없었는데, 프랑스 함대에는 노를 젓는 갤리가 있었다. 이들이 멈춰 있는 잉글랜드 함대 쪽으로 와서 공격을 개시했다. 그러나 그때 바람이 다시 불어 잉글랜드 군함들이 마침내 움직일 수 있게 됐다. 앙리 그라사 디외호와 메리 로즈호 등 두 척의 큰 군함이 함대를 이끌고 공격에 나섰다. 그런데 그때 메리 로즈호가 갑자기 기울어지더니 침몰했다. 헨리 8세가 사우스시 성에서 바라보고 있을 때였다. 승선한 400명 중 25명 정도만이 살아남았다. 나머지는 상갑판 위에 고정된 승선 방지용 그물 안에 갇혔다. 목격자들의 말에 따르면 이 배는 포문을 열고 대포들을 발사하려

앤서니 두루마리

메리 로즈호에 대한 당대의 그림은 유일하게 앤서니 두루마리Anthony Roll라는 문서에 남아 있다. 앤서니 앤서니는 1540년대에 양피지 두루마리 세 권에 58척의 잉글랜드 해군 함정을 그렸다. 헨리 8세에게 준 선물이었다. 나중에 이것을 잘라 책으로 묶었다. 이 그림들은 세세한 부분까지 정확한 것 같지는 않으나, 메리 로즈호를 비롯한 튜더 왕조 시대 해군 함정들에 대한 유용한 안내서다.

고 고개를 내밀었는데, 배가 프랑스 쪽으로 돌면서 기울어지더니 열린 포문을 통해 물이 쏟아져 들어왔고, 기울어진 것이 뒤집어져버렸다. 그러는 사이에 전투는 승부가 나지 않은 상태에서 프랑스가 철수했다.

1540년대 말에 메리 로즈호를 인양하려는 시도가 몇 번 있었지만, 모두 실패했다. 이 배는 너무도 빠르게 침몰해 질퍽한 해상海床에 처박혔으며, 우현 쪽으로 약 60도의 각도로 기울어져 있었다. 파묻히지 않은 것들은 점차로 해양 생물의 먹이가 됐고, 메리 로즈호는 사라졌다. 이따금씩 조류의 이동에 따라 떨어져 나온 목재 한두 조각이 드러났다. 1836년 다이빙 선구자들인 존 딘과 찰스 딘 형제가 난파선을 찾아낼 수 있었던 것도 바로 이런 우연한 노출 덕분이었다. 그들은 총 몇 자루를 건져내 메리 로즈호의 난파를 보여주었지만, 그것은 곧 다시 잊혔다.

재발견

그러고는 1965년 아마추어 잠수부 알렉산더 매키(1918~1992)가 국제적인 다이빙클럽인 BSACBritish Sub-Aqua Club 사우스시 지부 잠수부들을 초청해 솔런트해협 난파선 조사를 시작했다. 수백 년 전 침몰한 목조

바사호 인양

근대 초 군함 인양 작업으로 유일하게 비교할 수 있는 것은 스웨덴의 군함 바사호다. 이 배는 메리 로즈호보다 100년이 약간 넘는 1620년대에 건조됐고, 1628년 첫 항해에서 침몰했다. 바사호의 침몰은 메리 로즈호의 경우와 판박이다. 이 배는 돌풍에 휘말려 너무도 멀리 떠밀려 가 포문을 통해 바닷물이 쏟아져 들어왔다. 인양 시도가 실패하자 바사호는 버려졌고, 침몰 위치도 잊혔다. 바사호는 1950년대에 스톡홀름 항구 바로 밖에서 다시 발견됐고, 1961년 거의 온전하게 인양됐다.

위쪽 메리 로즈호 선체의 잔여 부분이 해저에서 끌어올려지고 1년도 되지 않아 대중에게 전시됐다. 수백만 명이 방문하여 이를 보는데, 때로는 뿌연 밀랍 방부제 비말에 덮여 있는 모습일 때도 있었다.

선박은 파손되어 완전히 사라졌을 것이라고 생각했지만, 잠수부들은 여전히 해저에 놓여 있는 로열 조지호와 보인호 등 18세기 군함 두 척의 부품을 상당수 발견했다. 매키는 메리 로즈호가 일부라도 남아 있는지 궁금했다. 1966년 잠수부들은 그들이 메리 로즈호가 있으리라고 추정한 곳의 해저 바닥에 함몰이 있음을 발견했다. 이듬해, 해저 바닥의 수중 음파 탐지 결과 그곳에 '이상한 것이 묻혀' 있음을 알아냈다.

1971년 5월 잠수부들은 결국 난파선을 찾아내고 그것을 드러내기 위해 해저 바닥을 발굴하기 시작했다. 그들은 목재에 대해(그 크기와 각도 등) 파악해보려고 했다. 배의 얼마나 많은 부분이 남아 있는지 가늠해보려는 것이었다. 이후 몇 년에 걸쳐 600명 넘는 자원 봉사 잠수부들이 난파선을 발굴하고 그것을 조사하고 유물을 수습했다. 1979년에서 1982년 사이에 그들은 2만 8천 번의 잠수를 했다. 1982년까지 난파선 전체가 발굴됐다. 배의 우현 쪽 대부분이 온전한 채 발견됐다. 그것을 덮은 공기 없는 진흙이 해양 생물의 공격을 막아주었다. 빼낼 수 있는 목재는 모두 뭍으로 옮겼다. 1만 9천 점 이상의 더 작은 발견물도 함께였다. 이것은 유물 관리자들에게 큰 과제를 안겼다. 그들은 수많은 목재와 가죽 제품들이 부서지거나 영원히 사라지지 않도록 처리를 해야 했다.

위쪽 메리 로즈호가 침몰한 운명의 날에 이 군함을 지휘한 조지 커루 해군 중장. 그는 이날 군함의 지휘권을 받았다.

> 그 배는 제가 보기에 이 시점에 기독교 세계에서 가장 고귀하고 훌륭한 배입니다. 100톤짜리 배도 그보다 빠르지는 않을 것입니다.
> —에드워드 하워드 제독(논란이 된 수리 전의 1513년에 해상 시운전에서 함대의 성능을 점검한 뒤 메리 로즈호에 관해 헨리 8세에게 쓴 편지에서)

난파선을 파내지 않고 내버려두면 썩을 것이기 때문에 끌어올리기로 결정했다. 1982년 6월 15일, 잔해 위에 관상管狀 철골을 설치하고 이 틀과 선체 사이에 쇠줄을 고정시켰다. 그리고 9월 28일, 공기 주머니를 댄 선체 모양의 받침대가 해저 바닥으로 내려갔다. 10월로 접어들면서 기중기선이 그 틀을 들어올려, 그 아래에 달려 있는 선체를 받침대 위로 옮겼다. 틀은 선체가 받침대의 공기 주머니에 올려질 때까지 낮추었다. 그런 뒤에 틀과 받침대 및 선체(전체 무게 570톤)가 들어올려져 바지선에 실리고 포츠머스 해군기지의 안치소로 예인됐다. 이 작업은 텔레비전으로 생중계되어 6천만 명이 시청했다. 튜더 왕조 시대 군함이 400여 년 만에 바다에서 떠오르는 모습을 보는 것은 이례적인 것이었다.

선체는 습기를 유지하면서 세균의 생장을 막기 위해 그 위에 찬물을 뿌린 뒤 한 건물에 보관됐다. 빼냈던 약 800개의 목재와 갑판 판자를 다시 설치하고, 물을 뿌리는 대신 밀랍질의 비활성 화학물질 폴리에틸렌글리콜PEG을 뿌렸다. 밀랍은 서서히 나무 속으로 스며들어 수분을 대체했다. 그런 뒤에 나무를 밀폐하기 위해 보다 농축된 밀랍이 사용됐다. 2013년에 분무 작업은 끝나고 건조 과정이 시작됐다.

아래쪽 난파선 메리 로즈호에서 발견된 승조원들의 개인 소지품 중에는 빗도 다양하게 있었다.

발견물들

배의 장교들이 사용하던 백랍 접시, 잔, 숟가락 등이 다수 발견됐다. 'GC'라는 문자가 찍혀 있는 것도 있었다. 이는 함대 사령관이었던 조지 커루(c. 1504~1545) 해군 중장이 사용하던 것이었다. 일반 승조원들은 목제 접시와 잔을 썼을 것이다. 벽돌로 지은 배의 큰 주방도 발견됐다. 커다란 솥과 그 옆에 불을 때기 위한 장작도 쌓여 있었다. 주사위, 게

오른쪽 메리 로즈호는 다양한 크기의 90문 이상의 대포로 무장하고 있었다. 그중에는 사자 머리 장식의 청동 주조 대포도 있었다.

임판, 북, 담뱃대, 가죽 책 커버도 있어 승조원들이 여유 시간을 어떻게 보냈는지를 알려주었다. 칼을 가는 숫돌과 자리를 짜고 삭구를 수선하는 데 쓰는 잉아라는 도구도 있었다.

약 200명 병사의 유류품들이 배에서 발견됐다. 그들이 사용하던 가죽 모자, 조끼, 신발이 진흙 속에 잘 보존됐다. 양모와 비단 제품의 일부도 살아남았다. 선원 200명, 병사 185명, 포수 30명 등 승조원에는 궁수 분대도 있었다. 16세기에 대포가 활과 화살을 대신했지만, 잉글랜드의 장궁長弓 궁수들은 전투에서 여전히 무시무시했다. 그들의 활 138개가 발견됐고, 화살도 3,500여 개가 있었다.

최근에 메리 로즈호의 침몰 이유를 밝히려는 몇몇 시도가 있었다. 가장 널리 받아들여지는 이론은 대포를 증설하는 배의 개조가 그 안정성을 위협했고, 배가 회전하면서 심하게 기울어져 새로 만든 포문으로 물이 쏟아져 들어왔다는 것이다. 그러나 난파된 선체 안에서 프랑스의 화강암 포탄이 발견되자 일부 연구자들은 프랑스 해군의 어느 갤리가 쏜 포탄을 맞아 배에 구멍이 났을 것이라고 주장했다. 선체에 난 그 구멍으로 들어온 물이 배가 회전하면서 기울어질 때 한쪽으로 쏠려 지나친 경사도를 만들었고, 그리자 포문을 통해 더 많은 물이 들어오면서 침몰했다는 것이다. 우리는 일어난 일을 정확하게 알 수는 없다. 그러나 메리 로즈호가 침몰해 질퍽한 해저 바닥에 처박히지 않았다면 지금 이 배와 거기서 나온 것들을 앞에 놓고 놀라는 일은 없었을 것이다.

아래쪽 이 난파선에서 배의 삭구 일부가 온전한 채 발견됐다. 밧줄 모탕과 도르래 몇 개가 양호하다.

빅토리아호

가장 대담한 발견의 항해 중 몇몇은 탐험을 위한 것만큼이나 교역과 정복을 위한 것이었다. 첫 번째 세계 일주는 교역을 목적으로 유럽과 향료제도 사이의 해로를 찾는 과정에서 이루어졌다. 이 역사적 원정을 지휘한 것은 포르투갈 선원 페르디난드 마젤란(1480~1521)이지만, 그는 항해를 마무리 짓지 못했다. 그가 거느렸던 배 중 오직 한 척만이 세계를 돌고서 돌아왔다. 바로 빅토리아호였다.

유형 카라카
진수 에스파냐 기푸스코아, 1519년
길이 18~21미터
톤수 85톤
건조 목재, 카라벨라 판붙임
추진 앞돛대 및 큰돛대에 사각돛, 뒷돛대에 대형 삼각돛

페르디난드 마젤란은 인도, 말레이반도, 모로코 등지에서 포르투갈 군 복무를 마친 뒤, 포르투갈에서 최근 발견된 말루쿠제도('향료제도'로도 불렸다)로 가는 새로운 해로를 찾을 계획을 세웠다. 그는 포르투갈 왕의 관심을 얻지 못하자 에스파냐에 도움을 요청했다. 나중에 신성로마제국의 카를 5세가 되는 에스파냐 왕 카를로스 1세는 마젤란에게 빅토리아호, 트리니다드호, 산 안토니오호, 콘셉시온호, 산티아고호 등 다섯 척과 2년 치의 넉넉한 식량을 지급했다. 배들은 모두 카라카였으나, 산티아고호만이 더 작은 카라벨라였다. 마젤란는 트리니다드호를 기함으로 하고 모두 270명가량의 승조원들과 함께 출항했다. 부유한 상인 하나가 교역할 물건들을 기부했다. 마젤란은 이 항해로 많은 이득을 얻을 것으로 보였다. 에스파냐 왕은 이 일이 성공하면 많은 것을 주겠다고 했는데 특히 항해

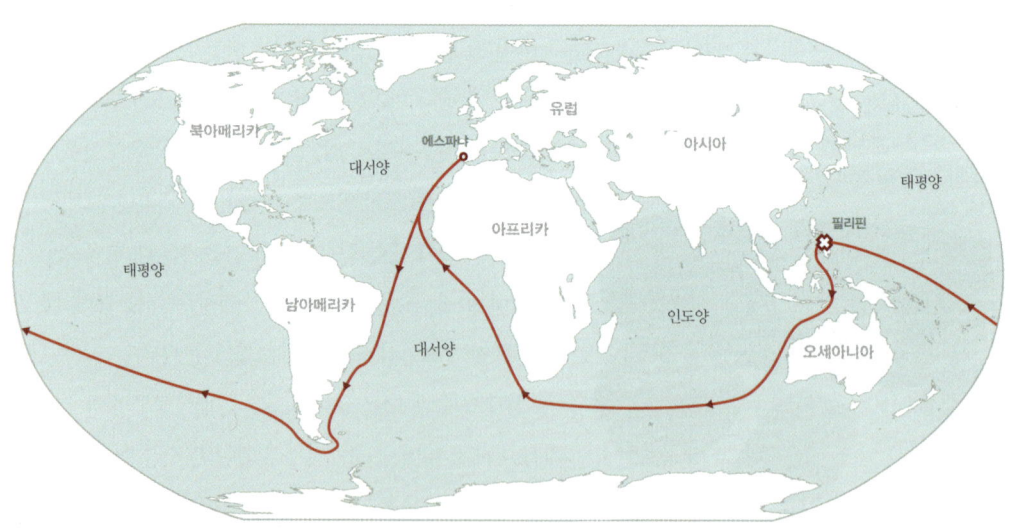

위쪽 마젤란의 배들은 지도에도 없는 위험한 바다로 나가면서 서로의 시야에서 벗어나지 않으려고 애썼다. 다섯 척 중 빅토리아호만이 세계 일주를 완성하고 에스파냐로 돌아왔다.

왼쪽 마젤란의 탐험 경로는 대서양을 건너간 뒤 남아메리카 해안을 따라 내려가고 그 대륙의 남쪽 끝을 돌아 태평양으로 들어갔다. 마젤란은 태평양을 건넌 최초의 유럽인이었다.

에서 올린 수입의 일부를 주고, 섬을 하나 주고, 그가 에스파냐 땅으로 만든 곳은 어디든 총독 자리를 주겠다고 약속을 했다.

마젤란의 선단은 1519년 8월 10일 세비야를 떠나 과달키비르강을 내려가 산루카르데바라메다로 갔고 9월 20일에는 대서양 횡단에 나섰다. 유럽 밖의 모든 땅을 포르투갈과 에스파냐 사이에서 나눈 토르데시야스 조약(1494)에 따랐다. (포르투갈이 동쪽, 에스파냐가 서쪽이었다). 마젤란이 포르투갈의 깃발 아래 항해에 나섰다면 그는 동쪽으로 항해할 수 있었겠지만, 조약에 따라 그는 '향료제도'가 서쪽(에스파냐 쪽) 반구에 있기를 빌며 서쪽으로 항해해 나아갔다.

반란!

마젤란의 선단은 12월 13일 오늘날의 리우데자네이루의 만에 도착했고, 이어 해안을 따라 남쪽으로 내려갔다. 그들이 아르헨티나 파타고니아의 푸에르토산훌리안에서 겨울을 나는 중 1520년 3월 말에 다섯 척 중 세 척의 배에서 승조원들이 반란을 일으켰다. 마젤란은 반란을 진압했다. 반란자들은 처형되거나 해안에 버려졌고, 원정은 계속됐다. 산티아고호는 해안을 더 내려가 정찰하다가 폭풍우를 만나 난파됐다.

선단의 나머지 배들은 8월 24일 남쪽으로 향했다. 10월 21일 그들은

오른쪽 마젤란은 최초의 세계 일주를 완성하지 못했다. 그는 1521년 필리핀에서 원주민들과 싸우다가 죽창에 찔려 죽었다.

> 교회는 지구가 평평하다고 말한다. 그러나 나는 달에서 지구의 그림자를 보았고, 나는 교회보다 그림자를 더 믿는다.
> –페르디난드 마젤란

아래쪽 플랑드르의 지도 제작자 아브라함 오르텔리우스(1527~1598)가 1589년에 그린 첫 번째 태평양 지도. 마젤란의 빅토리아호가 대양을 건너고 있다.

남아메리카 대륙 끄트머리로 난 좁은 수로를 발견했다. 대서양에서 태평양으로 이어지는 곳이었다. 이 수로는 발견자의 이름을 따서 마젤란해협이라 했다. 이 시점에 산 안토니오호는 선단에서 이탈해 에스파냐로 돌아갔다. 트리니다드호, 빅토리아호, 콘셉시온호 등 세 배는 11월 28일 태평양으로 들어갔다. 이 바다를 마젤란은 마르 파시피코Mar Pacifico(태평양)라 이름 붙였다. 1521년 3월에 이 선단은 태평양을 건너 필리핀제도에 도착했다. 이곳에 도착한 첫 번째 유럽인이었다. 현지 부족민들이 그들을 섬나라 세부로 안내했고, 마젤란은 그곳에서 휘하 배들의 식량을 얻을 수 있었다. 그는 십자가를 세우고 왕 부부를 포함한 섬 사람들에게 세례를 베풀었다. 4월 27일, 상대 부족이 그들을 공격해 마젤란이 살해됐다. 막탄 전투로 알려진 싸움이었다. 공격자들은 마젤란의 시신을 가져가 돌려주지 않았다. 며칠 뒤 마젤란을 대신하도록 선출된 두 사람이 또 살해당했다.

잃어버린 날

빅토리아호가 세계 일주를 마치고 에스파냐로 돌아왔을 때 그 승조원들은 자기네가 9월 6일에 도착했다고 생각했다. 그러나 정확한 날짜는 9월 7일이었다. 그들은 여행에 대해 꼼꼼하게 일지를 기록했으므로, 그들이 하루를 잃어버렸다는 것을 이해할 수 없었다. 거의 60년 뒤 프랜시스 드레이크(c. 1540~1596)도 세계 일주를 마치고 잉글랜드로 돌아왔는데 역시 하루를 잃어버리는 경험을 했다. 그 뒤 네덜란드 탐험가들도 똑같은 이상한 현상을 보고했다. 항해자들은 마침내 서쪽으로 지구를 한 바퀴 돌면 24시간을 잃게 된다는 것을 깨달았다. 마찬가지로 동쪽으로 여행하면 한 바퀴 돌 때마다 24시간을 얻는다. 빅토리아호 승조원들은 날짜변경선의 필요성을 깨달았다. 북극에서 남극까지 지구 표면을 달리는 상상의 선이다. 날짜변경선을 넘어 서쪽으로 가는 사람은 날짜에 하루를 더하고, 반대 방향으로 가는 사람은 하루를 뺀다. 이 선은 지구상의 어디에라도 그을 수 있지만, 지구상에서 본초자오선(경도 0도 선)의 정반대 쪽에 긋는 것이 가장 편리하다. 본초자오선은 영국의 그리니치를 지나기 때문에 날짜변경선은 대체로 태평양 한가운데를 지나간다.

돌아오는 여정

이제 세 척의 배에 모두 배치하기에는 선원이 너무 적어지자 콘셉시온호는 불태우고 빅토리아호와 트리니다드호를 타고 항해에 나섰다. 주앙 로페스 드 카르발류가 지휘해 1521년 11월 8일 목적지인 말루쿠제도에 도착했다. 그들이 귀중한 향신료를 싣고 에스파냐로 돌아갈 준비가 끝났을 즈음 트리니다드호에 심각하게 물이 새서 카르발류와 그 승조원들은 그곳에 남아 배를 수리한 후 돌아가기로 했다. 한편 후안 세바스티안 엘카노가 이끄는 빅토리아호는 인도양을 건너고 희망봉을 돌아 1522년 9월 초 에스파냐에 도착해 세계 일주를 완성했다. 트리니다드호는 태평양을 건너 돌아오려고 했지만 포르투갈 함대에 나포됐다. 마젤란의 승조원 중 18명만이 빅토리아호를 타고 6만 8천 킬로미터를 항해해 에스파냐로 돌아왔다. 지구의 크기는 이전에 계산됐지만, 빅토리아호의 항해로 사람들은 지구의 크기를 처음 실감할 수 있었다.

에스파냐는 토르데시야스 조약에 따라 말루쿠제도를 점령하기 위해 군대를 보냈다. 빅토리아호의 지휘관 엘카노도 함께 갔으나 선원들과 같이 항해 도중 굶어죽었다. 에스파냐와 포르투갈은 결국 1529년 사라고사 조약을 맺어 말루쿠제도를 둘러싼 분쟁을 해결했다. 말루쿠제도는 포르투갈이, 필리핀은 에스파냐가 가졌다.

마젤란은 후대 탐험가들을 위해 새로운 길을 열었다. 프랜시스 드레이크가 그중에 한 사람이었다. 빅토리아호의 역사적 중요성은 인식되지 않았다. 이 배는 수리되어 상선으로 팔린 뒤 아메리카 대륙의 에스파냐 영토에서 사용되다 1570년 무렵 앤틸리스제도에서 세비야로 운항 중 대서양 한가운데서 침몰했다.

메이플라워호

1620년 잉글랜드에서 한 무리의 비국교도Dissenters(잉글랜드 성공회에서 떨어져 나온 개신교도)가 대서양을 건너가 종교적 불관용에서 벗어났다. 필그림파더스Pilgrim Fathers로 알려진 그들은 나중에 미국이 되는 땅에 성공적으로 정착했다. 그들이 북아메리카의 첫 유럽인 정착민은 아니었지만, 다른 어떤 사람들보다도 아메리카의 전통문화에 잘 적응했다. 이 선구자들은 메이플라워호를 타고 이곳에 도착했다.

유형 네덜란드 화물선 플뢰위트
진수 잉글랜드 하리치, 1580년 무렵
길이 약 30미터
톤수 약 180톤
건조 목재, 카라벨라 판붙임
추진 세 돛대 및 기움돛에 여러 개의 돛

16세기 초 잉글랜드에서 성공회의 예배에 불참하는 것은 위법이었다. 참석하지 않으면 벌금을 내야 했다. 일부 청교도는 새로운 법에 따를 수 있다고 생각했지만 다른 일부는 그렇게 생각하지 않아 잉글랜드를 떠나야 한다고 판단했다. 그들은 네덜란드 암스테르담과 이어서 레이던으로 옮겨갔는데, 그곳에서 그들의 운명은 엇갈렸다. 일부는 일자리를 찾을 수 있었지만, 일부에게는 낯선 언어와 문화가 더 대처하기 힘들었다. 그들은 또한 그들 눈에 보다 개방적으로 보인 네덜란드인의 윤리가 불편했다. 아이들에게 미칠 영향을 우려한 그들은 네덜란드 역시 떠나서 신대륙으로 가기로 했다. 그곳에 가면 정착지를 만들고 자유롭게 신앙생활을 할 수 있을 것으로 생각했다. 그들은 버지니아주 제임스타운의 기존 정착지에는 합류하지 않는 것이 낫겠다고 생각했는데 그곳에서는 자기네가 벗어나려고 했던 반대와 순응에 대한 압박이 있을 것 같았기 때문이다.

이 비국교도들 중 젊고 강한 사람들이 먼저 가고, 나이든 부류는 나중

에 갔다. 첫 번째 집단은 1620년 7월 로테르담 부근 델프스하펀에서 스피드웰호라는 배를 타고 떠났다. 이 배는 본래 이름이 스위프트슈어호였으며, 1588년 에스파냐 무적함대를 격파한 함대였다. 이 배는 60톤짜리 종범선縱帆船으로, 작은 사각돛 상선이었다. 스피드웰호는 잉글랜드 사우샘프턴으로 가서, 메이플라워호와 함께 신대륙으로 가기로 한 다른 분리파들의 대열에 합류했다.

메이플라워호는 플뢰위트라는 유형의 화물선이었다. 네덜란드에서 기원한 플뢰위트는 건조 비용이 적고 장거리 여행에 최대의 화물을 실을 수 있으며 적은 승조원으로 운항하기가 쉬웠다. 이 모든 요소는 운송 비용을 절감해, 16~17세기에 인기 있는 화물선이었다. 잉글랜드 조선업자들은 그 장점을 알아보고 독자적인 플뢰위트형 선박을 만들었다. 기본적으로 화물선이었지만 일부 배에는 군함처럼 대포를 장착하기도 했다. 메이플라워호의 건조 시기와 장소에 대해서는 확실하게 알려진 바가 없다. 그러나 에식스주의 소도시 하리치가 이 배를 건조한 장소라고 주장하고 있다. 당대의 일부 기록이 이 배를 '하리치의 메이플라워호'로 언급하고 있고, 이 배의 선장이자 공동 소유자인 크리스터퍼 존스가 하리치 출신이었기 때문이다. 존스는 그전까지 11년 동안 메이플라워호의 선장이었으며, 잉글랜드의 양모를 프랑스로 실어가고 프랑스의 포도주를 들여왔다.

신대륙을 향한 출발

8월 5일 출발했다. 스피드웰호에는 승객이 30명, 메이플리워호에는 90명이 탔다. 스피드웰호는 거의 금세 물이 찼고 수리를 하기 위해 데번주 다트머스에 입항했다. 그들이 출발한 뒤에 스피드웰호에 물이 다시 샜고, 두 척은 모두 플리머스로 되돌아왔는데 스피드웰호는 그곳에 버려졌다.

메이플라워호 단독 항해가 결정됐고, 30명가량의 승조원과 102명의

위쪽 메이플라워호는 네덜란드의 플뢰위트 설계를 바탕으로 한 전형적인 17세기 영국 상선이다. 배 앞뒤의 높은 선루는 주갑판을 위험으로부터 어느 정도 보호해준다.

왼쪽 미국의 화가 로버트 월터 위어(1803~1889)의 1857년 그림 「필그림파더스들의 출항」은 필그림파더스들이 갑판에 모여 신대륙으로 갈 항해를 준비하는 모습을 보여준다.

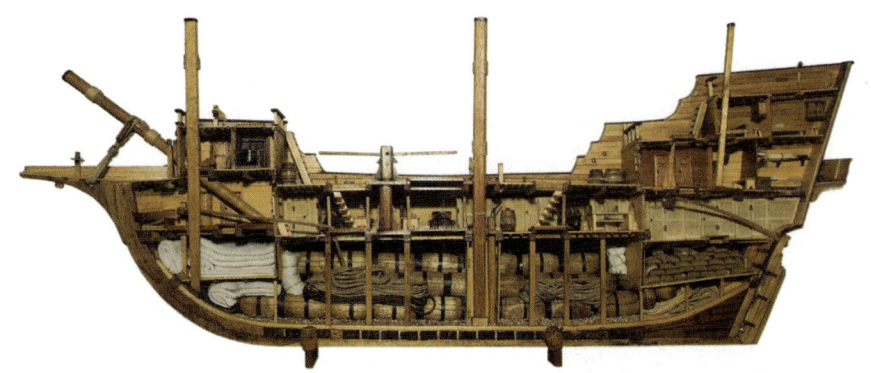

위쪽 필그림파더스들은 메이플라워호 선상에서 생활할 공간이 매우 비좁았다. 배 앞뒤 선루 사이의 작은 주갑판과 그 아래의 중갑판 즉 포열 갑판을 제외하고는 나머지 부분이 화물로 꽉 차 있었다.

승객이 탔다. 승객들은 포열 갑판에서 생활했다. 그 크기는 길이 15미터, 폭 7.5미터에 높이가 불과 1.5미터였다. 그들은 날씨가 화창하면 주갑판에 나왔지만 먹구름이 몰려올 때는 비좁은 포열 갑판에 처박혀 10문의 대포와 함께 지내야 했다.

메이플라워호는 1620년 9월 6일 플리머스를 출발했다. 대개 플리머스는 메이플라워호의 마지막 기항지로 알려져 있다. 이 배가 대양 횡단을 떠나기 전에 식수를 얻기 위해 콘월의 뉴린을 들렀다는 주장이 있기는 하지만 말이다. 이 배는 허드슨강 하구를 향했지만, 두 달 남짓 계속된 험난한 항해 끝에 11월 11일 매사추세츠주 코드곶에 도착했다. 이주자들은 몇몇 장소를 물색하다가 포기하고 마침내 새 보금자리를 잡았다. 이 지역은 1614년에 이미 이곳을 조사한 잉글랜드 탐험가인 '선장' 존 스미스(1580~1631)가 '뉴플리머스'라는 이름을 붙인 곳이었다. 이주자들은 이 이름을 그대로 썼다. 자기네가 잉글랜드에서 떠난 곳과 우연히 일치하는 이

이전의 코드곶 탐험

필그림파더스는 코드곶 일대에 온 첫 유럽인이 아니었다. 이탈리아 탐험가 조반니 카보토(존 캐벗, c. 1450~c. 1500)는 500년 전 바이킹 이래 북아메리카 본토에 온 첫 유럽인이었다(콜럼버스는 북아메리카 본토를 밟은 적이 없었다). 그의 1497년 뉴펀들랜드 발견은 이 대륙 동해안을 따라 탐험을 하는 새로운 시대를 열었다. 퀘벡시를 건설한 프랑스 항해자 사뮈엘 드 샹플랭(c. 1574~1635)은 1605년 코드곶을 탐험했다. 제임스타운 식민지 건설을 도왔던 잉글랜드의 군인이자 탐험가 존 스미스는 1614년에 코드곶 일대를 탐험하고 여기에 '뉴잉글랜드'라는 이름을 붙였다. 그의 1616년 지도는 플리머스 식민지의 위치를 보여주는데, 그는 이곳을 '뉴플리머스'라 불렀다.

름이었기 때문이다. 그들이 상륙한 곳은 플리머스록으로 알려지게 된다. 좋지 않은 날씨와 질병으로 첫 번째 집을 짓는 데는 생각보다 오래 걸렸지만, 정착민들은 1월 말에는 메이플라워호에서 짐을 내릴 수 있었다. 그들은 아메리카 원주민들로부터 큰 저항을 받지 않았다. 주로 토착민의 90퍼센트가 전염병(아마도 천연두)으로 쓸려 나갔기 때문이었다.

잉글랜드로의 귀환

메이플라워호는 4월에 잉글랜드를 향해 출항했다. 배는 출발 전에 대포 4문을 내려놓았다. 식민지 방어를 돕기 위한 것이었다. 1623년 더 많은 이주자들이 더 많은 보급품들을 가지고 도착한 뒤 살아남은 정착민들은 신에게 감사를 드렸다. 지금도 기념하고 있는 추수감사절이다. 이듬해 더 많은 이주자들과 함께 가축이 처음으로 도착했다. 1630년이 되면 식민지는 주민이 300명이나 됐고, 1691년에는 약 7천 명에 달했다.

메이플라워호는 강한 서풍을 받아 떠나올 때 걸린 시간의 절반 만에 고국 잉글랜드까지 가서, 1621년 5월 6일 런던의 로더하이드에 도착했다. 선장 크리스터퍼 존스는 이듬해 죽었다. 메이플라워호는 이후 2년 동안 모항에 머물렀다. 이 배의 후일담에 대해서는 알려진 것이 없지만, 해체됐을 것이다. 배의 목재 일부는 버킹엄셔의 한 마을 조던스에 있는 건물 메이플라워 반Mayflower Barn의 건축에 사용됐다고 한다. 물론 확인된 바는 없다.

오른쪽 존 맥레이(1816~1892)의 판화 「1620년 필그림파더스의 아메리카 상륙」은 필그림파더스들이 메이플라워호(뒤의 배경에 나온다)에서 내려 상륙하는 순간을 묘사했다. 찰스 루시(1814~1873)의 그림을 바탕으로 한 것이다.

인데버호

18세기 중반에 한 허름한 석탄선이 지구와 그것이 태양계에서 차지하는 위치에 대한 우리의 관점을 변화시킬 원정에 참여했다. 당시 태양계의 규모는 알려지지 않았다. 또 태양이 얼마나 멀리 있는지도 몰랐다. 영국 해군 선박 인데버호를 타고 태평양을 항해한 과학자들이 이 수수께끼를 풀었다. 이 원정을 지휘했던 제임스 쿡(1728~1779)은 이어 비밀 임무를 띠고 뉴질랜드와 오스트레일리아로 향했다.

유형 개조된 석탄선
진수 영국 휫비, 1764년
길이 29.8미터
톤수 366톤
건조 목재(화이트오크, 느릅나무, 소나무), 카라벨라 판붙임
추진 세 돛대 및 기움돛대에 여러 개의 사각돛

인데버호는 원래 얼 오브 펨브로크호Earl of Pembroke라는 석탄선이었다. 이 배는 잉글랜드 동북부 해안의 휫비라는 석탄 항구에서 건조됐다. 선체는 화이트오크, 용골과 선미재船尾材는 느릅나무, 돛대는 소나무와 전나무로 만들어졌다. 바닥이 평편하게 되어 있어 얕은 물에서 안전하게 항해할 수 있고, 건선거乾船渠 없이도 해안에 올려져 수리할 수 있었다. 1768년 조지 3세(재위 1760~1820)는 이듬해 금성이 태양을 가로지르는 것을 관측하는 태평양 원정을 승인했다. 이 원정은 지구와 태양 사이의

오른쪽 쿡 선장의 인데버호와 같이 튼튼하게 건조되고 바닥이 평편한 배들은 영국 동북 해안에서 휫비 캐츠Whitby Cats로 알려졌으며 석탄 무역에 널리 사용됐다.

오른쪽 쿡 선장은 타히티에 있을 때 인신공양人身供養을 목격했다. 그것은 타히티의 전쟁신에게 다른 섬과 싸울 때 도와달라고 바치는 제물이었다.

거리를 측정하기 위해 이 관측을 이용하려던 과학자들의 요청에 의한 것이었다. 해군부는 이 원정을, 있다는 소문이 돌지만 아직 발견되거나 조사되지 않은 남쪽의 대륙을 찾는 비밀 임무와 한데 묶었다.

제임스 쿡이 원정의 지휘자로 발탁됐다. 그는 정확한 조사와 지도 제작으로 높이 평가받고 있었다. 해군부는 얼 오브 펨브로크호를 매입해 이를 석탄선에서 과학 탐사선 인데버호로 개조했다. 개조하면서 선실과 창고가 있는 새 갑판을 추가했다. 승조원 85명 중 왕립 해병대원은 12명이었다. 생물학자 조지프 뱅크스(1743~1820)와 천문학자 한 명, 화가 두 명도 승선했다. 배는 기관포 6문과 선회포 12문으로 무장했다.

인데버호는 1768년 8월 26일 플리머스를 출항했다. 쿡은 이듬해 6월 전에 타히티섬에 도착해야 했다. 광활한 태평양 한가운데에 있는 폭 45킬로미터 이하의 작은 섬이었다. 그는 1월 중순 남아메리카 최남단 혼곶에 도착했다. 사흘 동안 폭풍우 및 조류와 싸운 끝에 그는 마침내 태평양으로 진입했다. 그는 뱅크스가 해안에서 식물 표본을 채집하는 동안 잠시 머물렀다가 다시 대양을 건너 타히티로 향했고, 4월에 타히티에 도착했다. 승조원들은 해안에 관측소를 건설했다. 주위에는 토벽을 쌓았고 그 위에는 나무 말뚝 울타리를 쳤으며, 배에서 가져온 대포로 방어했다.

6월 3일 횡단 현상이 발생했을 때 관측자들은 정확한 시각을 측정하기가 어려웠다. 행성인 금성이 둥그런 태양의 끄트머리에 가까워질 때 금성의 가장자리가 흐릿했기 때문이다. 이는 검은방울현상black drop effect이라 불린다. 그러나 타히티 및 기타 지역의 관측에 따라 지구와 태양 사이의 평균 거리는 1억 5083만 8,824킬로미터로 계산됐다. 정확한 거리인 1억 4959만 7,870킬로미터에 비해 0.8퍼센트의 오차밖에 나지 않았다.

> 야망은 나를 이전의 다른 어떤 사람이 갔던 것보다 더 멀리 인도할 뿐만 아니라, 사람이 갈 수 있다고 내가 생각하는 것만큼 갈 수 있게 해준다.
> -제임스 쿡

테라 아우스트랄리스

금성 일면 통과金星日面通過(Transit of Venus) 조사가 마무리된 뒤 쿡은 밀봉 명령을 개봉했다. 남방 대륙 즉 테라 아우스트랄리스를 찾으라는 지시였다. 그는 뉴질랜드로 가서 전체 해안선을 지도로 그렸고, 이로써 그곳이 남쪽의 거대한 대륙 중 일부가 아님을 입증했다. 이어 그는 계속 서쪽으로 나아가 오스트레일리아 동해안에 닿았다. 그곳에 간 첫 유럽인이었다. 이곳 역시 남쪽에 있는 것으로 생각되는 더 큰 대륙의 일부가 아니었다. 그는 이곳을 영국 땅으로 선언하고 뉴사우스웨일스라는 이름을 붙였다. 4월 29일, 그는 자신이 보터니만으로 명명한 곳에 상륙했다. 인데버호는 이곳을 떠나다가 그레이트배리어리프大堡礁에 좌초하여 선체에 구멍이 났다. 구멍은 돛 조각으로 임시로 때웠다. 수리에 적당한 곳을 발견하자 승조원들은 배를 해변에 올렸다. 그런 뒤에 그들은 바타비아(지금의 자카르타)로 가서 네덜란드 동인도회사로부터 보급을 받고 선체의 새는 부분을 보다 영구적으로 수리했다. 많은 승조원들이 말라리아와 이질로 쓰러졌다. 그것이 산불처럼 네덜란드 식민지에 창궐하고 있었다. 쿡은 살아남은 승조원들을 이끌고 서쪽으로 계속 가서 1771년 7월 자신의 첫 번째 세계 일주를 완성했다. 출발한 지 3년 만이었다.

쿡은 발견의 항해를 두 차례 더 하는데 이때는 인데버호가 아닌 다른 개조된 석탄선 레절루션호를 타고서였다. 그는 두 번째 세계 일주(1772~1775) 동안에 다시 남쪽 대륙을 찾으려 했다. 그는 충분히 남쪽으로 내려

위쪽 너새니얼 댄스홀랜드(1735~1811)가 그린 제임스 쿡의 공식 초상화. 이 위대한 항해자는 영국 왕립 해군 함장의 제복을 입고 손을 남극해 지도 위에 두었는데, 그가 가리키고 있는 곳은 오스트레일리아 해안이다.

괴혈병

제임스 쿡은 1769년 인데버호 원정 이전에 20여 년을 바다에서 보냈기 때문에 선원들의 생활에 대해 아주 잘 알고 있었다. 그는 장교가 된 이후 부하들을 잘 챙겼다. 특히 선원들이 먹는 음식에 신경 써서 양배추 절임과 오렌지 및 레몬 잼을 챙겼다. 그는 모든 선원에게 이 음식을 먹도록 명령했다. 이를 거부하는 사람은 매를 쳤다. 쿡의 고집은 성과가 있었다. 그는 처음으로 휘하 선원들의 괴혈병(비타민 C 결핍으로 생기는 병)을 퇴치한 영국 해군 지휘관이 됐다.

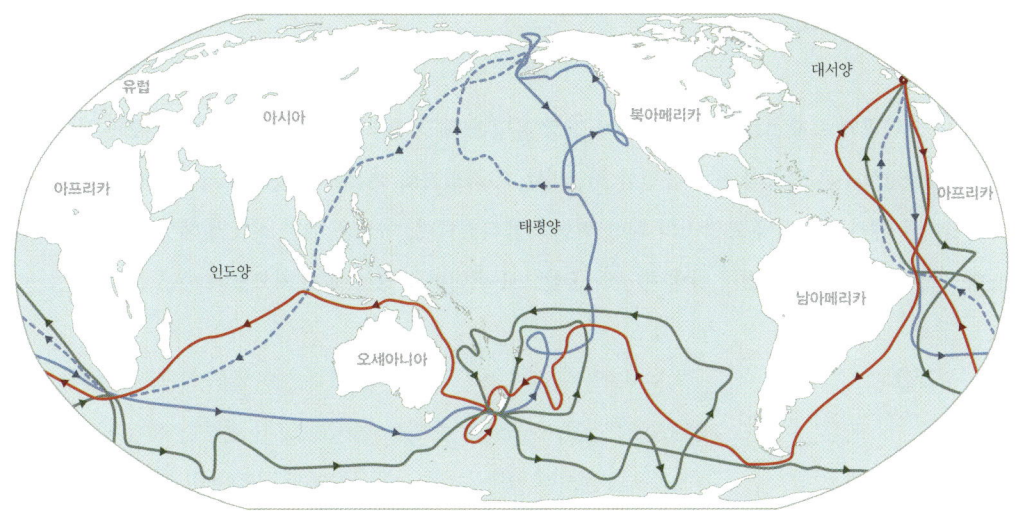

위쪽 쿡의 세 차례 탐험 항해는 잘 알지 못했던 태평양에 대해 많은 정보를 제공했다. 이 지도에서 그의 첫 항해는 붉은색 선이고, 두 번째 항해는 초록색 선이며, 세 번째 항해는 파란색 선이다. 파란색 점선은 그가 죽은 뒤 그 승조원들이 간 길이다.

가 빙괴冰塊에 도달하고 심지어 남극 대륙을 일주했지만 육지를 찾을 수는 없었다. 그는 빙괴가 남극까지 계속 뻗쳐 있을 것이라고 생각했다.

서북 항로

1776년 쿡은 아메리카 대륙의 북태평양 연안을 탐사하는 원정을 떠났다. 대서양과 태평양을 연결하는 서북 항로를 찾기 위한 것이었다. 그 과정에서 그는 하와이제도를 발견했다. 그는 베링해협에서 빙괴를 마주친 뒤 하와이로 돌아왔다. 그곳에 있는 동안 배 한 척을 도둑맞았다. 그는 배를 되찾기 위해 그 지역의 수장을 인질로 잡으려 했지만, 이어진 난투에서 공격당하고 살해당했다. 그리고 해병대원 네 명도 죽었다. 이때가 1779년 2월 14일이었다. 현지인들은 쿡의 시신을 가져갔다가 바다에 장례 지내도록 유해 일부를 돌려주었다.

한편 인데버호는 해군 수송선으로 쓰이다가 1775년 민간 구매자에게 팔렸다. 그 뒤 곧 항해에 적합하지 않다는 판정을 받았는데 다시 병력 수송선과 이어 감옥선으로 쓰기 위해 광범위한 수리를 해야 했다. 이제 로드 샌드위치호로 불리다 이 배는 1778년 다른 해군 및 민간 배 몇 척과 함께 로드아일랜드의 내러갠싯만에 일부러 빠뜨렸다. 그곳의 영국 정착민들을 프랑스 해군의 공격으로부터 보호하기 위한 것이었다.

빅토리호

1805년 트라팔가르 해전은 영국 역사에서 가장 유명한 해전 중 하나이며, 영국 함대의 제독 허레이쇼 넬슨(1758~1805)은 영국의 가장 유명한 군인이다. 트라팔가르 해전에서 넬슨의 기함은 빅토리호였다. 트라팔가르 해전으로 결국 프랑스의 침략 위협을 물리쳤으며, 영국은 세계 최상의 해상 세력으로 떠올랐다. 빅토리호는 지금도 영국 왕립 해군의 군함으로 취역하고 있는 세계 최고령의 해군 군함이다.

유형 1급 전열함
진수 영국 켄트주의 채텀 해군공창, 1765년
길이 69.3미터
톤수 배수량 3,556톤
건조 오크 선체, 카라벨라 판붙임
추진 세 돛대 및 기움돛대에 여러 개의 사각돛

빅토리호는 영국이 이끈 연합군과 프랑스가 이끈 연합군 사이에 벌어졌던 칠년전쟁(1756~1763) 동안에 영국 해군이 발주한 배였다. 이 배는 켄트주 메드웨이에 있는 채텀 해군공창에서 건조됐다. 기공은 1759년 7월 23일이었다. 이 배에는 대략 6천 그루의 나무가 사용됐다. 대부분 오크나무였다. 1765년 이 배가 진수할 때 전쟁은 끝나 있었고, 따라서 배는 여전히 미완의 '평시 상태(예비 분류)'에 있었다. 이 배는 1778년 미국독립전쟁이 발발한 뒤에야 마침내 완성됐다. 포 104문으로 무장해 '1급' 군함이었던 이 배는 제1차 및 제2차 웨상섬 해전에서 프랑스를 상대로 한 작전에 나섰다. 1782년에는 지브롤터 구조 작전에서 프랑스-에스파냐 연합 함대를 상대로 한 스파르텔곶 해전에 참가했다. 1797년에는 에스파냐를 상대로 한 상비센트곶 해전에서 존 저비스(1735~1823) 제독의 기

오른쪽 빅토리호는 매우 오래된 군함이다. 넬슨이 1805년 트라팔가르 해전에서 그 후갑판을 돌아다닐 때 이미 40년째 취역 중이었다.

1급 군함

빅토리호 당시의 영국 군함은 여섯 부류의 '급'으로 나뉘었다. 배의 크기와 탑재한 포의 수에 따른 것이다. 빅토리호 같은 1급은 가장 크고 가장 강력했다. 모두 세 개 갑판에 최소 100문 이상의 포로 무장했고, 800명 이상의 장교와 사병이 승조원으로 탑승했다. 이런 배들은 흔히 제독의 사령부 즉 기함(제독이 타고 있다는 것을 알리는 깃발을 달아서 그렇게 불렸다)이었다.

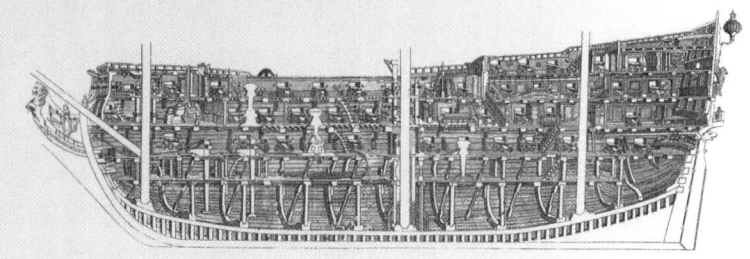

오른쪽 빅토리호는 당대의 최상급 해상 전투 장비의 한 사례였다. 영국 해군의 1급 군함이었다. 『백과사전, 혹은 과학과 예술에 관한 일반 사전 Cyclopædia, or an Universal Dictionary of Arts and Sciences』(1728)에 나오는 이 그림은 3급 군함(위쪽)을 빅토리호 같은 1급 군함과 비교해 보여주고 있다.

함으로 활약했다.

이 무렵 배의 상태는 매우 좋지 않았다. 배는 병원선으로 개조됐고, 이어 폐선장으로 가기 직전의 마지막 코스인 감옥선이 됐다. 그러나 1799년 또 다른 군함인 임프레그너블호가 난파하자 빅토리호는 다시 취역해 최신 해군 표준에 따라 갱신됐다. 선체는 3,923장의 동판으로 덮어 나무를 배좀벌레조개로부터 보호했다. 가장 무거운 포였던 19킬로그램짜리는 가벼운 14.5킬로그램짜리로 대체됐다. 더 빠르게 장전하고 발사할 수 있는 포였다. 이때 선체에 그 유명한 검은색과 노란색의 줄무늬를 칠했다.

트라팔가르

빅토리호 최고의 순간은 1805년이었다. 프랑스 황제 나폴레옹 보나파르트(1769~1821)는 영국을 침략한다는 야심을 버렸지만, 프랑스와 에스파냐 함대는 영국에 여전히 위협이 되고 있었다. 영국은 이에 넬슨 부제독에게 임무를 주었다. 넬슨은 영국 함대를 적의 함대가 있는 에스파냐 카디스 항구 부근으로 이동시켰다. 프랑스와 에스파냐의 함대가 출발하자 영국 함대가 추격해 공해로 나아간 뒤, 10월 21일 트라팔가르곶 앞바다에서 그들을 공격했다. 전투 직전에 넬슨은 함대에 이런 군호를 보낸 것으로 유명하다. "영국은 모든 병사가 자신의 의무를 다할 것을 기대하고 있다."

넬슨은 수적으로 열세임을 알고 있었다. 영국은 27척이고 프랑스-에스파냐는 33척이었다. 그래서 그는 '전열 파괴'라는 위험한 전술을 택했다. 당시 군함들은 대개 일직선을 이루어 싸웠다. 양쪽에 나란히 두 줄로 배치하여 서로 포를 쏘아 상대를 부서뜨렸다. 하지만 넬슨은 자신의 배를 두 패로 나누었다. 한 패는 적의 함대 전열 한가운데로 돌진해 전열을 끊어냈다. 다른 패는 전열의 뒤로 치고 들어가 적의 함대 대열을 작은 무리로 흩어놓았다. 영국 군함들이 접근하여 적의 군함들을 거의 한 시간 동안 공격했고, 그런 뒤에야 적선은 포를 상대에게 겨눌 수 있었다. 넬슨은 적의 포수들이 전투를 별로 해보지 않았기 때문에 비효율적일 것이라 여기고 도박을 했다. 반면에 영국 포수들은 나일 해전과 코펜하겐 해전에서 승리한 지 얼마 되지 않았다. 그의 생각은 옳았다. 영국 해군 포수들은 당시 매우 경험이 많고 조련이 잘되어 있어 90초마다 한 번씩 발사할 수 있었다. 다른 어느 나라 포수들에 비해서도 최소 두 배의 발사 속도였다. 영국 군함들이 적의 전열을 무너뜨리자 그들은 마침내 적선을 개별적으로 공격할 수 있었다. 빅토리호가 먼저 프랑스 제독의 기함 뷔

아래쪽 넬슨의 초상화 중에 가장 유명한 것은 1800년 레뮤얼 애벗(c. 1760~1803)이 그린 것이다. 넬슨이 1797년 산타크루스 전투에서 잃어버린 오른팔의 소매는 가슴에 핀으로 고정되어 있다.

> 영국은 모든 병사가 자신의 의무를 다할 것을 기대하고 있다.
> -트라팔가르 해전 직전 영국 함대에 보낸 허레이쇼 넬슨의 군호

트라팔가르 해전 당시의 빅토리호

1805년 트라팔가르 해전 당시 빅토리호에는 승조원이 821명이었다. 500명 이상은 배를 운항하는 수병이었다. 그중 289명가량이 지원자였고, 200여 명은 의무병이었다. 해군에 사병이 필요한데 지원자가 충분치 않으면 강제징집대가 적당한 사람을 강제로 복무시킬 수 있었다. 여기에 빅토리호에는 150명가량의 해병대원이 있었다. 승조원 중에 나머지는 배의 장교나 의사 같은 전문가였다. 빅토리호 승조원의 약 40퍼센트는 24세 이하였다. 승조원 중 가장 어린 사람은 열두 살(넬슨도 그 나이에 해군에 들어갔다)이었고, 가장 나이가 많은 사람은 예순일곱 살의 사무장이었다.

위쪽 니컬러스 포콕(1740~1821)의 이 그림은 전쟁 발발 불과 2년 뒤인 1807년에 그려졌다. 이 그림은 1805년 10월 21일 오후 5시의 상황을 보여준다. 전투가 끝나갈 때다.

상토로호를 격파했다. 넬슨의 도박과 영국 포격의 우위가 승리를 가져왔다. 그날 전투에서 적의 군함 19척이 나포되거나 파괴됐다. 그 뒤 네 척이 더 나포됐고, 나머지 대부분은 난파됐다. 영국 군함은 손실이 없었다.

넬슨의 죽음

군함 상갑판의 승조원들은 적의 포수나 저격수로부터 사격을 당할 위험이 있었다. 선미루 갑판이나 후갑판은 특히 목표물이 됐다. 배의 고위 장교들이 이곳에 모여 있기 때문이다. 빅토리호의 후갑판에 있는 타륜이 사격으로 날아갔고, 배는 갑판 아래에 있는 제어장치로 조종해야 했다. 넬슨은 후갑판에 서 있다가 프랑스 전함 르두타블호의 꼭대기에서 저격수가 쏜 머스킷 총탄에 맞았다. 두 전함은 불과 몇 미터밖에 떨어져 있지 않았다. 총알은 넬슨의 오른쪽 어깨로 들어가 척추를 지나갔다. 빅토리호 선장 토머스 하디는 넬슨이 총탄에 맞은 것을 보고 달려갔다. 넬슨은 최하 갑판으로 옮겨져 사관실에 눕혀졌다. 부상자들을 데려와 선의(船醫)가 치료하는 갑판이었다. 넬슨은 선의에게 말했다. "당신이 내게 해줄 수 있는 건 없어. 나는 곧 죽을 거야. 등이 관통됐네." 하디가 그를 보러 내려왔을 때 넬슨이 이렇게 말한 것은 유명하다. "내게 키스해주게, 하디."

오른쪽 데니스 다이턴(1792~1827)의 그림 「넬슨의 전사」. 트라팔가르 해전에서 넬슨이 옆의 프랑스 군함에서 날아온 저격수의 총탄에 맞아 상교들이 그에게 달려가고 있는 장면이다.

선의는 하디가 넬슨의 뺨과 이마에 키스하는 것을 지켜보았다. 넬슨은 정신을 잃고 오후 4시 30분에 죽었다. 총탄을 맞은 지 세 시간 뒤였다.

빅토리호는 전투에서 심한 포격을 당했고, 폭풍우에 의해 더욱 파손됐다. 배가 심한 손상을 입었지만 승조원들은 자기네 지휘관을 고국으로 데려가야 했다. 넬슨의 시신은 브랜디 술통에 보존됐다. 배는 심하게 손상되어 수리하러 지브롤터로 예인됐고, 이후에는 예인되어 영국으로 돌아갔다. 넬슨의 장례는 국장國葬으로 치러졌으며, 그의 시신은 런던의 세인트폴 대성당 돔 아래 무덤에 안치됐다.

넬슨의 이력

호레이쇼 넬슨은 1758년 9월 29일 영국 노퍽주의 버넘소프에서 태어났다. 불과 열두 살에 해군에 들어가 뱃멀미로 고생했는데도 빠르게 진급하여 스무 살 때 함장이 됐다. 그는 서인도제도에서 복무하고 영국으로 돌아왔으나 지휘권을 얻지 못하고 5년 동안 대기하던 중 결국 1793년에 아가멤논호 함장이 됐다. 코르시카에서 오른쪽 눈의 시력을 잃은 뒤 캡틴호 지휘를 맡았다. 에스파냐 해군과 맞붙은 세인트빈센트곶 해전(1797)에서 큰 활약을 했고, 그 공로로 작위를 얻고 준제독(해군 소장)으로 승진했다. 그러나 같은 해 산타크루스 전투에서 오른팔을 잃었다. 1798년 그가 지휘하는 영국 함대가 나일 해전에서 나폴레옹의 프랑스 함대를 격파했다. 넬슨은 자신이 옳다고 생각하면 명령을 무시하곤 했다. 코펜하겐 해전(1801)에서 철수하라는 명령을 받자 실명한 눈에 망원경을 대고 신호를 보지 못했다고 말한 것이 유명하다. 코펜하겐 해전에서 승리한 뒤 자작이 되고 총사령관으로 승진했다.

위쪽 오늘날 빅토리호의 포열 갑판은 평온하고 조용하고 깔끔하고 정연하지만, 파도치는 바다에서 한창 전투 중일 때는 대단한 군사적 전문성이 요구되는 곳이며 엄청난 소음, 연기, 악취, 난폭함이 난무했던 곳이다.

아래쪽 트라팔가르 해전 당시의 약간 옅은 색깔을 복원하기 전의 빅토리호. 이 배는 영국 남해안 포츠머스 역사 조선소에서 방문객들의 눈길을 끌고 있다.

오늘날의 빅토리호

빅토리호는 대대적으로 개조했다. 그런 뒤에 반도전쟁(에스파냐 독립전쟁)과 발트해에서 활약했고, 그 뒤 1812년 퇴역해 포츠머스에 계류됐다. 1920년대에 해군사 연구자들은 이 배를 더 썩게 내버려둔다면 구제할 방법이 없을 것이라고 경고했다. 배는 일부 복구 작업이 이루어졌지만 제2차 세계대전 동안 폭격을 맞아 크게 손상됐다. 1970년대가 되자 빅토리호는 긴급 수리가 필요해졌다. 취역 기간 동안 무장, 삭구, 외양 등에서 여러 차례 변화를 겪었다. 빅토리호를 1805년 트라팔가르 해전 당시의 상태로 복원한다는 결정이 내려졌다. 오늘날에는 본래 배의 20퍼센트 정도만이 남아 있다. 그러나 아래층 포열 갑판과 넬슨이 숨을 거두었던 최하 갑판은 대체로 원래대로 있었다.

연구와 복원은 지금까지 계속되어왔다. 최근에 연구자들은 트라팔가르 해전 때 빅토리호의 도색 방식에서 정확한 색깔을 알아냈다. 이전에 생각했던 검은색과 밝은 노랑이 아니라 흑연 회색과 미색 오렌지에 가까운 옅은 황색이었다. 넉 달에 걸친 수선 작업은 2015년 10월 완료됐다.

시리우스호

1788년 퍼스트 플리트First Fleet 선단이 보터니만에 도착한 것은 유럽인의 오스트레일리아 정착의 신호탄이었다. 선단의 기함은 상선을 개조한 시리우스호였다. 그 선단의 제독들이 뉴사우스웨일스의 1~3대 총독이 됐다.

유형 상선에 포 10문을 탑재한 군함으로 개조
진수 영국 로더하이드, 1780년
길이 33.7미터
톤수 512톤
건조 목재, 카라벨라 판붙임
추진 세 돛대에 사각돛

영국은 17세기 초부터 기결수 일부를 아메리카 대륙으로 실어 보냈는데, 미국이 독립해 아메리카 식민지를 상실하면서 그 길이 막혔다. 영국의 감옥은 금세 죄수들이 넘쳐났다. '폐선廢船(hulk)'으로 알려진 오래된 배들이 감옥선으로 이용됐다. 이것도 가득 차자 해외에 유형流刑을 보낼 새로운 곳이 긴급하게 필요해졌다. 불과 몇 년 전에 '선장' 제임스 쿡이 새로운 대륙을 발견했다. 오스트레일리아였다. 1785년 영국 정부는 범죄자들을 지구 반대편의 이 새로운 땅에 실어 보내기로 결정했다.

'퍼스트 플리트 선단(첫 번째 선단. 나중에 이렇게 알려지게 된다)'은 배 11척으로 오스트레일리아에 영국의 첫 행형行刑 식민지를 건설하기 위해 1787년 5월 13일 포츠머스를 출발했다. 선단은 영국 왕립 해군 군함 두 척, 보급품을 실은 배 세 척, 죄수를 실은 배 여섯 척이었다. 총지휘는 아서 필립(1738~1814) 제독이 맡았다. 그는 존 헌터(1737~1821)가 함장인 기함 시리우스호에 탔다. 필립은 또한 제임스 쿡이 영국 땅이라고 선언

오른쪽 퍼스트 플리트 선단이 보터니만 앞바다에 도착하는 모습. 로버트 클레블리(1747~1809)의 그림을 토머스 메들랜드(c. 1765~1833)가 판각한 것이다. 이 그림은 오스트레일리아 도착 후 1년 뒤인 1789년에 그려졌다.

오른쪽 1788년 1월 26일 시드니만에 영국 국기가 게양되는 것을 아서 필립 함장이 바라보고 있다. 1937년 앨저넌 탤메이즈(1871~1939)가 그린 유화 스케치. 시드니만에 시리우스호가 정박해 있다.

한 뉴사우스웨일스 총독으로도 지명됐다. 선단이 싣고 간 기결수의 수는 자료마다 다르지만, 남자·여자·아이 등 대략 750명 정도였다. 그들 대부분은 강도와 절도로 유죄 판결을 받았다.

베릭호에서 시리우스호로

시리우스호는 베릭호라는 이름의 상선이었다. 이 배는 화재를 당한 후 영국 왕립 해군에 팔려 뎃퍼드 해군공창에서 군함으로 개조됐다. 10문의 포로 무장하고 선체에 구리를 입혀 해양 생물로부터 나무를 보호했다. 이 배는 영국 왕립 해군의 베릭호로서 1782년부터 미국독립전쟁이 끝날 때까지 아메리카 해역에서 복무했고, 그 후 서인도제도에 주둔하다가 1785년 초 현역에서 제외되고 승조원들은 하선했다. 이듬해 이 배는 퍼스트 플리트 선단에 선발되어 다시 취역할 준비를 했다. 1786년 10월 12일, 이 배는 남쪽의 별자리 큰개자리의 밝은 별 시리우스의 이름을 따서 '시리우스호'라는 새로운 이름을 얻었다.

이 배들은 6월 초 보급을 위해 카나리아제도에 들른 뒤 8월 초 리우데자네이루에 도착했다. 한 달 뒤 그들은 오스트레일리아에 닿기 전의 마지막 기착지인 희망봉을 향해 출항했다. 죄수들은 매우 불쾌하고 비위생적이었다. 그들은 항해 기간 거의 대부분을 하갑판에 갇혀 보냈다. 그들의 옷에는 이와 벼룩이 들끓었다. 일부 죄수는 병에 걸려 죽었다.

> 명령과 유용한 조치를
> 구상하는 것보다
> 즐거운 일은 없다.
> —아서 필립 경 제독

오른쪽 영국에서 처음으로 보낸 죄수들이 8개월의 항해 끝에 1788년 퍼스트 플리트 선단에서 내려 보터니만 해안에 상륙했다.

배들은 1788년 1월 18일 보터니만에 도착했다. 252일에 걸친 2만 4천 킬로미터의 여정을 마친 것이다. 정착민들이 보터니만을 탐사하는 동안 프랑스 배 두 척이 도착했다. 그들은 세계 일주 항해를 하며 쿡 선장이 만든 지도를 점검하고 완성했으며, 태평양과의 새로운 무역 관계를 수립하고자 했다. 영국 배들이 먼저 유럽으로 돌아갈 계획임을 알고 프랑스인들은 그들에게 약간의 문서와 편지, 지도를 주면서 가지고 돌아가게 했다. 프랑스 배들은 3월 10일에 떠났고, 다시 볼 수 없었다. 흥미롭게도 이 프랑스 원정대에 참여하려고 지원한 사람들 중에 나폴레옹 보나파르트라는 젊은 코르시카인이 있었다. 그가 여기에 참여해 다른 선원들과 함께 죽었다면 유럽의 역사는 상당히 달라졌을 것이다.

아래쪽 시리우스호는 1790년 3월 19일 노퍽섬 앞바다에서 암초에 걸려 좌초했다.

한편 보터니만은 행형 식민지로는 적합하지 않은 것으로 드러났다. 그곳은 방어하기가 어렵고, 물이 너무 얕아 배들이 해안 가까이 정박할 수 없었다. 프랑스인들이 떠난 뒤 시리우스호의 도움으로 모든 사람은 북쪽의 좀 더 나은 곳으로 이동했다. 그들은 포트잭슨(쿡 선장이 붙인 이름)을 선택했다. 그들은 '시드니'라는 이름의 만에 정박했다. 이 이름은 아서 필립이 시드니 자작인 영국 내무부 장관 토머스 톤젠드(1733~1800)의 작호를 따서 지

경도 문제

지구 표면의 모든 지점은 두 개의 숫자로 특정된다. 위도와 경도다. 전자는 적도로부터 남쪽과 북쪽으로 떨어진 정도이고, 후자는 본초자오선으로부터 동쪽과 서쪽으로 떨어진 정도다. 선원들은 정오에 수평선 위 태양의 높이를 측정해 자신이 있는 위치의 위도를 판단했다. 그러나 경도는 측정하기가 더 어려웠다. 이를 위해서는 현지 시각과 본초자오선의 시각을 알아야 했다. 그리고 그것을 위해서는 상하와 좌우로 흔들리는 배에서 몇 주 또는 몇 달 동안 정밀도를 유지할 수 있는 매우 정밀한 시계가 필요했다. 시리우스호에는 K1 항해용 크로노미터라는 매우 정밀한 시계가 있었던 것으로 보인다. 이 시계는 제임스 쿡도 두 번째와 세 번째 항해 때 가지고 갔다. K1은 존 해리슨(1693~1776)이 만든 크로노미터의 복제품이었다. 해리슨은 정확한 항해용 크로노미터를 만들어 영국 정부로부터 상을 받은 사람이었다. 그는 40년 동안 이 일에 매달려 갈수록 더 정확한 시계를 만들어 결국 바다에서 경도를 판정하는 문제를 해결했다.

위쪽 시리우스호에는 라쿰 켄들(1719~1790)의 K1 항해용 크로노미터가 있어 배의 위치를 정밀하게 판단할 수 있었다. 이것은 존 해리슨의 H4 크로노미터의 복제품이다.

었다. 시드니 오페라극장 자리는 한때 캐틀포인트로 불렸다. 퍼스트 플리트 선단이 가져온 소와 말을 가두는 데 사용되던 곳이었기 때문이다. 시드니만은 식수도 공급되고 토질도 보터니만보다 나았다. 정착민들이 안전하게 상륙하고 첫 집들이 지어지자 시리우스호는 1788년 10월 2일 보급품을 더 가져오기 위해 희망봉으로 떠났다.

7개월여 후 이 배가 돌아왔을 때 정착민들은 굶어죽기 직전이었다. 영국에서 추가 보급품을 실어 보낸 배가 도착하지 않아 상황은 위급했다. 포트잭슨 정착지의 급한 불을 끄기 위해 죄수 일부를 노퍽섬으로 보냈다. 그곳에는 선단이 오스트레일리아에 도착한 직후 만든 작은 정착지가 있었다. 1790년 3월 19일, 시리우스호가 섬에 죄수와 선원을 상륙시키는 동안 이 배는 바람에 밀려 암초에 걸리면서 침몰했다. 승조원들은 가까스로 섬에 올랐는데, 그곳에서 발이 묶였다가 1년 뒤에야 구출되어 영국으로 돌아갔다. 죄수 일부를 노퍽섬으로 옮긴 것은 결과적으로 현명한 일이었다. 그 덕분에 포트잭슨은 보급선이 도착할 때까지 버틸 시간을 벌었기 때문이다. 노퍽섬에 있는 시리우스호 잔해는 퍼스트 플리트 선단 중에 유일하게 그 자리에 남아 있는 잔해다.

추가 죄수 호송선 두 척이 1790년과 1791년에 도착했고, 첫 자유민 정착민들이 1793년에 도착했다. 뉴사우스웨일스는 1823년까지 행형 식민지였다. 1868년 마지막 죄수 호송선이 웨스턴오스트레일리아에 도착할 때까지 영국에서 806척의 배에 실어 보낸 죄수는 모두 16만 2천 명이었다. 이때 오스트레일리아 식민지 전체의 인구는 약 100만 명이었다.

클러몬트호(노스리버호 증기선)

로버트 풀턴(1765~1815)의 클러몬트호는 증기선으로서는 세계 최초로 상업적인 성공을 거두었다. 최초의 증기선은 아니었으나, 증기 동력이 실용적이며 여러 형태의 배에서 상업적으로 성공적인 추진 기술임을 입증했다. 이로써 배들이 바람에 의존하는 것에서 해방되어, 해상 운송에 변화를 가져왔다.

유형 증기선
진수 미국 뉴욕, 1807년
길이 43미터
톤수 배수량 121톤
건조 목재, 카라벨라 판붙임
추진 증기 동력의 외륜, 돛

로버트 풀턴은 1765년 미국 펜실베이니아주 리틀브리튼의 한 농장에서 태어났다. 그는 어려서 증기기관에 관심을 가졌지만, 가장 좋아한 것은 미술이었다. 그는 필라델피아에서 6년 동안 화가로 활동하며, 돈을 많이 벌어 어머니에게 농장을 사주었다.

풀턴은 1786년 영국을 여행하고 이후 10년 동안에도 화가로 활동했지만, 기계에 대한 그의 관심은 계속 이어졌다. 풀턴은 제3대 브리지워터 공작 프랜시스 에저턴(1736~1803)을 위해 그가 자기네 수로에서 사용할 수 있도록 시험 증기선을 만들었으나, 이 일은 폐기됐다. 배의 외륜이 수로의 진흙 내벽을 손상시킬 수 있다는 우려 때문이었다. 1797년 풀턴은 프랑스 파리로 갔는데, 그곳에서는 14년 전 주프루아 다방 후작 클로드 프랑수아도로테(1751~1832)가 증기선을 만들어 손Saône강에서 15분 동안 작동시킨 적이 있었다. 존 피치(1743~1798)는 보다 성공적인 증기선을 만들어, 그것을 1787년 델라웨어강에서 시험했다.

아래쪽 화가에서 발명가로 변신한 로버트 풀턴은 상업적으로 성공한 첫 증기선과 실용적인 잠수함을 만들었다.

성공적인 제휴

풀턴은 프랑스에 있는 동안 실용적인 첫 잠수함 노틸러스호를 설계하고 만들었다. 그런 뒤에 그는 프랑스 주재 미국 공사 로버트 리빙스턴(1746~1813)을 만났다. 리빙스턴 역시 풀턴과 마찬가지로 증기선 실험을 했다. 두 사람은 의기투합해 승객을 싣고 허드슨강을 오르내릴 수 있는 증기선을 만들기로 했다. 그들이 처음 만든 배는 실망스러웠다. 풀턴은 다시 영국으로 돌아가, 거기서 영국 왕립 해군을 위한 어뢰를 만들고 두 번째 잠수함을 만들기 시작했다.

그러나 트라팔가르 해전에서 넬슨이 승리한 이후 프랑스의 위협이 약

위쪽 클러몬트호의 실물 크기 복제품이 1909년에 만들어졌다. 그것은 몇 년 동안 박물관 노릇을 한 뒤 방치되어 썩어갔고, 1936년 폐품 처리용으로 해체됐다.

해지자 풀턴의 작업은 더 이상 필요치 않게 됐다. 그는 1806년 미국으로 돌아왔고, 리빙스턴의 조카와 결혼했다.

풀턴은 영국 볼턴 & 와트의 증기기관을 미국으로 실어 보냈고, 리빙스턴은 허드슨강에서 증기선을 운항하는 독점권을 확보했다. 그들은 당시 가장 선진적인 증기기관 중 하나인 이 영국제 기관을 이용해 역사를 만든 증기선을 건조했다. 그것은 길이 43미터, 폭 4.3미터의 목선이었다. 증기기관은 선체 중앙에 올려 두 개의 외륜을 회전시켰다. 외륜은 배 양쪽에 각각 하나씩이었다. 외륜의 지름은 4.6미터, 폭은 1.2미터였다. 소나무 장작을 쌓아놓고 기관에 연료를 공급했다.

이 배는 오늘날 클러몬트호로 알려졌으나, 풀턴의 시대에는 들어보지 못한 이름이었다. 1817년 출간된 풀턴에 관한 책에서 클러몬트(허드슨 강변에 있는 리빙스턴의 집 이름)로 잘못 불려 그 이름이 됐다. 이 배는 유료 승객을 태우면서 그것을 '노스리버호 증기선'으로 홍보했다. 배가 만들어지는 것을 본 구경꾼들은 그것이 실패하리라고 확신해서 그 배에다 '풀턴의 바보짓'이라는 별명을 붙였다.

샤럿 던다스호

실용적인 첫 증기선은 윌리엄 사이밍턴(1764~1831)이 만든 샤럿 던다스호였다. 이 17미터짜리 배는 1802년 스코틀랜드 포스앤드클라이드 운하에서 바지선을 끄는 예인선으로 만들어졌다. 동력은 7.5킬로와트(10마력)의 증기기관이었고, 이것이 배꼬리에 달린 외륜 하나를 구동했다. 그것은 70톤의 바지선 두 척을, 31킬로미터의 거리를 견인해냈다. 여섯 시간이 걸렸다. 그러나 이는 상업적으로 실패였다. 잠재 승객들이 그 외륜에서 발생하는 너울이 운하 기슭을 손상시킬까봐 우려했기 때문이다.

첫 운항

새 배는 1807년 8월 17일 진수해 처음으로 검증을 했

풀턴의 잠수함 노틸러스호

1800년 로버트 풀턴은 세계 최초의 실용적인 잠수함 노틸러스호를 설계했다. 길이 6.5미터의 이 잠수함은 철골 주위에 동판으로 형체를 만들어 제작했다. 물 위에 떠올라 있을 때는 돛으로 추진했다. 잠수할 때는 속이 빈 용골에 물이 들어가게 하고 승조원들이 수동 프로펠러를 돌렸다. 노틸러스호는 적선에 기뢰를 부착하기 위한 군함으로 설계됐다. 이것은 1800년 프랑스 센강과 이어 르아브르 앞바다에서 시험해 성공을 거두었다. 그럼에도 프랑스 해군은 이것이 승조원들 입장에서는 너무 위험해 군함으로 유용하지 않다고 판단하고 분해해버렸다.

다. 풀턴은 리빙스턴이 시험을 위한 행사인데 손님까지 초청하는 공개 시범으로 바꿔버린 것을 알고 짜증이 났다. 손님들이 배에 대해 가졌던 의구심은 엔진이 출발 직후 갑자기 멈췄을 때 확인되는 듯했다. 풀턴은 긴급 조치를 하고 엔진을 다시 작동시켰으며, 더는 말썽이 없었다. 배는 칙칙거리며 맨해튼에서 올버니까지 240킬로미터의 허드슨강을 거슬러 올라갔다. 하룻밤 머문 것을 포함해서 32시간이 걸렸다. 돛배는 같은 구간을 가는 데 최대 엿새가 걸렸다. 누가 봐도 엔진이 너무 시끄러웠다. "평저선에 허름한 제재소 톱을 올려놓고 마구 돌려댄 것"으로 묘사됐다. 배가 리빙스턴의 집에 닿았을 때 엔진 소리가 너무 커서, 그가 뭐라고 말했는데 아무도 알아듣지 못했다. 배가 지나가는 동안 군중들이 기슭에 모여들어 그것을 구경했다. 그러나 많은 구경꾼들은 시뻘겋고 연기가 나는 엔진이 폭발해 뉴욕으로 돌아가는 배에는 결국 둘만 남게 되는 것은 아닌가 하고 걱정했다.

왼쪽 프랑스 셰르부르 해양 박물관에 있는 풀턴의 노틸러스호 복제품이다. 돛을 올렸다.

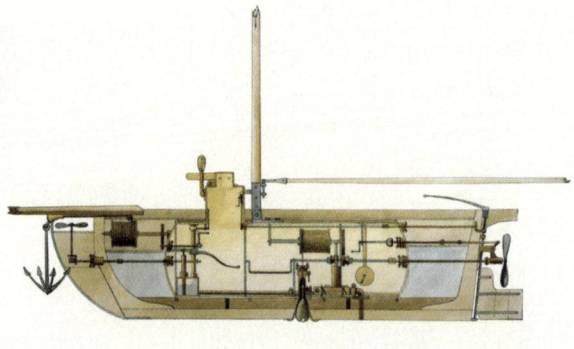

오른쪽 풀턴의 잠수함에 대한 관심은 노틸러스호 이후에도 계속됐다. 그는 더 많은 설계를 시험했는데, 1806년의 이 제안도 중에 하나였다.

위쪽 1909년 노스리버호 증기선 복제품의 갑판에서 본 모습. 선체의 양 측면에 외륜이 보인다. 그것은 배의 중앙에 있는 증기기관에 의해 운전된다.

시운전이 성공한 뒤 배는 여객 수송 준비를 했다. 불과 2주 만에 객실이 추가되고 엔진 덮개를 달았으며 외륜이 뿌려대는 비말을 줄이기 위해 그 위에 물받이를 설치했다. 1807년 9월 4일, 정기 여객 수송이 시작됐다. 배는 나흘마다 한 번씩 최대 100명의 승객을 태우고 올버니까지 갔다가 돌아오도록 했다. 겨울에 부빙浮氷이 통행을 위험에 빠뜨리기 전까지였다. 배의 성공 소식이 퍼지자 풀턴에게 동해안을 오르내리는 비슷한 배를 만드는 것에 대한 문의가 들어왔다.

노스리버호 증기선은 1814년 퇴역했고, 그 뒤 어떻게 됐는지는 알려지지 않았다. 풀턴은 이어 미국 해군을 위해 세계 최초의 증기 동력 군함 데몰로고스호를 설계했다. 그것은 풀턴이 마흔아홉 살에 죽고 난 1815년에야 완성됐다. 그는 차가운 물을 흠뻑 맞고 폐렴에 걸린 채 얼어붙은 허드슨 강을 걷던 중 물에 빠진 친구를 구하려다 병세가 악화돼 사망했다. 군함의 이름은 그를 기려 풀턴호로 바꿨다.

> 올버니까지 갔다가 돌아오는 증기선 여행은 결과적으로 내가 생각했던 것보다 더 괜찮았다.
> — 로버트 풀턴(1807년 그의 증기선 첫 운항에 대한 언급)

서배너호

강과 연해에서 영업을 하는 증기선의 수는 19세기 초에 급증했다. 그것이 돛배에 비해 크게 유리한 점은 원하는 시간에 원하는 곳으로 갈 수 있다는 것이었다. 가고자 하는 방향으로 바람이 불기를 기다릴 필요가 없었다. 그들은 예정 시간표대로 움직일 수 있었다. 그러나 증기선이 대서양을 건넌 적은 없었고, 어떤 사람들은 그것이 불가능하리라고 생각했다. 그러나 한 미국인 선장이 감히 그런 꿈을 꾸었다.

유형 돛배와 외륜 증기선 혼합형
진수 미국 뉴욕, 1818년
길이 33미터
톤수 320톤
건조 목재, 카라벨라 판붙임
추진 세 돛대 및 기움돛대의 전장 돛배, 증기 동력의 두 외륜 추가

서배너호는 돛을 이용하는 우편선으로 설계됐다. 그러나 이 배는 진수도 하기 전에 증기 동력으로 개조됐다. 코네티컷주의 유명한 선장 모지스 로저스(1779~1821)가 조지아주 서배너의 돈 많은 후원자 조직을 설득해 이 배를 사들이고 증기기관을 장착해 증기 동력선의 첫 대서양 횡단을 시도했다. 서배너는 19세기 초 미국의 가장 중요한 항구 중 하나였고, 로저스는 이 항구가 이 역사적인 사상 최초의 기록을 달성하기를 열망했다. 그러면 돈이 되는 대서양 횡단 화물 및 여객 운송 사업의 시대가 열리는 것이었다. 이 배는 그 모항의 이름을 따서 명명된다.

로저스는 1807년 풀턴의 노스리버호 증기선 첫 운항을 목격했다. 2년 뒤 로저스는 미국을 대표하는 첫 실용 증기선 피닉스호의 선장이 됐다. 그는 피닉스호를 이끌고 미국 동해안의 뉴욕에서 필라델피아까지 운항

위쪽 서배너강은 19세기에 대양과 내륙 사이의 붐비는 운송로였다. 증기선 서배너호는 잠재 교역 범위를 대서양 건너까지 확장하려 했다.

함으로써 사상 첫 증기선 대양 항해를 기록했다. 그는 1817년에는 찰스턴호의 선장으로서 찰스턴에서 서배너까지 여객 운송을 하고 있었다.

배의 개조

서배너호의 개조 작업은 광범위했다. 증기기관은 배 중앙에 장착되어 두 개의 4.9미터짜리 단철 외륜을 돌렸다. 외륜은 조립식으로 설계되어 배가 돛으로 움직일 때는 빼서 갑판에 올려놓을 수 있었다. 엔진은 신기한 5.2미터짜리 굽은 배기관(바람의 방향에 따라 돌릴 수 있었다)을 통해 연기를 배출했다. 배의 객실은 장식이 호사스러웠으며, 마호가니 판자를 붙이고 수입 양탄자를 깔았다. 침대 두 개의 특실이 16개 있었고, 남녀 분리 숙소가 있었으며, 휴게실이 세 개 있었다. 공간을 넓어 보이게 하려고 거울을 많이 달았다.

바다에서 증기 동력이 성능을 발휘하고 안전할지에 대해 의심들을 해서 승조원 모집이 어려웠다. 로저스는 배가 만들어진 뉴욕에서는 승조원 고용에 실패했지만 자기 고향인 코네티컷주 뉴런던에서는 다소 성공을 거두었다. 건조와 개조 작업이 마무리되자 배는 서배너로 옮겨졌다.

1819년 5월 11일, 제임스 먼로(1758~1831) 대통령이 서배너호를 찾아 짧게나마 승선을 해 유람했다. 그는 매우 감명을 받아 배를 끌고 워싱턴으로 가자고 청했다. 의회 의원들에게 보여주자는 것이었다. 그는 이것이 효과적인 카리브해 해적 소탕선이 될 수 있으니 정부가 구매하도록 할 생각이었다. 그러나 당시 선주에게는 배에 대한 다른 계획이 있었다.

대양 횡단

대서양 횡단 여행의 승객을 끌려는 노력은 수포로 돌아갔다. 대양 한가운데서 가라앉을 것 같다고 이 배에는 '증기 관'이라는 별명이 붙었고, 5월 24일 오전 5시 서배너호가 항구를 떠나 대양으로 나갈 때는 승조원들만 승선했다. 배의 선장은 모지스 로저스였다. 배에는 석탄 68톤

왼쪽 다른 여러 초기 증기선들과 마찬가지로 서배너호도 돛과 증기 동력 추진을 병용했다. 증기 추진의 안전성과 신뢰성에 대한 승조원과 승객의 확신이 더 생기기 전까지 돛은 배제되지 않았다.

서배너호 69

오른쪽 이 48분의 1 축척의 서배너호 모형은 배의 신기한 굽은 배기관과 외륜을 보여준다. 이 배는 증기의 조력을 받는 돛배로 설계됐다.

과 목재 25코드를 실었다. 코드cord는 옛날 부피 단위로, 목재 1코드는 대략 높이 1.2미터, 길이 2.4미터, 폭 1.2미터로 쌓인 분량이다.

서배너호는 돛과 증기 동력을 함께 사용해 출발했다. 항해 도중 최소 두 척의 다른 배 승조원들이 진하고 검은 연기가 그 연통에서 나오는 것을 보았다. 이전에 대양 한가운데서 증기선을 본 적이 없었기 때문에 그들은 돛배에 불이 난 것으로 생각했지만, 도움을 주려 해도 따라잡을 수가 없었다! 배는 아일랜드 코크 부근 해안을 지날 때 연료가 떨어졌고, 6월 20일 오후 6시 영국 리버풀에 도착했다. 배는 대서양을 횡단하며 총 80시간 동안 증기기관을 이용했다.

서배너호는 리버풀에서 큰 관심을 끌어 수천 명의 구경꾼이 몰려들었다. 거의 한 달 뒤 배는 덴마크와 스웨덴을 거쳐 러시아를 향해 떠났다. 스웨덴에서는 이 배의 첫 승객이 탔고, 로저스는 이 배를 사겠다는 스웨덴 정부의 제안을 거절했다. 러시아 상트페테르부르크에서 부두에 들어갔을 때는 호기심 강한 방문객이 많이 모여들었다. 차르는 로저스에게 러시아 수역 내에서의 증기선 독점 운항권을 제안했다. 로저스는 고국으로 돌아가고 싶었기에 이 제안을 거절했다. 서배너호는 9월 29일 러시아를 떠나 덴마

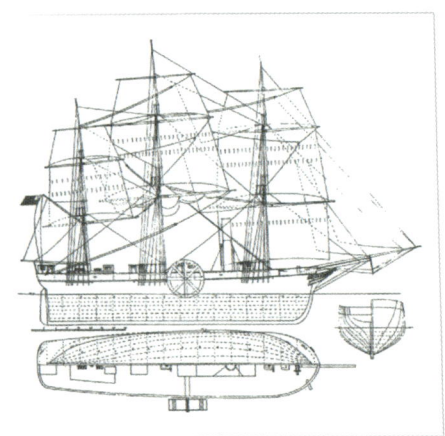

왼쪽 이 도면에는 서배너호의 옆에 붙은 외륜이 너무 작아 보이지만, 외륜은 돛에 의지할 수 없을 정도로 바람이 현저하게 약한 경우에만 사용하도록 되어 있었다.

크와 노르웨이를 들른 뒤 대양을 건너 11월 30일 서배너에 도착했다.

역사적인 항해의 성공에도 불구하고 이 배는 충분한 여객이나 화물을 유치하지 못해 정기 운송 사업을 할 수 없었다. 선주는 배를 사겠다는 먼로 대통령의 제안을 받아들이려고 했지만, 이때 정부는 관심이 없었다. 1820년 1월에는 심각한 화재가 발생해 서배너 시내가 거의 파괴됐고, 그로 인해 선주들의 재정 문제가 심각해졌다. 그들은 서배너호를 돛 전용으로 되돌렸다. 증기기관을 떼자 배는 더 많은 화물을 실을 수 있었다. 이 배는 뉴욕과 서배너 사이에서 돛을 이용하는 우편선으로 사용되다가 1821년 11월 5일 롱아일랜드에서 좌초해 부서졌다.

서배너호 같은 배들은 증기 동력으로 대서양 횡단을 하는 데 충분한 연료를 싣기에는 너무 작았고, 엔진은 너무 크고 비효율적이어서 많은 양의 연료가 필요했다. 그러나 보다 효율적인 엔진을 장착한 더 큰 배가 곧 만들어져 대서양 횡단 여행의 새로운 시대를 열게 된다.

누가 맨 처음?

역사는 서배너호를 1819년 대서양을 횡단한 첫 증기선으로 기록하지만, 다른 주장을 하는 사람들도 있다. 그런 주장들은 서배너호가 항해의 아주 일부에서만 증기 동력을 이용했고 따라서 이 배는 사실 증기 동력의 보조를 받은 돛배이지 증기선이 아니라는 것이다. 그런 주장자들 중에 하나가 영국에서 건조되고 네덜란드에서 소유한 퀴라소호다. 퀴라소호는 1827년 네덜란드에서 출발해 대양을 건너 카리브해의 퀴라소에 도착했다. 또 하나는 캐나다의 증기선 로열 윌리엄호다. 그 소유자가 1833년 배를 팔기로 결정하고 구매자를 찾기 위해 노바스코샤를 출발해 대서양을 건너 영국으로 갔다.

아래쪽 외륜 증기선 퀴라소호는 1820년대에 대서양 횡단 정기 운항을 시작했지만 겨우 세 번 횡단을 하고 사업이 중단됐다.

비글호

무명의 한 생물학자가 영국의 남아메리카 조사 및 지도 작성 항해에 추가 인원으로 참여해달라는 요청을 받았을 때 그 결과가 세계에 끼칠 영향에 대해서는 아무도 상상할 수 없었다. 그 생물학자는 찰스 다윈(1809~1882)이었고, 배는 영국 해군의 비글호였다. 이 항해에서 다윈이 한 관찰은 자연선택에 의한 진화라는 그의 혁명적인 이론으로 이어졌다.

유형 체로키급 쌍돛대 돛배에서
세대박이 돛배로 개조

진수 잉글랜드 울리치 영국 해군
조선소, 1820년

길이 27.5미터

톤수 235톤(두 번째 항해 때는
242톤)

건조 목재, 카라벨라 판붙임

추진 세 돛대 및 기움돛대의 여러
사각돛

위쪽 1834년 찰스 다윈을 태우고 마젤란해협으로 들어서는 유명한 탐사선 비글호 위로 사르미엔토산이 우뚝 솟아 있다. 이 그림은 다윈의 『연구 일지』(1839) 권두에 실려 있다.

비글호는 브릭슬루프 유형의 작은 쌍돛대 군함으로 건조됐다. 브릭슬루프는 포 18문의 크루저급과 10문의 체로키급이 있었다. 비글호는 포 10문의 체로키급 브릭슬루프였다. 이 유형으로 건조된 것이 100척이 넘는데 이 유형의 배는 너무 많이 바다에서 사라져 '브릭 관棺'으로 알려졌다. 건조된 107척 중 26척이 가라앉았다. 1820년 비글호는 진수할 때 예비함이 되어 이후 5년 동안 돛대나 삭구를 갖추지 않았다. 1825년에는 수로국水路局으로 이전되어 수로 조사선으로 개조됐다. 수로국은 전 세계에 배를 보내 대양과 섬, 해안선 등의 정확한 지도를 그리고 있었다. 비글호는 개조하면서 배꼬리 쪽에 뒷돛대를 추가해 세대박이인 바크bark로 변신했다. 바크는 돛대가 세 개 이상 있었다. 큰돛대와 앞돛대에는 사각돛을, 뒷돛대에는 세로돛을 달았다. 비글호는 무장을 포 10문에서 6문으로 줄였다. 추가 선실과 선수루는 더해졌다.

비글호의 항해

탐사용 함선으로서 비글호의 첫 번째 원정은 비극으로 끝났다. 이 배는 1826년 프링글 스토크스(1793~1828) 함장의 지휘 아래 파타고니아와 티에라델푸에고로 조사 임무를 띠고 출발했다. 영국이 남아메리카와 교역 관계를 발전시키고 있었기 때문에 남아메리카 해안과 해역에 관한 정확한 지도가 필요했다. 1828년 비글호가 혼곶에 도착했을 때 스토크스 함장은 스트레스를 이기지 못하고 심각한 우울증에 빠졌고, 총기 자살을 기도했다가 곧 죽었다. 선원들은 배를 운항해 몬테비데오로 갔고, 그곳에서 로버트 피츠로이(1805~1865) 대위가 지휘권을 인수했다.

영국으로 돌아온 비글호는 일이 없어 예비대로 돌려졌지만, 다음 남아메리카 탐사에 배정된 챈티클리어호의 상태가 매우 좋지 않아 다시 일을 맡게 됐다. 그러나 비글호도 상태가 양호하지 않아 항해를 떠나기 전에 두 번째 개조가 필요했다. 이번에는 주갑판을 20센티미터 높이고 선체는 판자와 동판으로 새로 덮었으며 피뢰침도 설치됐다. 피츠로이가 다시 지휘를 맡았다. 이 원정을 위해 비글호는 다시 남아메리카로 가서 첫 번째 원정에서 시작했던 조사를 마무리 짓고, 세계를 일주하게 됐다. 목표 중에 경도 360도의 좌표를 그리는 것이 있었기 때문에 정밀한 항해가 필수였다. 피츠로이는 배의 철제 포를 황동 포로 바꾸고자 했다. 나침반에 미치는 자장 효과를 줄이기 위해서였다. 그러나 해군본부는 그 비용을 대지 않았다. 피츠로이는 새 포의 비용을 스스로 댔다. 배에는 또한 정확한 경도 계산을 위해 크로노미터 22개를 실었다.

피츠로이는 이 원정의 더 광범위한 과학적 잠재력을 볼 수 있었다. 특히 멀리 있는 미지의 세계 여러 지역에서 식물과 동물 표본을 채집할 가

아래쪽 비글호를 지휘한 것은 로버트 피츠로이 함장이었다. 피츠로이는 선구적인 기상학자로, 날씨 예측을 의미하는 'forecast(예보)'라는 말을 만들어냈다.

> 비글호는 수행하기로 되어 있는 일을 위해 그리고
> 그 승조원들의 건강과 안락을 위해 역사상 가장 잘 갖추어지고
> 최적화되어 영국을 출발하는 배라고 나는 생각합니다.
> —로버트 피츠로이 함장(비글호의 두 번째 항해 직전 배 위에서 찰스 다윈에게 한 말)

위쪽 다윈이 비글호에서 기록한 메모에는 그가 마주친 토착민들에 대한 묘사가 있었다. 이 그림은 피츠로이의 항해 기록에 나오는 것인데, 이 파타고니아 원주민들에 대한 이야기도 다윈의 메모에 있다.

아래쪽 마흔 살의 다윈. 그가 비글호의 승선 제안을 받았을 때는 불과 스물두 살이었다.

능성이었다. 그는 이를 위해 생물학자가 필요했고, 찰스 다윈이라는 젊은 이가 추천됐다. 그러나 다윈의 아버지는 이를 절대 반대했다. 그는 이 원정이 무의미한 외도로, 다윈이 보다 진지한 연구에 몰두하는 일을 지연시킬 것이라고 생각했다. 그러나 결국 아버지도 아들의 원정을 허락했다.

비글호는 1831년 연말에 두 번 플리머스에서 바다로 나갔으나 매번 폭풍우가 몰아쳐 항구로 돌아왔다. 배는 결국 12월 27일 항해에 올랐다. 다윈은 곧바로 뱃멀미를 했다. 카보베르데제도에서 그는 마음대로 색깔을 바꾸는 갑오징어를 보고 매혹됐다. 그는 또한 해수면 위 14미터에 있는 조가비가 있는 지층을 발견했다. 그는 이 땅이 과거에 바닷속에 있었음을 깨달았으나, 어떻게 그럴 수 있었는지 의문이 들었다. 2월에 비글호는 브라질에 도착했다. 다윈은 그곳에서 비글호가 해안을 따라 조사하는 동안 우림 지대 깊숙이 걸어 들어가 식물·곤충·동물의 표본을 채집했다. 파타고니아에서 다윈은 화석화한 커다란 뼈들을 발견했다. 그 대부분은 당시 전혀 알려지지 않았던 동물의 뼈였다.

비글호는 12월에 혼곶에 도착했고, 포클랜드제도(말비나스제도)에 들렀다. 다윈은 이 섬들에서 발견한 화석이 본토의 것들과는 다르다는 것을 알아차렸다. 이는 여러 지역에서 그가 발견한 모든 것을 비교 연구하도록 그를 고무시켰다. 이는 진화에 관한 그의 나중 작업을 가능하게 한 핵심적인 계기가 됐다. 비글호는 남아메리카 해안을 계속 올라갔고, 다윈은 기회가 있을 때마다 상륙해 더 많은 표본을 채집했다. 그리고 수시로 표본을 영국으로 실어 보냈다. 1832년 10월 네 번째 선적 때 그는 200점의 동물 가죽, 쥐, 물고기, 다양한 곤충, 암석, 씨앗과 많은 화석 수집품을 보냈다.

비글호는 남아메리카 해안과 포클랜드제도 주변으로 내려가는 한 차례 여행을 더 한 뒤에 4월 13일 선체를 점검하기 위해 산타크루스강 어귀에서 물에서 뭍으로 올라왔다. 배가 뭍에 있는 동안 함장 피츠로이와

> 비글호 항해는 내 인생에서 단연 가장 중요한 사건이었다.
> -찰스 다윈

위쪽 비글호는 파타고니아의 산타크루스강 하구에서 썰물 때 뭍으로 올라와 손상이 있는지 점검을 받았다. 배는 다음 밀물 때 다시 물 위에 떴고, 항행을 계속했다.

아래쪽 비글호는 유명한 두 번째 항해의 운항을 위해 22개의 크로노미터를 실었다. 휴 페닝턴이 제작한 이 모델도 그중 하나다.

다윈 그리고 다른 승조원들은 산타크루스강 유역을 탐험했다. 날씨가 매우 추워 총이 얼어붙었다. 다윈은 절벽 면의 흙이 분명한 층을 이루고 있음을 발견했다. 지구상의 생명체는 비록 아주 느리기는 하지만 지속적으로 변하고 있다는 자신의 믿음을 뒷받침하는 것이었다. 지구는 신의 창조물이고 따라서 완전하며 시간의 흐름에 따라 변화할 필요가 없다는 일반적인 생각과는 배치되는 것이었다.

5월에 비글호 선원들은 마젤란해협을 탐사했고, 6월에 그들은 태평양으로 들어섰다. 6월에서 8월 사이에 그들은 해안선을 따라 북쪽으로 올라갔고, 다윈은 몇 차례 긴 내륙 여행을 했다. 칠레에 있는 동안 그는 강한 지진을 겪었는데, 그것은 땅이 어떻게 융기해 조가비가 여기저기 흩어진 해안을 높다란 육상으로 만들어냈는지를 보여주었다. 거기서 다윈에게서 원정의 가장 중요한 부분을 빼앗아갈 수 있는 사건이 발생했다. 피츠로이 함장이 해군본부와 의견이 맞지 않아 사임한 것이다. 해군본부의 대응은 새 지휘관이 원정을 끝내고 영국으로 돌아오라는 것이었다. 만약 그랬다면 다윈은 갈라파고스제도에 가지 못했을 것이다. 다행히 피츠로이는 해군본부의 설득을 받아들여 다시 지휘를 맡고 원정을 이어갔다.

비글호는 칠레와 페루 해안을 오르내리며 1835년 9월까지 조사를 마

위쪽 갈라파고스제도 여러 섬에서 발견된 핀치의 서로 다른 부리 모양은 다윈이 같은 종이라도 서로 다른 조건에 맞추어 적응할 수 있다는 생각을 하게 해주었다.

무리하고 갈라파고스제도로 갔다. 비글호와 거기에 딸린 작은 배들이 섬들 주위를 누비고 다니며 해안을 조사하는 동안 다윈은 몇몇 섬을 탐사하고 그곳에 있는 커다란 거북과 이구아나를 발견했다. 그는 다른 섬에서 발견한 도마뱀, 거북, 새, 식물이 서로 다르다는 것을 알았다. 특히 그는 각 섬의 작은 핀치가 서로 다른 부리 모양을 하고 있음을 알아차렸다. 마치 "한 종이 서로 다른 목적을 위해 선택되어 변형"된 것처럼 말이다.

1836년 1월 12일, 비글호는 오스트레일리아 포트잭슨에 도착했고, 다윈은 거기서 이상한 생물들을 보고 깜짝 놀랐다. 비글호는 오스트레일리아 남해안을 돌고 3월 13일 귀국 길에 올랐다. 비글호는 6월에 케이프타운에 도착했고, 그 뒤 아프리카 서해안을 따라 올라갔다. 산살바도르에서의 조사 수치가 잘못되지 않았나 걱정한 피츠로이는 남아메리카 동해안으로 우회해 작업을 재점검하도록 명령했다. 비글호는 마침내 1836년 10월 2일 영국 팰머스 부두로 들어갔다. 떠난 지 거의 5년 만이었다.

다윈은 지질학에 관한 자신의 생각과 관찰을 발표했지만, 진화 이론에 관해서는 발표하지 않았다. 그가 자신의 생각을 친구들에게 논의하자 그들은 믿으려 하지 않았다. 그때 그는 결혼한 상태였는데 아내 에마는 신실한 기독교인이어서 아내를 거스르고 싶지 않았고 대중의 반응을 우려하여, 다윈은 5만 단어에 이르는 진화에 관한 그의 원고를 비공개 논문으로 분류한 후 자신의 사후에 출간하라는 쪽지를 붙였다.

그런데 1855년 독자적으로 자신의 진화 이론을 완성한 앨프리드 러셀 월리스(1823~1913)가 이에 관한 과학 논문을 발표하면서 사정이 바뀌었다.

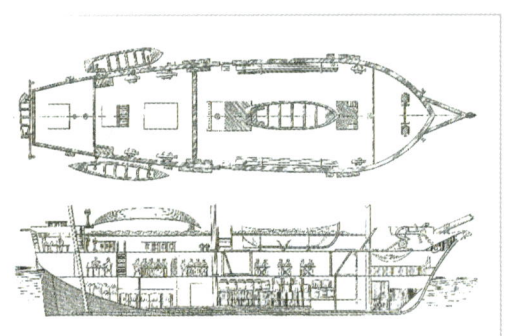

다윈은 태연했지만 그의 몇몇 친구들은 월리스가 보다 완전한 이론을 먼저 발표하고 모든 명예를 차지할지 모른다고 걱정했다. 1858년 월리스는 정말로 그런 논문을 써서 다윈에게 보냈고, 다윈은 자신의 것과 너무도 비슷했기 때문에 충격을

왼쪽 체로키급 브릭슬루프인 비글호는 울리치 영국 해군 조선소(1512년 국왕 헨리 8세가 만들었다)가 1869년 폐쇄되기 전 건조된 마지막 배들 중에 하나였다.

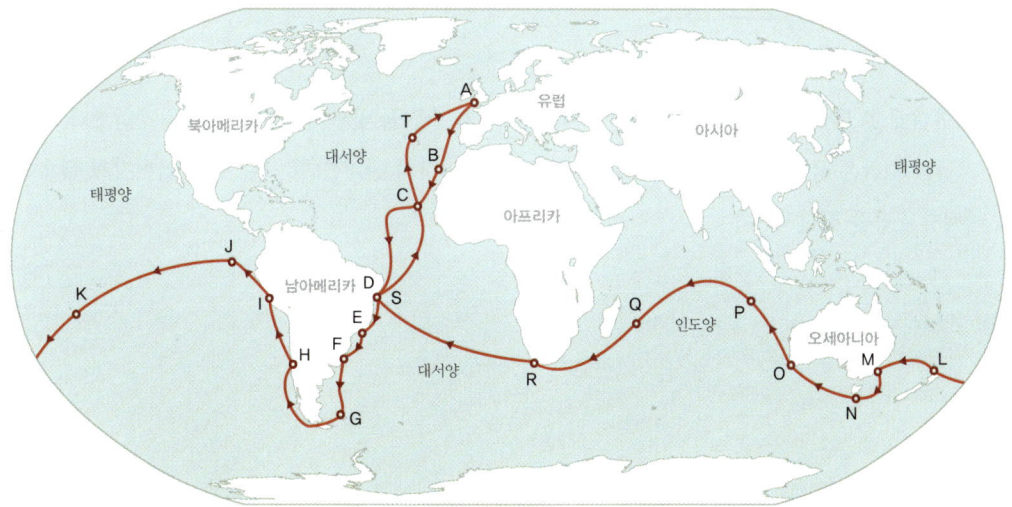

위쪽 비글호의 탐사 원정은 2년이 걸릴 것으로 예상했다. 실제로는 거의 5년이 지난 뒤에야 비글호는 영국으로 돌아왔다.

A 플리머스
B 테네리페섬
C 카보베르데
D 바이아
E 리우데자네이루
F 몬테비데오
G 포클랜드제도
H 발파라이소
I 칼라오/ 리마
J 갈라파고스제도
K 타히티
L 뉴질랜드
M 시드니
N 호바트
O 킹조지사운드(지금의 올버니)
P 코코스(킬링)제도
Q 모리셔스
R 케이프타운
S 바이아
T 아소르스제도

받았다. 그의 친구들이 나서서 월리스의 논문에 다윈 자신의 진화 이론을 붙여 발표하도록 제안했다. 다윈은 다시 작업을 할 수 있겠다는 생각이 들어 책 『종의 기원』을 썼다. 그는 월리스가 없었다면 결코 이 책을 쓰지 않았을 것이다.

비글호의 마지막 나날

비글호는 1837년에서 1845년 사이에 세 번째 과학 탐사를 나섰다. 배는 오스트레일리아로 갔고, 거기서 처음으로 완전한 해안선 조사를 했다. 영국으로 돌아오자 돛대와 삭구가 제거되고 헤이븐고어강의 에식스 습지에 계류됐다. 이 배는 WV7(7호 감시선)이 됐다. 연안 경비대가 밀수를 적발하는 감시 초소였다. 근처에 경비대를 위한 오두막들이 지어지자 WV7은 필요 없어져 1870년에 폐품으로 팔렸다. 그 이후 이 배에 관한 기록이 없지만, 그 선체 일부는 아직 존재할 것이다. 지면 투과 레이더를 사용하는 고고학자들은 에식스 습지 아래에서 매립된 부두를 발견했다. 레이더 사진은 진흙 아래 3.6미터 지점에 묻힌 배 한 척을 보여주었다. 고고학자들은 그것이 비글호의 잔해일 것이라고 생각했다.

다윈은 1882년 4월 19일에 죽었다. 장례식은 런던 웨스트민스터 사원에서 거행됐고, 그는 웨스트민스터 사원 바닥 아래에 묻혔다.

아미스타드호

1830년대에 한 무리의 노예가 자기네를 수송하던 배에서 반란을 일으켜 배의 통제권을 장악했다. 이어진 그들의 재판은 국제적인 관심을 모았고, 미국과 에스파냐의 관계를 한 세대 동안 틀어지게 했으며, 노예해방 운동을 진전시켰다.

유형 쌍돛대 스쿠너
진수 미국 메릴랜드주 볼티모어, 1836년경
길이 37미터
톤수 미상
건조 목재, 카라벨라 판붙임
추진 두 돛대와 기움돛대를 단 개프 범장의 돛

아래쪽 조지프 싱케즈 또는 '싱케'는 아미스타드호의 반란을 이끌었다. 노예들이 배를 장악했을 때 그는 이렇게 말한 것으로 전해졌다. "나는 백인의 노예가 되기보다 죽는 것이 낫다고 의지를 다졌다."

1839년 8월 26일, 미국의 밀수 감시선 워싱턴호 승조원들은 미심쩍어 보이는 무언가를 발견했다. 뉴욕주 롱아일랜드 동쪽 끝에 정박한 검은색 스쿠너였다. 배 근처 해안에는 사람들이 있었다. 워싱턴호에서는 조사를 위해 무장 관원 한 분대를 배에 태워 보냈다. 수상쩍어 보이는 그 배에는 대부분 아프리카인이 타고 있었는데 조사를 위해 승선한 사람들은 백인이 두 명 있는 것도 발견했다. 페드로 몬테스와 호세 루이스라는 에스파냐인이었다. 그들은 곧바로 워싱턴호에 보호를 요청했다. 아프리카인 중에 조지프 싱케(셍베 피에, c. 1814~c. 1879)는 탈출하려 했으나 붙잡혔다.

이 배는 아미스타드호였다. 이 배는 1836년 무렵 프렌드십호라는 스쿠너로 건조됐다. 에스파냐 선주에게 팔리자 이름이 바뀌었다. '프렌드십(우정)'에 해당하는 에스파냐어가 '아미스타드'였다. 이 배는 볼티모어 클리퍼로 알려진 스쿠너 유형이었다. 이 배들은 작고 빠른 돛배로, 미국 연해와 카리브해에서 무역에 쓰여, 대개는 빨리 수송해야 하는 고가의 썩기 쉬운 화물을 운송했다. 아미스타드호는 쿠바 주변과 카리브해의 다른 섬들을 다녔는데, 주로 설탕 산업 쪽의 화물을 운송했다. 때로는 노예도 운송했다.

워싱턴호는 아미스타드호를 예인해 코네티컷주 뉴런던으로 갔다. 미국 정부는 배의 화물을 압류했다. 노예 53명도 포함됐다. 노예들은 화물의 일부로 간주됐고, 따라서 미국의 인양 재산이었다. 곧 노예들이 반란을 일으켜 선상의 통제권을 장악했다는 사실이 밝혀졌다. 그들은 수감되고 해적 행위 및 선장 살해 혐의로 기소됐다.

위쪽 '프리덤 스쿠너 아미스타드호'는 아미스타드호를 재현한 배다. 아미스타드호는 볼티모어 클리퍼로 알려진 빠른 쌍돛대 스쿠너 유형이었다. 이 배들은 미국 동해 연안에서 흔한 화물선이었다.

반란과 수감

지방법원 판사 앤드루 T. 저드슨(1784~1853)은 그들에 대한 기소 이유를 청취했다. 몬테스와 루이스는 그간의 일을 설명했다. 쿠바의 아바나에서 53명의 노예를 태운 아미스타드호는 또 다른 쿠바의 항구 푸에르토프린시페(지금의 카마궤이)를 향해 출항했다. 바다에서 나흘째 되는 날 밤에 노예들이 쇠사슬을 풀고 갑판으로 올라가 선장 라몬 페레르를 죽였다. 승조원 두 명은 작은 배를 타고 도망쳤고, 또 다른 승조원 몬테스와 루이스는 배를 운항시키기 위해 노예들이 살려두었다. 두 승조원은 아프리카로 가라는 명령을 받았으나 낮 동안에는 동쪽으로, 밤에는 배를 돌려 서쪽으로 항해하며, 미국 동부 해안을 갈지자로 올라가 6주 뒤에 롱아일랜드에 도착했다.

판사는 이 사건을 순회재판소 재판에 회부했다. 당시 모든 연방 범죄 사건을 다루던 곳이었다. 이 노예들을 보려고 그들이 수감된 뉴헤이븐 감옥에 수많은 사람이 몰려들었다. 교도관은 그들을 보는 데 1실링씩을 물렸다. 노예해방론자들은 법적 변호를 하기 위해 위원회를 꾸렸다. 에스파냐 정부는 미국에 재판권이 없다고 주장했다. 아미스타드호는 에스파냐인의 소유이고, 노예들은 쿠바(당시 에스파냐 영토)에서 왔다는 이유에서였다. 에스파냐는 배를 선주에게 돌려주고 노예는 쿠바로 돌려보내야 한다고 요구했다. 미국 대통령 마틴 밴 뷰런은 에스파냐의 요구에 공감했다.

재판은 1839년 9월 14일 하트퍼드에서 시작됐다. 지방검사는 이 사건이 국제적인 측면이 있으니 이를 대통령에게 넘기라고 판사 스미스 톰프슨(1768~1843)에게 요구했다. 로저 볼드윈(1793~1863)은 변호에 나서 미국이 다른 나라 정부를 위해 '추노꾼' 노릇을 해서는 안 된다고 주장했다. 톰프슨 판사는 이들이 저지른 범죄가 공해상에서 발생했으므로 자신의 법정은 재판권이 없다고 결정했다. 그는 지방법원에 돌려보내 노예의 소유권이 어디에 있는지 결정하도록 했다. 이 무렵 노예들을 신문하려고 통역을 구했고, 그들이 한 이야기는 사건을 완전히 뒤바꿔 놓았다.

위쪽 아미스타드호 반란과 이어진 재판은 당시 신문들에 널리 보도됐다. 때로 공상적이고 선정적인 삽화를 곁들이기도 했다.

아래쪽 미국 대통령 마틴 밴 뷰런(1782~1862)은 아미스타드호와 그 화물에 대한 에스파냐의 주장에 공감하고 있었다. 그러나 재판이 진행되면서 판결은 거듭거듭 그의 생각과 다르게 흘러갔다.

노예냐 자유인이냐?

그들은 자기네가 얼마 전에 아프리카에서 붙잡혀 쿠바로 왔다고 말했다. 1839년에는 미국으로 노예를 수입하는 것이 불법이었다(국내의 노예는 여전히 유지됐다). 국제조약 역시 에스파냐 영토로 노예를 수입하는 것을 금지하고 있었다. 그러나 노예 상인들은 계속해 노예를 불법적으로 밀수입했다. 위조문서를 사용하고 부패한 관원들이 묵인했다. 노예가 일단 미국이나 에스파냐 영토로 들어오면 그들은 합법적으로 사고팔 수 있었다.

아미스타드호 노예들은 자기네가 멘디랜드(지금의 시에라리온 일부)에서 아프리카 노예 상인들에게 잡혔다고 말했다. 상인들은 그들을 노예 무역항 롬보코로 데려가 포르투갈 노예 상인에게 팔았다. 그들은 특수 건조된 테코라라는 악명 높은 노예선에 최대 600명씩 실려 해외로 보내졌다. 그들을 빽빽하게 한데 쑤셔 넣고는 옷을 벗기고 수갑과 쇠고랑을 채웠다. 배 안의 상황은 너무나도 끔찍해 쿠바로 가는 도중에 거의 3분의 1이 죽었다. 굶어 죽으려고 하면 매질을 해서 복종시켰다. 항해에서 살아남은 사람들은 한 노예 시장에서 몬테스와 루이스에게 팔렸다. 그중에 일부가 아미스타드호에 태워졌다. 롱아일랜드에서 탈출하려 했던 싱케는 처음으로 사슬을 풀고 자유를 위해 싸운 사람이었다.

노예의 소유권이 누구에게 있느냐를 가리는 민사 사건은 1839년 11월 19일 하트퍼드에서 재판을 시작했다. 자신이 승소할 것을 확신한 밴 뷰런 대통령은 뉴헤이븐에 그램퍼스호라는 배를 대놓고 항소가 제기되기 전에 이들을 재빨리 쿠바로 보내려고 했다. 그러나 저드슨 판사는 그들이 아프리카에서 불법적으로 수송되어왔다는 주장을 뒷받침하는 증거를 들은 뒤, 이들은 자유민으로 태어났고 국제법에 어긋나게 납치됐다고 판결했다. 밴 뷰런 대통령은 이 판결을 "대단히 불만스럽게" 생각했다. 정부는 순회재판소에 항소했지만 패소했다. 그들은 다시 대법원에 상소했고 승소를 확신했다. 아홉 명의 재판관 중 다수가 노예 소유주이거나 이전에 노예를 소유한 적이 있었기 때문이다. 전 대통령 존 퀸시 애덤스가 노예들을 위해 변호에 나섰다. 1841년 3월 9일, 대법원은 그들의 승소를 결정했다. 그들은 납치된 아프리카인이며 이제 자유를 얻을 자격이 있다고 말이다. 에스파냐 정부는 화가 나서 이후 20년 동안 아미스타드호 및 그 화물의 손실에 대한 보상을 받고자 했다(그러나 실패했다). 그들은 에이브러햄 링컨(1809~1865)이 대통령이 된 뒤에야 이 주장을 포기했다. 11월, 젠틀먼호라는 배가 계약되어 살아남은 35명의 자유인을 아프리카로 돌려보냈다.

재판이 끝난 뒤 18개월 동안 뉴런던에 계류되어 있던 아미스타드호가 경매에 부쳐졌다. 배는 조지 호퍼드 선장에게 팔렸고, 그는 배 이름을 아이언Ion호로 바꾼 뒤 과일과 채소, 살아 있는 동물들을 운송했다. 그는 1844년 배를 팔았고, 그 뒤 이 배가 어떻게 됐는지는 더 이상 기록이 없다.

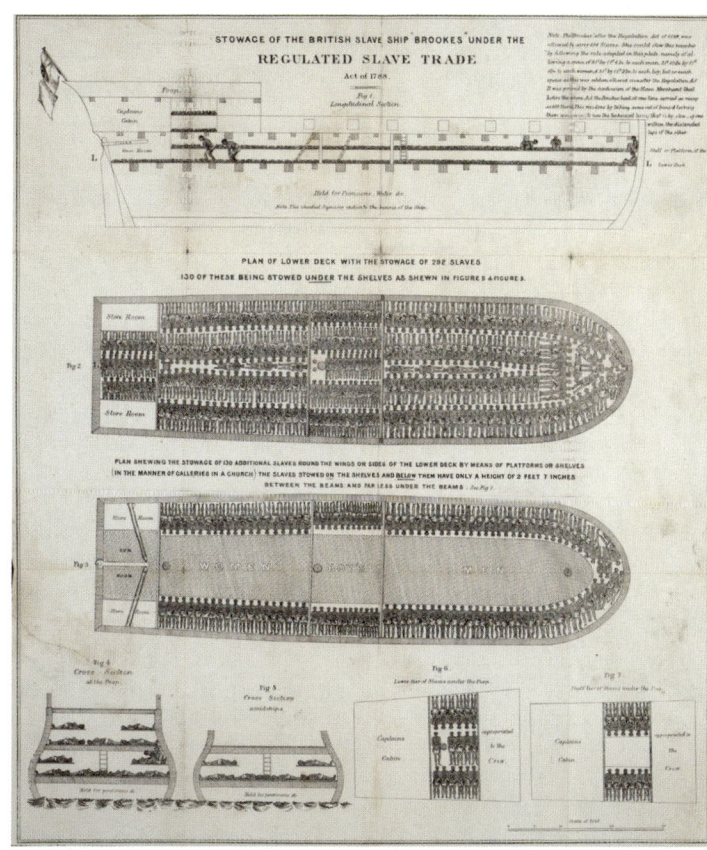

오른쪽 아미스타드호의 노예들은 테코라라고 불리는 악명 높은 노예선에 태워져 카리브해로 왔다. 그들은 영국 노예선 브룩스호의 이 도면이 보여주듯이 매우 빽빽하게 쑤셔 넣어져 운송됐고, 이 때문에 많은 노예들이 항해 도중 죽었다.

그레이트 브리튼호

그레이트 브리튼호는 선박 건조에서 중요한 도약이었다. 1843년 이 배가 진수했을 때 이것은 그때까지 건조된 것 중 가장 큰 철제 선체의 배였고, 단연 가장 넓은 배였고, 첫 번째의 대형 스크루 프로펠러 선박이었고, 정기 운항이 계획된 첫 번째 대양 횡단 선박, 즉 첫 번째 원양 정기선이었다. 이 배가 만들어지면서 대형 목선이 종말을 맞았다.

유형 여객 증기선
진수 영국 브리스틀, 1843년
길이 98미터
톤수 배수량 3,066톤
건조 단철 골조에 단철 판을 못으로 고정
추진 750킬로와트(1천 마력) 증기 기관이 스크루 프로펠러 한 개 구동. 최대 여섯 개의 돛대에 돛

1843년 7월 19일 영국 빅토리아(재위 1837~1901) 여왕의 남편 앨버트(1819~1861) 공에 의해 진수된 증기선 그레이트 브리튼호는 그 소유주들이 건조하고자 계획했던 배가 아니었다. 그레이트 웨스턴 증기선 회사 경영진이 생각했던 것은 측면에 외륜을 단 목조 선체의 대형 선박이었다. 증기선 그레이트 웨스턴호의 자매선이다. 그러나 이 사업을 맡은 이점바드 킹덤 브루넬(19세기의 가장 혁신적인 공학자 중 한 사람이었다)은 선박 건조의 최신 발전을 집어넣어 당초 설계를 확 바꾸었다.

이 배는 영국 에이번 강가의 도시 브리스틀에서 건조될 예정이었다. 철제 선체의 배 한 척이 브리스틀에 오자 브루넬은 동료 두 사람을 보내 그것을 조사하게 했다. 그들의 보고서를 바탕으로 브루넬은 영국이 철선

그레이트 웨스턴호

그레이트 브리튼호의 선배였던 증기선 그레이트 웨스턴호는 1838년 진수 당시 세계 최대의 여객선이었다. 설계자는 그레이트 웨스턴 철도GWR를 건설한 이점바드 킹덤 브루넬(1806~1859)이었는데, 그는 회사가 노선을 대서양 건너 뉴욕까지 연장해야 한다고 주장했다. 그 뒤 그는 여객을 운송할 수 있는 큰 배들을 설계했다. 그레이트 웨스턴호가 첫 작품이었다. 디자인은 당시로서는 매우 통상적이었다. 하나의 오크나무 선체에 네 개의 돛대가 있는 외륜 증기선이었다. 이 배는 1856년 퇴역해 해체될 때까지 성공적으로 운행했다.

위쪽 브루넬의 증기선 그레이트 브리튼호는 철제 선체와 스크루 프로펠러를 동시에 갖춘 첫 대형 대양 항해 선박이었다.

을 가져야 한다고 판단했다. 그리고 스크루 프로펠러의 배 아르키메데스호가 브리스틀에 오자 브루넬은 그 성능을 점검한 뒤 그레이트 브리튼호가 외륜 대신에 프로펠러를 달아야 한다고 판단했다.

두 가지 변경에는 모두 충분한 기술적인 이유가 있었다. 철제 선체는 나무 선체에 비해 값이 싸고 가벼우며 더 강할 터였고, 부식이나 벌레의 손상에도 더 저항력이 있었다. 철제 선체는 또한 나무보다 더 단단해 더 크게 만들 수 있었다. 스크루 프로펠러는 외륜에 비해 더 작고 가벼운 기계를 사용해 연료의 경제성을 높이고 승객과 화물을 실을 공간을 더 확보할 수 있었다. 스크루 프로펠러는 또한 거센 파도에서 더 좋은 성능을 보이고, 기계를 배의 낮은 곳에 설치해 안정성을 높일 수 있었다. 1840년 말에는 브루넬이 그레이트 웨스턴 증기선 회사의 경영진을 설득해 디자인을 변경했다. 이 변경에는 배의 크기를 대폭 키우는 것도 있었다.

그레이트 브리튼호는 철제 선체와 스크루 프로펠러를 결합한 첫 번째 대형 선박이었다. 이 배는 또한 여섯 개의 철제 돛대에 돛을 달았다. 돛대는 접이식이어서 배가 증기로 움직일 때는 내려서 공기 저항을 줄였다. 선체 안에는 두 개의 승객 갑판과 그 아래 두 개의 화물 갑판을 두었고, 이는 선체 중앙에 놓인 거대한 엔진과 보일러에 의해 앞뒤 두 부분으로 나뉘었다.

위쪽 또 다른 거대한 선박 그레이트 이스턴호의 진수용 쇠사슬 앞에 서 있는 이점바드 킹덤 브루넬. 그는 19세기의 가장 다재다능하고 대담하고 능숙한 공학자였다.

아래쪽 그레이트 브리튼호의 뱃머리는 영국 왕가 문장으로 장식됐다. 한쪽에는 사자가 있고 다른 한쪽에는 유니콘이 있다.

갇혔다!

이 배는 진수하고 나서 장비를 갖추기 위해 템스강으로 예인될 예정이었다. 그러나 이 배는 선창과 브리스틀해협 사이의 갑문을 통과하기에 덩치가 너무 컸다. 배가 갇혀버린 것이다. 항구 당국을 설득해 큰돈을 들여 개수 작업을 하고 나서야 배가 나갈 수 있었다. 이렇게 개수를 한 뒤에도 거대한 배가 갑문 하나에 끼여 갑문의 석축 일부를 제거해야 했고, 그제서야 배가 에이번강을 통과해 바다로 나갈 수 있었다.

이 거대한 배가 진수하고 2년이 지난 1845년 7월 26일, 배는 첫 항해에 나서 리버풀을 떠나 뉴욕으로 갔다. 360명의 승객을 태울 수 있었지만 수십 명만이 승선했다. 배는 몇 가지 기술적인 문제와 성능상의 문제를 겪었다. 속도는 생각보다 느려서 배가 대서양을 건너는 데 대략 14일이 걸렸다. 브루넬은 속도를 더 내기 위해 프로펠러를 수정했지만 배가 다음번 대서양을 건널 때 프로펠러의 날개 여섯 개 중 세 개가 날아갔다. 수선을 한 후 돌아오는 길에서는 날개 네 개가 날아갔다. 승객과 승조원들은 고요한 날씨에도 배가 심하게 흔들리자 실망했다. 프로펠러와 삭구가 교체됐고, 안정성 문제를 해결하기 위해 만곡부 용골이 추가됐다. 여섯 개의 돛대 중 하나도 제거됐다. 소유주들은 수리 비용을 내야 했고 영업 중단으로 수입도 잃었다. 이듬해에는 보다 유망해 보였으나 배가 아일랜드 동북 해안의 던드럼만에서 좌초했다. 배가 다시 뜨는 데는 거의 1년이 걸렸다. 그즈음에는 소유주들이 배에 돈을 더 댈 수 없다고 판단하고 싸게 배를 팔았다.

새 소유주들은 배를 개조하고 선체를 강화했다. 엔진은 더 작은 고압의 보일러를 갖춘 더 현대적이고 작은 것으로 교체했다. 돛대는 다섯 개에서 네 개로 줄였다. 배는 딱 한번 대서양 횡단 여행을 한 뒤 다시 팔렸다. 이번에는 소유주들이 이 배를 영국-오스트레일리아 노선에 사용하기로

그레이트 이스턴호

브루넬은 그레이트 웨스턴호와 그레이트 브리튼호에 이어 증기선 그레이트 이스턴호를 설계했다. 이 배는 괴물 선박이었다. 덩치가 다른 어떤 배에 비해 여섯 배 이상이 컸다. 이 배는 돛이 있고 외륜과 스크루 프로펠러가 있었다. 1857년 11월 4일의 진수는 처참하게 망가졌다. 배는 너무 길어서 옆으로 진수해야 했으나, 배가 조선대造船臺(배를 만들거나 수리할 때 올려놓는 대)에 딱 붙어 물로 미끄러져 들어가지 않았다. 증기 권양기와 수압 권양기로도 움직이지 않았다. 배를 물에 집어넣는 데 석 달이 걸렸다. 이 배는 승객 4천 명을 운송하도록 설계됐으나, 늘 극히 일부만을 실어 날랐다. 이 배는 팔린 뒤 성장하는 국제 전신업을 위해 케이블 부설선으로 개조됐다. 다시 정기 여객선으로 개조됐지만 실패하고 결국 1889~1890년에 폐품 처리됐다.

위쪽 브루넬의 그레이트 이스턴호는 엄청나게 거대한 배였다. 크기와 무게에서 수십 년 동안 필적할 배가 없었다. 브루넬은 이 배를 '그레이트 베이비'라고 불렀다.

했고, 승객 수용 능력을 360명에서 730명으로 늘린 뒤 네 개의 돛대를 세 개로 줄였다. 이 배는 오스트레일리아에 도착해 선풍을 일으켰다. 수천 명이 배를 보는 데에 1실링씩을 냈다.

그레이트 브리튼호는 30년 동안 오스트레일리아 노선에서 운용됐다. 크림전쟁 때와 1857년 세포이 항쟁 때 병사들을 실어 나를 때만 중단됐다. 오스트레일리아 항로에서 가장 오랫동안 선장을 한 사람은 존 그레이였는데, 그는 1872년 오스트레일리아에서 돌아오던 도중 배에서 행방불명이 됐다. 승조원과 승객 들 사이에 매우 인기 있는 선장이었다.

귀향

1882년 그레이트 브리튼호는 석탄 운반용으로 개조됐다. 4년 뒤 이 배는 폭풍우로 손상을 입고 포글랜드제도 스탠리항으로 들어갔으나, 비용이 과도하게 들어 수리를 포기했다. 1930년대까지 그곳에 머물며 석탄 저장고로 쓰이다가 얕은 물에 침몰시켜 버려졌다. 결국 이 거대한 배는 1970년 부교에 실려 태어난 곳인 브리스틀의 그레이트웨스턴 선창으로 예인됐고, 그곳에서 복원되어 대중에게 전시됐다.

래틀러호

각국 해군은 증기 동력을 천천히 받아들였다. 초기 증기선을 추진했던 외륜이 전투에서 너무 쉽게 손상을 입고, 그것이 포를 탑재하기 위한 선체 공간 또한 줄였기 때문이다. 그 후 발명가와 기술자들이 물에서 배를 움직이는 새로운 방법을 개발했다. 스크루 프로펠러였다.

유형 프로펠러 슬루프

진수 잉글랜드 시어네스 해군공창, 1843년

길이 56.4미터

톤수 배수량 894톤

건조 목조 선체, 카라벨라 판붙임

추진 세대박이 돛, 150킬로와트(200마력) 증기기관이 스크루 프로펠러 한 개를 구동

영국 왕립 해군은 성능 측면에서 증기 동력의 이점을 인식했지만, 그것이 큰 군함에는 적합하지 않았기 때문에 전투에 나서지 않는 보조 군함과 작은 포함에서만 사용했다. 해군은 결국 증기 동력을 군함에 적용하는 데 흥미를 갖게 됐다. 프랜시스 페팃 스미스(1808~1874)가 만든 프랜시스 스미스호라는 작은 시험 증기선에 대해 알게 되면서였다. 이 배의 증기기관은 외륜 대신 하나의 스크루 프로펠러를 돌렸다.

추진에 스크루 장치를 사용하는 것은 19세기에 새로운 생각은 아니었다. 그것은 500여 년 전 레오나르도 다빈치의 '에어스크루airscrew' 설계로 거슬러 올라간다. 헬리콥터 같은 기계다. 여러 발명가·과학자·공학자가 물에서 스크루 프로펠러를 사용할 것을 제안했다. 1776년에 만들어진 초보적인 잠수함인 터틀호는 추진에 수동식 스크루를 사용했고, 수동으로 깊이를 조정했다. 로버트 풀턴은 1790년대에 프로펠러를 시험했다. 19세기 초에는 프로펠러 설계에 관한 특허 출원이 쏟아졌는데 그중

아래쪽 데이비드 부슈널은 그의 잠수정 터틀호에 프로펠러를 붙였다. 래틀러호가 스크루 프로펠러를 시험하기 훨씬 전이었다.

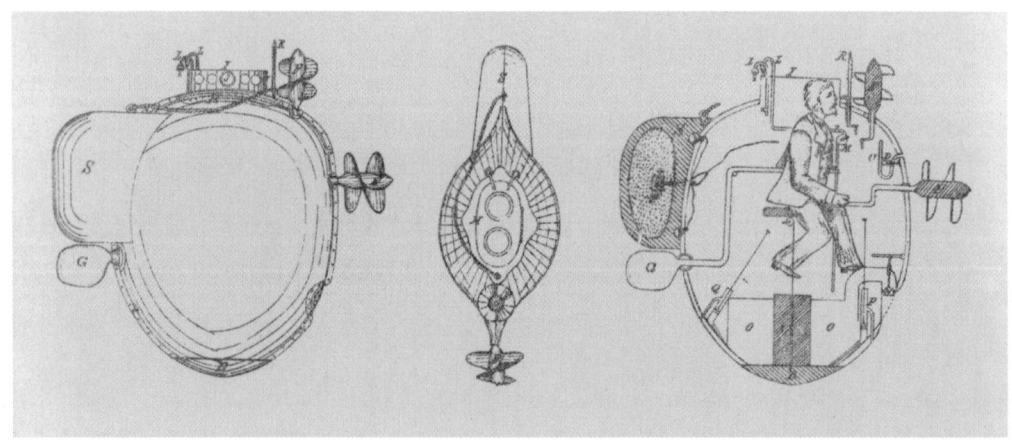

위쪽 래틀러호와 알렉토호는 1845년 세계에서 가장 유명한 줄다리기를 벌이며 서로 경쟁했다. 스크루 프로펠러와 외륜 사이의 경쟁이었다.

에 프랜시스 페팃 스미스가 출원한 것이 있었다. 그의 배가 폭풍우(외륜 증기선에 난제였다)를 뚫고 계속 나아갈 수 있자 해군의 증기 동력에 관한 관심을 다시 일깨웠다.

영국 해군본부는 그 기술을 검증하기 위해 스미스에게 실물 크기의 배를 만들 것을 요청했다. 그 결과가 증기선 아르키메데스호였다. 보일러 폭발과 크랭크축 절단 등 초기에 약간의 기술적인 문제가 있었지만 해군본부는 아르키메데스호를 가장 빠른 외륜선과 비교해본 결과 그 성능이 적어도 외륜선과 같다는 것을 알았다. 그러자 해군은 이 배를 영국 일대를 항해하면서 해군 장교들이 승선해 다양한 기상 조건에서 배를 검증할 수 있도록 했다. 이런 테스트 후 그레이트 웨스턴 증기선 회사는 시험을 위해 이 배를 빌렸고, 이점바드 킹덤 브루넬은 자신의 증기선 그레이트 브리튼호에 스크루 프로펠러를 사용해야겠다는 자극을 받았다. 한편 해군은 첫 스크루 프로펠러 군함을 만들었다. 이 배는 본래 돛을 단 아딘트호라는 통상적인 군함으로 계획됐는데, 건조 중간에 해군본부에서 스크루 프로펠러로 바꾸라고 했고, 이름도 래틀러호로 다시 지었다.

위쪽 증기선 아르키메데스호에 장착한 첫 프로펠러는 날개가 여럿인 현대의 프로펠러보다는 그리스의 과학자인 아르키메데스(c. 기원전 287~c. 기원전 212)의 나선양수기 螺旋揚水機 일부처럼 보인다.

프로펠러 대 외륜

래틀러호는 150킬로와트(200마력) 증기기관을 장착해 하니의 스크루 프로펠러를 구동하는 포 아홉 문의 슬루프였다. 이를 운영하는 승조원은 장교와 사병 180명이었다. 이 배는 1843년 4월 13일 시어네스 해군공장에서 진수한 후 2년 동안 시험을 했다. 해군은 가장 효율적인 설계를 찾기 위해 서로 다른 모양과 크기의 프로펠러를 시험했다. 이 배의 가장 유명한 해상 시험은 1845년 3월과 4월에 이루어졌다. 래틀러호가 같은 영국 해군의 외륜 증기선 알렉토호와 경쟁을 벌였다.

두 배는 크기, 무게, 엔진 성능에서 대등했다. 먼저 래틀러호는 알렉토호를 상대로 속도 경쟁을 벌였다. 영국 동해안 앞바다의 130여 킬로미터 구간에서 래틀러호는 8시간 34분에 주파해 알렉토호보다 23분 이상 빨랐다. 이어 강한 바람과 거센 파도와 맞서야 하는 100여 킬로미터의 구간에서는 래틀러호가 40분 앞서 들어왔다. 12번의 시험 중 마지막으로 두 배는 꼬리와 꼬리를 묶고 반대 방향으로 향했다. 알렉토호가 먼저 전속력으로 몇 분 동안 래틀러호를 끌고 갔다. 그러다가 래틀러호가 증기 동력의 최고점에 도달하자 알렉토호의 속력을 늦추어 멈추게 하고 이어 최고 2.5노트(시속 4.6킬로미터)의 속도로 알렉토호를 뒷걸음질치게 만들었다. 래틀러호가 이 시험에서 승리했으므로 영국 왕립 해군의 모든 배는 이후 프로펠러를 장착했다. 1846년에 외륜 증기선 바실리스크호와 스크루 프로펠러의 나이저호 사이의 추가 시험에서도 결과가 비슷했다.

이 시험 이후 래틀러호는 영국 왕립 해군의 시험전대試驗戰隊(Experimental Squadron. 운용 중인 새 선체의 모양과 추진, 무장 등을 점검하는 것이 임무다) 소속으로 업무에 투입됐다. 그 첫 임무는 에러버스호와 테러호를 존 프랭클린(1786~1847) 원정대(이후 캐나다 극지에서 실종됐다)의 첫 방문지인 오크니로 예인하는 것이었다. 이 배는 1849년 10월 3일 서아프리카 앞바다에서 노예선 단속 순찰 중 브라질의 쌍돛대 노예선 알레피드호를 나포했다. 1852~1853년에는 제2차 영국-미얀마 전쟁에 참전했고, 1855년에는 국제 상선을 약탈하는 중국 해적을 소탕하는 일을 도왔다. 그러다 1856년 11월 26일 폐품 처리됐다.

존 에릭슨

스크루 프로펠러의 발명자 중 한 사람인 존 에릭슨은 이례적인 삶을 살았다. 그는 1803년 스웨덴에서 태어났다. 스웨덴 군대에서 복무한 뒤 1826년 자신이 설계한 열기관을 팔겠다는 부푼 꿈을 안고서 영국으로 건너갔다. 그러나 나무를 때는 엔진은 영국에서 주로 사용되는 연료인 석탄으로는 잘 움직이지 않았다. 그는 좌절하지 않고 증기기관을 위한 개량품을 만들었다. 그는 기관차 몇 개를 만들었으나 상업적으로 성공을 거두지 못했다. 그는 이 사업들에 막대한 돈을 들였기 때문에 한동안 채무자 감옥에서 지내야 했다. 그 뒤 그는 프로펠러를 연구하기 시작했고, 이를 위해 미국으로 건너갔다. 그는 프린스턴호를 만든 뒤 첫 번째 철제 증기선 아이언 위치호를 만들고 열기관을 발명했으며, 철갑 군함 모니터호(102~105쪽 참조)를 설계했다. 에릭슨은 매우 파란만장한 삶 끝에 1889년 3월 8일 여든다섯 살의 나이로 뉴욕에서 죽었다.

오른쪽 프로펠러를 돌리는 에릭슨의 군함 프린스턴호에 탑재한 포가 폭발해 초청된 몇 사람이 죽고 배의 성공이 망가졌다.

한편 미국에서는 …

1836년 스미스가 자신의 프로펠러 특허를 낸 지 6주 뒤에 발명가 존 에릭슨이 프로펠러에 관한 독자적인 특허를 신청했다. 그는 약간의 소규모 실험을 거친 뒤 두 개의 스크루 프로펠러로 운전하는 12미터짜리 배를 만들었고, 이를 템스강에서 시험해 성공했다. 그러나 이 단계에서 영국 해군 본부는 군함에 스크루 프로펠러가 적합한지에 대해 확신하지 못했고, 이에 에릭슨은 1839년 미국으로 건너가 프로펠러로 움직이는 미국의 첫 군함을 만들었다. 프린스턴호로 불린 이 배는 1843년 9월 진수했다. 프린스턴호는 래틀러호에 비해 진수가 몇 달 늦었지만 취역은 프린스턴호가 먼저여서 프린스턴호를 첫 스크루 프로펠러 군함이라고 할 만하다. 불행하게도 이 배는 끔찍한 사고로 더 기억된다. 프린스턴호는 대통령과 몇몇 정부 요인들을 태우고 포를 발사해 무력 시범을 보였는데 포 하나가 폭발해 여섯 명이 죽었다. 해군부 장관과 대통령의 근접 수행비서가 희생됐다. 부상자도 20명 있었다. 이 사고는 포 생산 방식의 재고를 촉발했다.

아래쪽 처음에는 철판을 조잡하게 휜 것이었던 프로펠러는 금세 디자인과 크기가 발전해 날개가 여러 개인 큰 프로펠러가 됐고, 그것이 20세기의 거대한 원양 정기선을 움직였다.

프린스턴호는 1849년까지 미국 해군에 취역했는데, 목재의 상태가 매우 열악하여 퇴역하고 해체됐다. 스미스와 에릭슨의 선구적인 작업으로 스크루 추진은 금세 군함의 표준 추진 방식이 됐다. 1850년 프랑스는 자국 최초의 증기 동력 스크루 프로펠러 군함 나폴레옹호를 진수시켰고, 다른 나라 해군들도 곧 이를 따랐다.

아메리카호

19세기에 교역용 및 전쟁용 돛배의 사용이 줄면서 이를 오락에 이용하는 것이 인기를 얻었다. 첫 번째 주요 국제 요트 대회는 1851년 영국 남해안 앞바다에서 열렸다. 우승자는 아메리카호였는데, 이 경기와 그 우승컵은 지금도 '아메리카 컵'이라고 한다. 1851년의 첫 우승자는 이후 몇 년 동안 요트 설계에 영향을 미쳤고, 현대의 아메리카 컵은 계속 디자이너들이 요트 기술의 한계를 밀어붙이도록 하고 있다.

유형 개프 범장의 스쿠너
진수 미국 뉴욕, 1851년
길이 31미터
톤수 100톤
건조 목재(화이트오크, 개아카시아, 삼나무, 밤나무)
추진 돛

영국의 로열 요트단은 1851년 영국 남해안의 큰 섬인 와이트섬을 도는 경주의 승자에게 '100파운드 컵'을 주겠다고 내걸었다. 같은 시기에 미국에서는 존 콕스 스티븐스 회장을 비롯한 뉴욕 요트 클럽의 회원들이 요트 한 척을 만들었다. 영국으로 가지고 가서 경쟁을 벌여 상금을 받아오겠다는 것이었다. 디자인은 제임스 리치 스티어스와 그 동생 조지 스티어스에게 맡겼다. 그들의 디자인은 클리퍼의 선체 모양을 닮았다. 뱃머리가 더 날카롭고 오목하며 배의 가장 넓은 부분은 전통적인 경주용 요트보다 더 뒤로 뺐다. 이 배는 가파르게 경사진 돛대가 있는 스쿠너처럼 꾸몄다. 이것과 같은 수로 안내선은 대양 항해선을 마중하기 위해 다투어 달려갔으며, 큰 배들이 항구를 드나드는 것을 안내하기 위해 도선사를 승선시켰다. 가장 빠른 배가 가장 많은 일감을 따냈다. 그 선장과 승조원들은 빠르게 운행하고 얕은 곳이나 해안 부근에서 운전하는 데 능숙했다. 그런 사

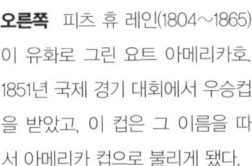

오른쪽 피츠 휴 레인(1804~1865)이 유화로 그린 요트 아메리카호. 1851년 국제 경기 대회에서 우승컵을 받았고, 이 컵은 그 이름을 따서 아메리카 컵으로 불리게 됐다.

위쪽 우도 케플러(1872~1956)의 이 만화 설명문에는 한 미국 요트인이 아메리카 컵 도전자인 토머스 립튼(1848~1931)을 만나 이렇게 말한다고 나와 있다. "우리가 컵과 당신 중에서 선택을 해야 한다면 차라리 컵을 버리고 당신을 선택하겠소, 토머스 경." 그러나 실제는 아주 달랐다!

람들 중에 리처드 브라운이 아메리카호를 지휘하게 됐다.

경기 준비 끝

1851년 7월 아메리카호는 프랑스 노르망디의 르아브르에 도착했고, 그곳에서 칠을 다시 한 후 와이트섬으로 떠났다. 미국의 유명한 신문 편집자이자 의회 의원인 호러스 그릴리는 요트 소유자들에게 이 대회에 나가지 말라고 강하게 충고했다. 그들이 패할 것이고 그러면 미국에 나쁜 영향을 미치게 된다는 것이었다. 그러나 그들은 이미 참가를 결정한 뒤였다. 영국인들은 미국의 새 요트를 신기해하며 그것이 심각한 경쟁자가 될 것이라고 보지 못했다. 『일러스트레이티드 런던 뉴스*Illustrated London News*』는 그 배가 "예술적이지만 오래된 조선 공학에 대한 기성관념을 어기고 있다"라고 보도했다. 그 소유주들은 경기할 상대를 찾는 데 애를 먹었다. 그들이 내민 도전장을 받아주는 곳이 없었다. 결국 그들은 경기 마지막 날에 초청을 받았다. 그날 경기는 전통적으로 회원만을 위한 행사였지만, 아메리카호의 편의를 위해 외국의 요트 클럽에도 가입의 문을 열었다. 요트 소유주가 한 사람이어야 한다는 규정 또한 아메리카호를 위해 유보해주었고, 배가 돛을 "활짝 편(바람을 등지고 달릴 때 바람을 받는 데 도움을 주기 위해 장대로 돛을 지지하는 것이다)" 수 있게 해주었다.

> 그 배는 예술적이지만 오래된 조선 공학에 대한 기성관념을 어기고 있다.
> —『일러스트레이티드 런던 뉴스』

아메리카호 **91**

위쪽 이 사진은 1891년 아메리카호의 모습인데, 이때는 이미 1851년 대회 때의 본래 의장과 달라졌지만 그 우아하고 멋진 윤곽은 그대로다.

 1851년 8월 22일, 빅토리아 여왕이 국왕 전용 요트에서 지켜보는 가운데 15척의 스쿠너와 커터가 98킬로미터의 경주를 위해 정렬했다. 아메리카호는 출발이 형편없었다. 닻줄이 헝클어졌기 때문이다. 배가 마침내 출발하게 됐을 때는 다른 배들보다 한참 뒤처졌지만, 곧바로 그들을 따라붙었다. 배들이 와이트섬 동쪽 끝에 이르면 그들은 전통적으로 냅Nab 암초를 표시하는 등대선燈臺船 바깥쪽으로 섬을 돌았다. 그러나 요트가 섬과 암초 사이의 더 짧고 더 위험한 코스로 돌면 안 된다는 규정은 없었다. 아메리카호는 바로 그 코스를 택해 다른 요트들을 따돌리고 선두로 나섰다. 아메리카호는 뱃머리 기움돛대가 부러져 교체했음에도 불구하고 선두였다.

 출발한 지 여덟 시간 반 만에 아메리카호가 경쟁하던 오로라호보다 8분 앞서 골인했다. 아메리카호가 냅 암초에서 택한 코스에 대해 이의가 제기됐지만 받아들여지지 않았다. '진기한 것'으로 불린 아메리카호는 첫 출전에서 최고의 영국 요트들을 그 본거지에서 물리쳤다. 이튿날, 여왕과 앨버트 공이 요트를 찾았다. 그날 평론가들은 아메리카호의 성공에서 단순한 요트 경기 우승 이상의 것을 보았다. 런던의 신문 『머천트Merchant』는 "바다의 제국은 머지않아 미국으로 넘어가게 될 것이다"라고 했다.

 아메리카호를 건조한 사람들은 우승컵을 고국으로 가져와 뉴욕 요트 클럽에 기증했다. 국가 간의 선의의 경쟁을 촉진하기 위한 대회 우승컵으로 제공한다는 조건이었다. 그것을 쟁취한 요트를 기리기 위해 그 대회는 아메리카 컵으로 명명됐다. 미국 팀들이 이후 132년 동안 그것을 차지해오다가 1983년 미국이 아닌 오스트레일리아 팀에게 넘겨줬다. 오스트레일리아 2호였다.

최첨단 요트

최근의 아메리카 컵 요트들은 아메리카호나 1851년의 그 경쟁자들과는 차이가 크다. 요트 설계를 지배하는 원리들이 자재와 기술 발전을 반영하며 그동안 거듭 변화했고, 요트가 박진감 넘치는 경쟁과 밀접하게 연결되어 있다는 점도 그 요인이다. 가장 발전된 최신의 요트는 물위를 '날고', 물속날개라 불리는 수중의 날개 위에 서 있다. 요트를 만드는 최첨단 자재와 선체·돛·물속날개의 유선형 모양은 너무도 중요해서 요트 개발자 팀들은 흔히 항공기 설계자나 최상급 경주용 자동차 포뮬러 1 설계자들과 밀접한 연계 속에서 작업을 한다.

아래쪽 2013년 아메리카 컵 대회에 출전한 요트 두 척이 물살을 가르고 있다. 이 정상급 요트들은 속도가 시속 80킬로미터를 넘는다.

쇠락과 종말

아메리카호 소유주들은 1851년 대회 열흘 후에 배를 팔았다. 배는 이후 몇 년 동안에 여러 차례 영국인들에게 팔렸다. 이 배의 성공은 영국의 요트와 요트 설계자들에게 영향을 미쳤다. 아메리카호는 재건조되어(당시 이름 커밀라호) 미국 남부연합에 팔렸고, 그들은 이를 남북전쟁 때 봉쇄돌파선封鎖突破船으로 사용했다. 북군이 잭슨빌을 점령하자 이 배는 크레센트시티 북쪽 던스크리크에 수장됐다. 북군이 물에서 배를 끌어올려 아메리카호로 부르며 전쟁 동안 사용했다. 경기용이었던 이 요트는 3문의 포로 무장했다. 5.4킬로그램짜리 하나와 10킬로그램짜리 둘이었다.

종전 뒤 미국의 해군사관학교에서 훈련선으로 쓰이다 1870년에는 아메리카 컵에 다시 출전해 4위로 들어왔다. 해군은 이를 1873년에 팔았고, 배는 2년 뒤 재건조됐다. 배는 경주와 휴양을 위한 운항에 쓰이다가 1901년 거의 버려지고 파손됐다. 1921년 배가 미국 해군사관학교에 기증됐으나 복원 작업이 미흡했다. 1940년대가 되자 배는 긴급 구제가 필요해졌다. 1942년 배가 있던 창고가 무너졌고, 3년 뒤 배는 폐기되고 불태워졌다.

챌린저호

찰스 다윈이 비글호를 타고 항해한 지 40년 후에, 영국 군함을 개조한 해양 탐사선 챌린저호가 전 세계 해양에 대한 첫 번째 과학 연구를 실시했다. 이를 통해 이 배는 새로운 해양학 연구의 기초를 놓았다.

유형 펄급 코르벳

진수 잉글랜드 울리치 영국 해군 조선소, 1858년

길이 68.7미터

톤수 배수량 2,171톤

건조 목재, 카라벨라 판붙임

추진 전장 사각돛, 한 개의 895킬로와트(1,200마력) 증기기관으로 한 개의 스크루 프로펠러를 구동

1860년대까지 과학자들은 깊은 해양의 바다에는 빛이 들어간 적이 없기 때문에 생명체가 없으리라고 생각했다. 그러나 영국과 미국 해안의 바다을 훑어보니 많은 해양 생물이 아주 깊은 곳에서 발견됐다. 과학자들은 해양 바닥에 새로운 생물체의 세계가 있음을 깨달았다. 챌린저호 원정은 이에 대한 반응 중 하나였다. 이 원정은 에든버러대학교 자연사 교수 찰스 와이빌 톰슨(1830~1882)의 아이디어였다. 그의 제안에 따라 영국왕립학회는 영국 정부에 해양 연구를 위해 원정할 배 한 척을 요청했다. 정부는 원정을 승인하고 해군의 챌린저호를 이용할 수 있도록 했다.

챌린저호는 증기를 보조로 이용하는 돛배였다. 펄급 코르벳이다. 코르벳은 작은 군함이었다(지금도 마찬가지다). 프리깃보다도 작았다. 이들은 대개 해안 초계, 함대 지원, 신속 공격 작전에 동원됐다. 프랑스 해군이 1670년대에 처음으로 작은 군함을 코르벳이라고 했고, 이 단어는 작은

오른쪽 챌린저호는 1874년 2월 남쪽으로 항해해 남극권으로 들어갔다. 승조원들은 험한 바다와 빙산, 빙괴와 싸워야 했다.

위쪽 챌린저호의 화학 실험실은 가로 3미터, 세로 1.5미터밖에 되지 않은 작은 선실이었다. 모든 장비가 제자리에 고정되어 있어야 했다.

아래쪽 챌린저호 원정은 스코틀랜드 생물학자 찰스 와이빌 톰슨의 발상이었다. 그는 이 원정의 수석 과학자로 일했다.

배를 의미하는 옛 네덜란드어 '코르프corf'의 한 변형으로 생각된다.

챌린저호는 1850년대에 건조된 열 척의 펄급 코르벳 중 하나였다. 이 배는 1860년대 초에 아메리카 지역에서 복무하다가 오스트레일리아로 가라는 명령을 받았다. 1870년에는 '챌린저호 원정'으로 알려지게 되는 과학 탐사에 나섰고, 장비를 실을 공간을 위해 포 일부를 제거했다. 선실이 더 설치되고, 깊은 곳에서 해저의 진흙과 생물체 표본을 실을 수 있는 준설물 받침도 추가됐다. 배에는 과학자들에게 필요한 모든 장비를 갖춘 실험실도 두 개 있었다.

1872년 12월 챌린저호가 영국을 떠날 때 이 배에는 243명의 장교·승조원·과학자가 타고 있었다. 지휘는 함장 조지 네어스(1831~1915)가 맡았다. 찰스 와이빌 톰슨은 과학자들을 지휘했다. 그들은 남쪽을 향해 적도를 넘고 남대서양으로 들어갔으며, 그런 뒤에 희망봉을 돌아 남인도양으로 들어갔다. 1874년 2월 16일, 챌린저호는 남극권 부근으로 들어간 첫 증기선이 됐다. 실제로 배는 대체로 돛에 의해 움직였지만 말이다. 증기 동력은 대개 돛으로 운항하기에는 바람이 없을 때에만 사용됐다. 차

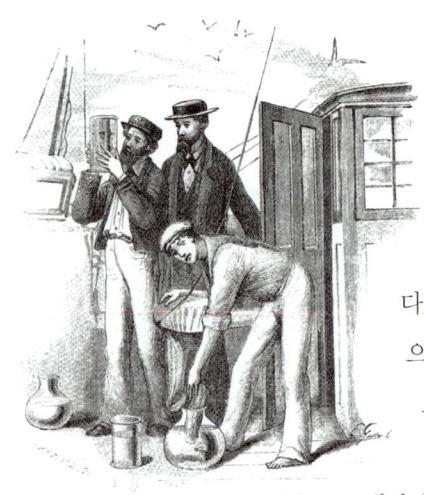

위쪽 챌린저호의 세 승조원이 바다 깊은 곳에서 건진 해양 생물 표본을 살펴보고 있다. 여기 보이는 것은 해파리다.

가운 남쪽 바다에서 해저 바닥을 긁으니 약 400종의 서로 다른 동물이 나왔다. 4분의 3 이상이 이전에 한번도 보지 못한 것이었다. 챌린저호는 남쪽으로 아주 많이 내려가지는 않았다. 선체가 얼음을 견딜 만큼 충분히 강화되지 않았기 때문이다. 배는 그 뒤 오스트레일리아와 뉴질랜드로 향했고, 이어 북쪽으로 항해해 서태평양을 건너 하와이제도로 갔다. 거기서 혼곶으로 가고 마침내 북쪽으로 방향을 틀어 대서양을 거쳐 영국으로 돌아왔다. 배는 1876년 5월 24일 포츠머스로 돌아왔다.

챌린저호는 대양을 이리저리 가로질렀지만 평균 320킬로미터마다 한 번꼴로 멈춰 섰다. 표본을 채취하고 관찰을 기록했다. 362곳 모두에서 수심을 측정하고 해저의 표본을 채취했다. 수온은 서로 다른 깊이에서 측정했다. 바닷물의 표본 역시 각각 다른 깊이에서 채취했다. 수면의 해류 속도와 방향이 기록됐고, 날씨도 상세하게 기록했다.

챌린저해연

모두 492군데의 수심을 측량했다. 그중에 하나인 225번 표본 채취 지점은 서태평양의 팔라우섬과 괌섬 사이였는데, 특히 깊은 것으로 나타났다. 챌린저호는 그 수심을 8,184미터로 기록했다. 그 옆은 알려진 모든 대양에서 가장 깊은 곳이었다. 나중에 측정한 결과 깊이가 1만 994미터였다. 이 지점은 이 원정의 이름을 따서 챌린저해연海淵으로 불렸다. 챌린저호의 수심 측량으로 해양 바닥에 대한 대략적인 지도가 처음으로 만들어졌다. 대서양 한가운데에 솟아오른 부분이 있다는 것도 처음 알게 됐다. 나중에 이는 대서양 중앙해령中央海嶺으로 알려지는데, 이는 지구상 최대의 산맥으로, 따로 움직이는 지구의 두 지각판의 단층을 따라

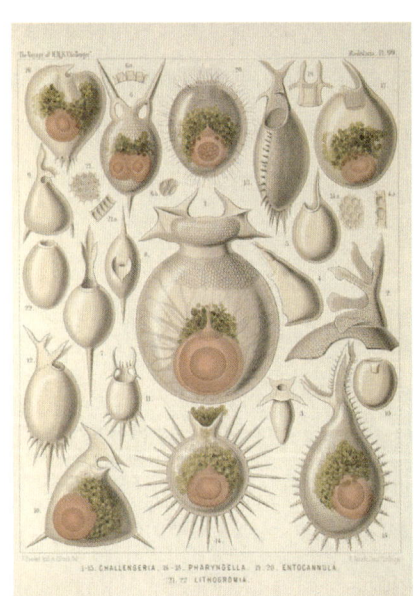

왼쪽 챌린저호의 과학자들은 그들이 원정 중에 수집한 표본을 상세하게 보여주는 기록과 그림을 많이 남겼다. 그들의 발견물을 정리해 책으로 출간한 것이 50권이나 됐다.

메테오르호 원정

챌린저호 원정의 뒤를 이어 여러 나라에서 수많은 과학적 원정과 조사를 시행했다. 각 원정은 해양과 그 조류, 해양의 바닥, 해령, 해양 생물에 관해 조금씩 더 알려주었다. 제1차 세계대전 동안 해양 탐사를 위한 수중 음파탐지기가 발전하면서 음향을 이용한 수심 측정이 가능해졌다. 해저 바닥에 음파를 쏘아 그 되튐을 통해 해양의 깊이를 측정하는 것이다. 그 이전에는 배가 측정 지점마다 멈춰 서서 해저로 추를 내려 보내 수심을 측정했다. 음향 측정은 더 빠르고 더 쉬웠다. 초기 수중 음파탐지 장비를 가지고 간 독일 메테오르호는 원정(1925~1927)을 하며 6만 7천 군데의 수심을 측정했다. 이에 비해 챌린저호 원정에서는 수심 측정이 500곳도 되지 않았다. 그들은 챌린저호의 과학자들이 탐지한 대서양 중앙의 융기가 실은 하나로 이어진 산맥임을 입증했다.

아래쪽 독일 해양관측선 메테오르호는 1925년 모항을 떠나 2년에 걸쳐 대서양 해양을 조사했다.

놓여 있는 것이다.

3년 반의 원정을 마칠 때 챌린저호는 6만 8,890해리(12만 7,580킬로미터)를 항해했다. 100여 명의 과학자가 가져온 모든 표본과 관측을 연구했다. 연구는 해양 전역의 아주 깊은 곳에서도 해양 생물이 존재한다는 것을 결정적으로 입증했다. 연구 결과를 제시하는 과학자들이 작성한 보고서는 23년에 걸쳐 씌어졌고, 두터운 책 50권에 총 2만 9,500쪽을 가득 채웠다. 이 원정에서 새로 발견한 식물과 동물은 4,700종이었다.

챌린저호의 마지막 나날

챌린저호는 역사적인 항해 이후 영국 동해안 하리치에서 해안 경비정과 영국 해군 예비대 훈련선으로 사용됐다. 그 뒤 1878년에서 1883년 사이에 예비 전력으로 분류됐다가 새로 들어온 선원들이 배에 배정되기 전에 대기하면서 머무는 '수용선receiving hulk'이 됐다. 당시에는 억지로 선원이 된 사람들이 있어 해군은 그들이 안전하게 바다로 나갈 때까지 도망치지 못하도록 수용선에 태웠다. 일부 수용선은 병원선으로도 사용됐다. 특히 인근에 육상 병원이 없을 경우에 그랬다. 챌린저호는 메드웨이강에서 수용선으로 이용되다가 1921년 폐품으로 팔렸다. 오늘날까지 남아 있는 것은 그 선수상船首像뿐이다.

챌린저호 원정에서 많은 발견이 이루어지자 다른 나라들 역시 해양 연구에 대한 자극을 받았다. 최근에는 미국 항공우주국 NASA의 우주 왕복 인공위성에다 '챌린저'라는 이름이 붙었다. 챌린저호와 그 승조원들의 과학적 업적을 기린 것이다.

글루아르호

19세기 중반 함포의 발전은 1천 년 동안 이어진 군함 설계에 근본적인 변화를 가져왔다. 유럽의 주요 해양 강국 중에서 대형 군함에 처음으로 새로운 기능을 도입한 것은 프랑스의 전함 글루아르호였다. 이 배의 외양은 전함 설계에서 군비 경쟁을 촉발했다.

유형 글루아르급 철갑 전함
진수 프랑스 툴롱, 1859년
길이 77.9미터
톤수 배수량 5,720톤
건조 목조에 단철판을 입힘
추진 여러 개의 돛, 한 개의 1,900 킬로와트(2,500마력) 증기기관

1853년 11월 30일, 러시아 함대는 크림전쟁의 시노프 해전에서 오스만제국 함대를 전멸시켰다. 러시아 함대는 폭발탄을 발사하는 포로 무장되어 있었다. 포탄은 적의 군함의 나무 선체를 뚫고 들어가 배를 불태우고 물속으로 가라앉혔다. 유럽의 주요 열강은 재빨리 그 함의를 알아차렸다. 목조 선체의 선박으로 이루어진 거대한 해군은 곧바로 무용지물이 되리라는 것이었다.

그 위협에 맨 먼저 반응한 나라는 프랑스였다. 전쟁 동안 영국과 프랑스는 모두 철갑을 입힌 유동 포상砲床을 이용하고 있었다. 이제 프랑스는 군함에 같은 기술을 적용했다. 그들은 네 척의 철갑 전함을 건조하라고 주문했다. 장갑의 무게가 더해지고 추진을 위한 증기기관이 더 커져야 하니 새로운 선박은 그 이전 것들에 비해 더 커질 수밖에 없었다.

첫 선박인 글루아르Gloire('영광')호는 1859년 11월 24일 진수했고, 이듬해 완성됐다. 이 배는 세계 최초의 원양용 철갑 전함이었다. 그 선체는 66센티미터의 나무에 최대 120밀리미터의 철판 갑옷을 입힌 것이었다. 이 갑옷은 수면 아래 약 1.8미터까지 내려가 있었다. 이렇게 선체 전체가 아니라 배의 갑판에서 수면 바로 아래까지 이어진 장갑을 수선장갑대Belt armor라 한다. 이는 선체의 가장 취약한 부분을 포탄과 어뢰로부터 보호하기 위해 설계된 것이었다.

왼쪽 시노프 해전에서 오스만제국 함대는 러시아 군함들이 발사한 폭발탄에 의해 산산조각이 나고 불에 탔다. 목조 선체 선박의 취약성이 금세 드러나 철제 선체 군함의 개발을 촉진했다.

위쪽 프랑스 철갑함 글루아르호는 새로운 세대 군함의 첫 주자였다. 경쟁국 해군들은 곧 자기네의 철갑함을 건조했다.

돛과 증기

글루아르호는 다른 19세기 군함들과 마찬가지로 돛과 증기 동력을 함께 사용했다. 그 선체에는 여덟 개의 보일러에 의해 많은 증기가 공급되는 1,900킬로와트(2,500마력)의 증기기관이 설치됐다. 이 엔진은 스크루 프로펠러 하나를 구동했다. 배의 범장도帆裝圖는 그 짧은 역사 동안에 여러 차례 바뀌었다. 본래는 세대박이 범장으로, 앞돛대는 사각돛, 큰돛대와 뒷돛대는 세로돛이었다가 전면 사각돛으로 바뀌었고 마지막에는 다시 모두 세로돛으로 바뀌었다.

글루아르급의 앵뱅시블호와 노르망디호는 글루아르호와 같은 방식으로 건조됐다. 네 번째인 쿠론호는 달랐다. 이 배는 프랑스 최초의 철제 선체 철갑함이었다. 쿠론호의 선체는 100밀리미터의 티크재 위에 장갑판을 씌우고 철제 선체에 붙인 또 다른 300밀리미터 티크재 위에 쇠창살을 붙이는 것으로 보완했다. 이 복잡한 혼합식 선체 건조는 이전 배들의 단순한 선체에 비해 보다 효과적인 것으로 드러났고, 모든 프랑스 군함 건조에 적용됐다.

선체 보호

각국 해군은 철갑 선체가 목조 선체보다 유지 보수가 더 필요함을 알았다. 철판은 바닷물에 빨리 부식되고 해양 생물이 달라붙어 배의 속도를 떨어뜨렸다. 목조 선체를 배좀벌레조개 같은 해양 생물들로부터 보호하기 위해 100년 전부터 동판이 사용되어왔으나 그것을 철갑 선체에는 사용할 수 없었다. 1761년 영국의 프리깃 알람호에 동판을 입혔는데, 구리와 닿은 쇠못이 녹아버렸다. 구리와 철이 닿지 않은 곳에서는 철에 문제가 생기지 않았다. 이 현상은 갈바닉 부식이라고 하는데 지금도 해결되지 못했다. 2008년 진수한 미국 해군의 연안 전투함 인디펜던스호는 심각한 부식 문제를 겪었다. 철제 엔진 부품과 알루미늄 선체 사이의 갈바닉 반응 때문이었다고 한다.

철로 만든 전사(戰士)

영국 왕립 해군은 17세기 말부터 세계에서 가장 강력한 해군이었다. 그리고 그들은 이를 유지하고자 했다. 프랑스 철갑함 글루아르호에 대한 그들의 대응은 워리어호였다. 1860년 진수한 워리어호는 글루아르호보다 훨씬 더 크고 더 무거웠다. 또한 더 빠르고 더 중무장을 했다. 그리고 이 배는 다른 방식으로 건조됐다. 글루아르호가 목조 선체의 배에 철판을 씌운 것이라면, 워리어호는 철제 선체의 배에 나무로 보완한 것이었다. 이 배는 철제 선체에 장갑판을 두른 첫 군함이었다. 114밀리미터 두께의 철 장갑판은 45센티미터의 티크로 뒤를 받쳤다. 둘 다 배의 25밀리미터 두께 철제 선체에 고정시켰다. 워리어호와 그 자매함인 블랙 프린스호는 금세 세계에서 가장 강력한 군함들이 됐다. 이들은 너무나도 강력해서 영국 해군은 목조 선체의 군함을 더 이상 만들지 않았다. 미국 해군은 곧바로 이를 흉내 내 1863년 최초의 철제 선체 군함 미시간호를 진수시켰다. 철제 선체는 금세 1870년대에 더 가볍고 더 강한 강철 선체로 대체됐다. 이번에도 프랑스가 가장 먼저였다. 1876년의 르두타블호다.

위쪽 영국의 워리어호는 1860년 진수 당시 세계에서 가장 빠르고 가장 크고 가장 강력한 군함이었다. 이 배는 바다의 패권을 유지하겠다는 영국의 의지를 보여주었다.

왼쪽 19세기의 목조 선체 선박들은 보통 14.5킬로그램짜리 포로 무장했지만 워리어호의 포열 갑판은 31킬로그램과 50킬로그램짜리 포를 들여놓았다.

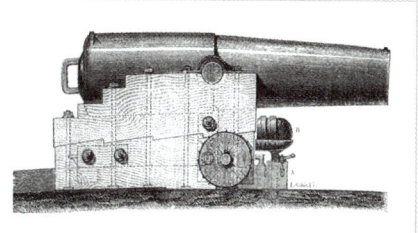

위쪽 프랑스 포병 장교 앙리조세프 펙상이 발명한 새로운 세대의 보다 강력한 함포는 각국 해군이 더 두꺼운 장갑을 한 더 큰 군함을 건조하도록 부추겼다.

고양이와 쥐 게임

철갑의 도입으로 그 장갑판을 뚫기 위해 더 크고 더 강력한 함포를 개발해야 했다. 포는 금세 수병들이 들어다 배 안에 실을 수 없을 정도로 무거워졌다. 또 다른 발전으로 강선腔線이 없는 활강포滑腔砲가 강선이 있는 포로 대체됐다. 포신 안의 나선형 홈인 강선은 포탄에 회전력을 준다. 강선을 넣으면 포가 보다 정확해지고 포탄의 관통력이 커지지만, 포구砲口 장전을 할 수 없게 된다. 그 결과 후장포後裝砲가 전장포前裝砲를 대체하기 시작했다. 보다 강력한 포가 더 두꺼운 장갑을 한 더 큰 전함 개발을 촉발해 포술의 추가적인 발전으로 이어지는 고양이와 쥐 게임은 20세기에 들어선 지 한참 지난 뒤에도 계속 이어졌다.

글루아르호의 무장에는 펙상포 몇 문이 포함되어 있었다. 펙상포는 프랑스의 장군이자 포병 장교인 앙리조세프 펙상(1783~1854)이 1823년 발명한 것으로, 폭발탄을 발사하도록 설계된 최초의 함포였다. 이것은 카농오뷔지에canon-obusier(곡사포)로도 알려졌다. 육상 전투에서 사용된 폭발탄은 통상 공중에 높이 쏘아 적에게 떨어지도록 했다. 함포는 강력한 포에 의해 더 빠르게 발사되는 발사체가 필요했다. 수평에 가까운 탄도로 적선 측면으로 날아가 박히는 것이다. 포탄을 발사하는 대포는 수백 년 동안 이를 매우 효과적으로 해왔다. 함포로 폭발탄을 발사하는 것은 조기 폭발할 수 있어 매우 위험했다. 그러다가 펙상이 포탄이 목표물에 닿을 때까지 그 폭발을 늦출 수 있는 퓨즈를 개발했다. 시노프 해전에서 러시아인들이 사용한 것은 펙상포였고, 그것은 글루아르호와 그 이후의 다른 모든 철갑 군함의 개발을 촉진했다.

글루아르호는 발전된 기술로 만들어졌지만 비교적 성공적이지 못했다. 바다에서 몹시 흔들렸고, 바다에서 그렇게 낮게 위치하는 배는 큰 단점이 있었던 것이다. 포열 갑판이 수면 위 2미터도 되지 않는 곳에 있었다. 이 배는 완성된 지 불과 19년 만에 1879년 해군 명부에서 제외됐다. 그리고 그해에 폐품 처리됐다.

아래쪽 워리어호의 장갑판은 티크재 위에 철판을 붙인 두께 60센티미터의 복합 구조로 배의 철판 선체에 고정되어 있으며, 철판 선체 뒤에도 티크재가 있다.

모니터호

미국 남북전쟁 때 철갑 군함인 북군의 모니터호와 남군의 버지니아호가 1862년 햄프턴로즈 전투에서 서로를 맹공격했다. 이 전투는 국제적인 관심을 모았다. 이는 목조 선체 선박에서 철갑과 철제 선체 선박으로의 이행을 가속화했다. 모니터호는 또한 후대 군함들이 무장하는 방식에도 영향을 미쳤다.

유형 모니터급 군함
진수 미국 뉴욕 브루클린, 1862년
길이 54.6미터
톤수 배수량 1,003톤
건조 철갑 선체
추진 진동 레버 증기기관이 한 개의 프로펠러를 구동

북군의 해군은 남군이 철갑 군함을 건조하고 있음을 알고 재빨리 자기네도 철갑함을 주문했다. 그들은 17개의 설계 제안을 받아 그중에 세 척을 건조했다. 걸리나호, 뉴 아이언사이즈호, 모니터호다. 걸리나호와 뉴 아이언사이즈호는 '현측포舷側砲 철갑함'이라 불리는 전통적인 배였다. 이들은 목조 선체 전함을 복제하여 철갑을 씌운 것이었으며, 배 측면의 포문을 통해 포를 발사했다. 모니터호는 완전히 달랐다.

모니터호는 두 사람이 설계했다. 시어도어 러글스 팀비(1819~1909)는 1840년대에 회전 포탑을 발명했지만, 남북전쟁 전에는 정부나 군의 관심을 끌지 못했었다. 팀비가 전쟁 도중에 북부연방군의 링컨 행정부에 제안서를 낸 것은 새로운 철갑 군함에 대한 존 에릭슨의 혁명적인 디자인이 도착한 것과 동시였다. 에릭슨은 스크루 프로펠러를 발명한 사람 중에 한 명이었다. 이 두 설계가 결합되어 모니터호가 만들어졌다.

모니터호는 아주 이상해 보였지만, 그것은 매우 기능적이었다. 윗부분은 장갑을 갖춘 나무 부교가 선체의 하부 위로 튀어나와 그것과 프로펠러를 적의 포격과 충돌로부터 보호했다. 약 25밀리미터의 단철갑이 갑

아래쪽 모니터호의 기계 도면에서 윗부분이 평평하며 포탑이 있는 것을 볼 수 있다. 그리고 위로 쑥 내밀고 있는 갑판은 프로펠러와 선체의 아랫부분을 보호하고 있다.

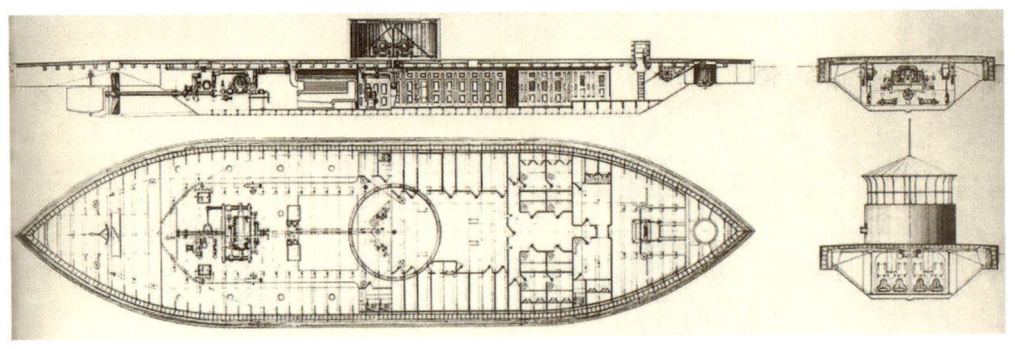

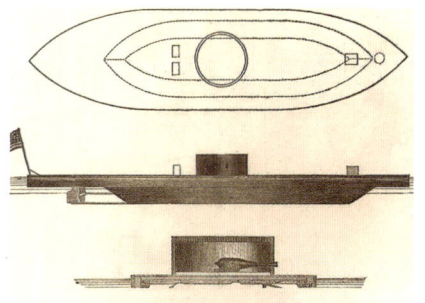

위쪽 모니터호는 수면에서 매우 낮게 자리 잡도록 설계되어 적이 포격할 곳이 거의 없었다.

판을 보호했다. 측면은 76센티미터 이상의 나무 위에 최고 13센티미터의 철판을 더 두껍게 입혔다. 건현乾舷(수면에서 갑판 사이)은 35센티미터밖에 되지 않아 적이 노릴 수 있는 틈을 최소한으로 줄였다. 그런 작은 건현은 갑판의 해치가 걸핏하면 열려 이곳을 통해 물이 쏟아져 들어온다는 것이 문제였다. 배에서 갑판 위에 있는 유일한 부분은 팀비의 포탑이었다. 포탑은 조종이 어려운 좁은 공간에서 모니터호에 중요한 이점을 주었다. 대개의 군함에서는 일부 포가 목표물을 겨냥하려면 배 전체가 회전해야 했지만 모니터호의 포탑은 포가 거의 모든 방향으로 움직일 수 있었다.

메리맥호에서 버지니아호로

햄프턴로즈 전투에서 모니터호와 싸웠던 남군의 버지니아호는 본래 목조 선체의 돛을 보조로 이용하는 북군의 증기 프리깃 메리맥호였다. 1861년 4월 버지니아주가 탈퇴하자 북군 해군은 메리맥호를 이끌고 노퍽 해군공창을 빠져나오려고 했지만 길이 막혀버렸다. 배를 가지고 나올

아래쪽 모니터호는 전투에서 중대한 타격을 입지 않았다. 직접 포격을 맞아도 그렇다. 그러나 똑같이 취약점이 없는 버지니아호에도 어떤 타격을 입힐 수 없었다.

위쪽 철갑함 버지니아호에서 발사한 포탄이 튕겨져 나오면서 모니터호 포탑 장갑에 생긴 움푹 들어간 부분을 모니터호의 장교들이 점검하고 있다. 두 문의 달그런포 砲 중 하나의 포구가 보인다.

수 없게 되자 그들은 탈출 전에 배에 불을 질렀다. 배는 물 위에 올라온 부분이 불타 가라앉았다. 남부연합은 배가 부족했던 터라 메리맥호를 끌어올려 재건조했다. 수면 위로는 아무것도 남아 있지 않았기 때문에 그들은 백지상태에서 어쨌든 배를 재건조했다. 그리고 그들은 배를 철갑선으로 바꾸기로 결정했다. 그들이 선택한 디자인은 모니터호(여기서 다루는 모니터호에서 유래한 선박 종류다—옮긴이)도 아니고 현측포 철갑함도 아니었다. '포곽砲廓 철갑함'이라 불리는 제3의 유형이었다. 포가 있는 주갑판은 철갑으로 씌우고 측면은 직접적인 공격을 피하기 위해 비스듬하게 만든 것이다. 이 배도 모니터호와 마찬가지로 건현이 얼마 되지 않았다.

철갑함들의 전투

모니터호는 1862년 3월 9일 햄프턴로즈에 도착했다. 전투 첫날 늦게였다. 배는 어둠을 틈타, 모래톱에 좌초한 북군 군함 미네소타호 옆으로 눈에 띄지 않게 빠져나갔다. 이튿날 아침, 남군 철갑함 버지니아호가 좌초한 미네소타호를 향해 끝장을 내겠다고 포격을 해대자 모니터호가 버지니아호의 뒤에서 나타나 응사했다. 두 철갑함은 약 네 시간 동안 서로를 공격했다. 증기를 동력으로 하는 모니터호의 포탑이 전투 때 작동되지 않았다. 승조원들은 끊임없이 포탑을 돌리며 버지니아호가 보이면 포를 발사해야 했다. 두 철갑함은 서로를 직접 맞히기도 했고 근접해 서로 상대 주위를 돌면서 때로 충돌하기도 했으나, 두 철갑함 모두 심각한 타격은 입지 않았다. 승기를 잡을 수 없자 두 철갑함은 철수했다.

모니터호는 이어 드루리스블러프 전투에 참가했다. 제임스 강가에 있는 남부연합군 수도인 버지니아주 리치먼드

아래쪽 해터러스곶 앞바다에서 폭풍우에 휘말려 침몰하기 직전의 모니터호 승조원들을 구조하는 모습을 묘사한 『하퍼스 위클리Harper's Weekly』의 판화. 뒤에 로드 아일랜드호가 보인다.

> **뗏목 위의 치즈**
> –북군의 모니터호를 처음 본 남군 승조원의 이 배에 대한 묘사

모니터호의 유산

모니터호가 매우 성공적이었기 때문에 이를 본뜬 철갑함이 더 만들어졌다. 그중에 상당수는 미시시피강과 제임스강 등 강 전투에서 사용됐다. 모니터호를 설계한 존 에릭슨은 더 나아가 퍼세이익급으로 불린 새로운 등급의 모니터형 함정을 만들었다. 이는 모니터호보다 크고, 선형이 개선되어 돌출부가 덜 튀어나왔다. 영국 해군 역시 철갑함을 개발했다. 이는 '흉벽胸壁 모니터함'으로 불렸다. 갑판 위에 낮은 장갑 선루(흉벽)를 설치한 것이다. 이것이 갑판 위를 덮치는 파도가 흘러들어올 위험성을 제거했다. 다른 나라 해군들도 이 디자인으로 자기네의 흉벽 모니터함을 건조했다. 빅토리아(오스트레일리아)의 케르베로스호는 가장 먼저 건조된 것으로 1920년대에 오스트레일리아 해군으로 인계되어 (플래티퍼스 2호로 이름을 바꿨다—옮긴이) 아직도 취역 중이다.

아래쪽 영국 해군의 글래턴호는 흉벽 모니터함의 한 사례다. 이 배는 채텀 해군공창에서 건조되어 1871년 진수했다. 영국 해군에서 취역하다가 1903년 해체됐다.

로 가서 그곳을 포격하기 위한 것이었다. 그러나 이 공격은 강이 봉쇄되어서 이루어지지 않았다. 모니터호는 1862년 10월 워싱턴 해군공창으로 옮겨져 엔진을 수리했다. 수많은 사람이 이 배를 보러 왔고, 그중에 링컨 대통령도 있었다. 배의 수리와 개량은 11월에 끝났다. 모니터호의 승조원들은 노스캐롤라이나주로 가서 찰스턴 봉쇄에 참여하라는 명령을 받았다. 배가 노스캐롤라이나주 해터러스곶 앞바다에서 예인되고 있을 때 폭풍우가 몰아쳤다. 건현이 매우 낮아 바닷물이 갑판 위를 덮치고 환기구를 통해 밀려들어왔다. 함장은 예인 밧줄을 끊으라고 명령했다. 이 일을 자원했던 수병 두 명이 갑판에서 쓸려나가 익사했다. 밧줄은 결국 끊어지고 모든 엔진 동력은 펌프를 돌리는 데 사용됐지만 이는 실패했다. 물은 계속 불어나 결국 모니터호는 침몰했고, 배에 남아 있던 수병 16명도 함께 물속으로 가라앉았다. 배에서 탈출한 다른 47명은 로드 아일랜드호에서 보낸 구명정에 실려 구조됐다.

발견과 복구

1940년대와 1950년대에 모니터호의 잔해를 몇 차례 수색했지만 지지부진했다. 모니터호는 결국 1973년에 발견되어, 이듬해 모니터호라는 것이 확인됐다. 배는 해터러스곶 남남동 26킬로미터 지점의 해저 67미터에 있었다. 난파선과 그 주변 지역은 미국의 첫 해양자연보호구인 '모니터 해양자연보호구'로 지정됐다. 잠수부와 난파선 인양 회사들이 이를 건드리지 못하게 하려는 것이었다. 발견된 선체는 상태가 매우 열악해 배 전체를 인양하는 것이 불가능했다. 그러나 엔진, 프로펠러, 포, 포탑은 인양하기로 결정됐다. 2002년 포탑을 인양했을 때 그 안에서 신원 미상의 해골 두 개가 발견됐다.

커티 사크호

클리퍼는 19세기에 가장 고급스럽고 우아한 배였다. 이 배는 해상 세계의 인기 스타였다. 속도를 내기 위해 만들어진 클리퍼는 날씬한 유선형의 선체에 활짝 펼쳐진 돛을 달았다. 이 아름다운 유형의 배를 가장 전형적으로 보여주는 것이 커티 사크호다. 이 배는 당시 가장 빠른 배여서 10년 동안 수익성 높은 오스트레일리아-영국 간 양모 교역을 지배할 수 있었다.

유형 복합 클리퍼
진수 스코틀랜드 덤버턴, 1869년
길이 85.4미터
톤수 등록톤수 963톤
건조 철골 위에 동인도 티크재와 아메리카 느릅나무
추진 세 돛대 및 기움돛대에 32개의 돛(1870년 전장, 1916년 세대박이)

'클리퍼'라는 초창기 배는 18세기 미국의 대서양 연안과 카리브해에서 교역에 종사하던 작고 빠른 '볼티모어 클리퍼'였다. 이것이 19세기의 더 크고 대양을 항해하는 클리퍼 선박으로 진화했다. 이들 중에 최초는 1830년대 초에 볼티모어에서 건조된 앤 매킴호였을 것이다. 이 배는 볼티모어 클리퍼에 비해 선체가 길고 볼티모어 클리퍼의 세로돛 대신에 사각돛을 달았다. 그 이후 레인보호(1845)와 시 위치Sea Witch호(1846) 같은 더 큰 클리퍼들이 나왔다. 이들은 이후 배들의 설계에 영향을 미쳤다.

클리퍼는 속도 기록을 계속 경신했다. 제임스 베인스호는 1854년 9월 대서양을 횡단해 보스턴에서 리버풀까지 가는 데 12일이라는 기록을 세웠다(아직도 깨지지 않고 있는 항해 기록이다). 같은 해 라이트닝호는 하루 항해 436해리(800킬로미터)의 기록을 세웠고, 플라잉 클라우드호는 뉴욕에서 샌프란시스코까지 89일에 주파하는 기록을 세워 135년 동안 그 기록이 깨지지 않았다.

클리퍼는 골드러시 때 캘리포니아까지 배로 빠르게 운항하는 데 이용됐다. 오스트레일리아에서 금이 발견되자 클리퍼는 금을 찾는 자들을 실어 날랐다. 이 배는 영국-인도-중국 사이의 아편 교역에도 이용됐고, 미국 남북전쟁에서 봉쇄돌파선封鎖突破船으로 활약했다. 그러나 클리퍼는 중국에서 영국으로 맏물 찻잎을 가져오는 경쟁에서 진가를 발휘했다. 가장 빠른 배는 가장 높은 가격을 요구했고, 최고의 선장과 승조원들을 끌어모았다. 신문은 그들 사이의 경쟁을 대서특필했고, 도박꾼들은 그 결과에 돈을 걸었다.

아래쪽 몰아치는 강풍 속에서 돛을 활짝 펼치고 항해하는 클리퍼의 모습은 인상적이다. 안토니오 야콥센(1850~1921)이 그린 1913년 미국의 클리퍼인 플라잉 클라우드호다.

위쪽 브래젠데일 커널리가 그린 커티 사크호. 이 배는 중국 연안의 현지 평저선들을 납작하게 만들었다. 32개의 돛을 모두 펴고 최고 속도로 물살을 가른다. 그 복잡한 돛을 다 펴려면 18킬로미터를 가야 했다.

찻잎 배달에서 양모 배달로

클리퍼의 차 무역은 1869년 수에즈운하가 개통된 직후 붕괴했다. 이 운하는 중국으로부터의 거리를 6천 킬로미터 이상 단축시켰다. 그러나 운하를 통과하는 새 항로의 바람은 돛배들이 이용하기에 적합하지 않았다. 따라서 클리퍼들은 무역풍의 이점을 취하기 위해 여전히 희망봉을 도는 긴 항로로 운항했다. 역설적으로, 대부분의 유명한 클리퍼들은 바로 이 시기에 만들어졌다. 로버트 번스(1759~1796)의 시 「탬 어섄터Tam O'Shanter」에 등장하는 인물의 이름을 딴 커티 사크호는 철골 위에 목조 선체로 건조됐다. 이 복합 구조는 선체를 강하게 해서 다른 클리퍼들에 비해 돛을 더 많이 달 수 있었고, 이에 따라 더 빠른 속도로 배를 몰 수 있었다. 최고 속도는 17.5노트(시속 32킬로미터)였다.

1870년 상하이에 갔다가 돌아오는 첫 찻잎 배달 때부터 이 배는 증기선과 경쟁하고 있음을 알아차렸다. 이 배는 중국에 여덟 번 다녀왔는데, 포도주·증류주·맥주를 싣고 갔다가 돌아올 때는 찻잎을 싣고 왔다. 1877년 마지막 찻잎 배달을 한 뒤 이 배는 미국, 일본, 중국, 인도, 오스트레일리아 사이에서 여

> **돛배가 우리를 앞질러 지나갔다!**
> –P&O사의 증기선 브리태니아호의 항해 일지(그 승조원들은 1889년 7월 25일 자기네가 15노트(시속 28킬로미터)의 속도로 쌩쌩 달려가고 있는데 커티 사크호가 그 앞을 앞질러 가니 깜짝 놀랐다)

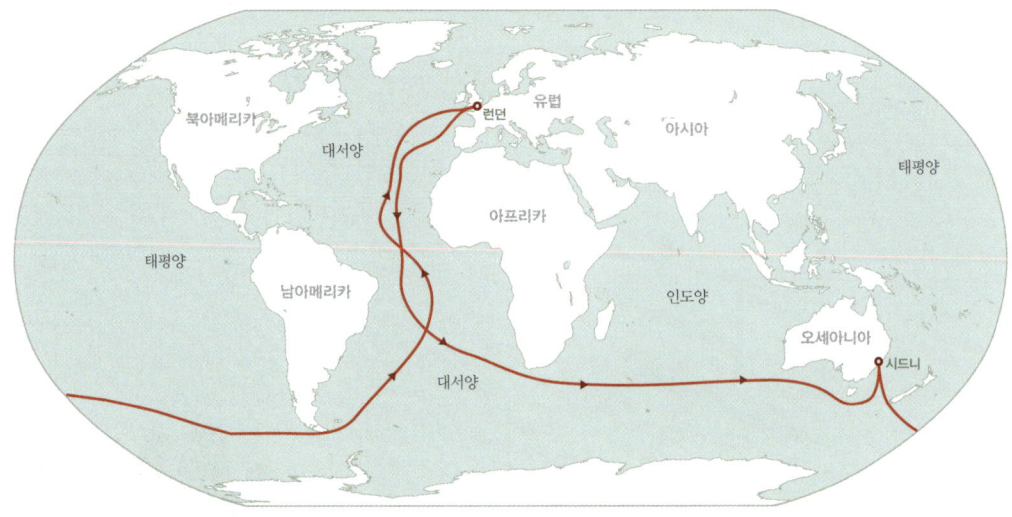

위쪽 커티 사크호 같은 클리퍼들이 오스트레일리아에서 영국으로 양모를 배달하기 위해 이용한 항로는 지구상에서 가장 바람이 많은 지역의 이점을 활용했다.

러 가지 화물을 운송했다. 1880년 승조원들 사이의 불만으로 폭동이 일어나 선장 제임스 월리스가 상어가 득실거리는 자와해 바다로 뛰어내려 사라졌다. 다음 선장인 윌리엄 브루스는 무능한 술꾼이어서 밀려나고 프랜시스 무어가 선장으로 임명됐다.

1880년대에 커티 사크호는 오스트레일리아로부터의 '양모 배달'로 전업했다. 이 배는 오스트레일리아에서 영국까지 83일밖에 걸리지 않아 다른 배들보다 3~4주 빨랐다. 1885년 선장은 무어에서 리처드 우드겟으로 바뀌었다. 그는 '노호하는 40도대Roaring Forties'라는 곳의 강한 서풍을 받기 위해 다른 배들보다 더 남쪽으로 운항함으로써 배가 가장 빠른 운항 시간을 기록할 수 있도록 했다. 이것은 빙산이 있는 바다로 들어가야 했기 때문에 위험한 전략이었다. 우드겟 선장은 오스트레일리아-영국 운항을 단 73일로 줄였다. 이로써 커티 사크호는 이후 10년 동안 양모 무역을 지배할 수 있었다. 그러나 오래지 않아서 증기선이 이것 역시 집어삼켰다. 커티 사크호는 1895년 포

왼쪽 1920년대에 빠른 화물선으로서 커티 사크호 시대는 끝났다. 이것은 팰머스에 정박한 커티 사크호의 모습으로, 이 배는 대중에 개방되고 항해 훈련선으로 사용됐다.

테르모필레호

커티 사크호의 주요 경쟁자 중 하나가 테르모필레호라는 클리퍼였다. 1868년 건조된 이 배는 첫 항해에서 영국에서 오스트레일리아 멜버른까지 63일에 주파한 기록을 세웠다. 1872년 두 배는 상하이에서 런던까지 가는 경쟁을 했다. 그들은 6월 17일 상하이를 떠났다. 8월 15일, 커티 사크호는 640킬로미터를 앞서고 있는데 희망봉 앞바다에서 폭풍우를 만나 키를 잃어버렸다. 그 승조원들은 불가능한 일을 해냈다. 바다에서 1주일도 되지 않아 새로운 키를 만들어 장착한 것이었다. 그들은 곧 같은 일을 완전히 새로 해야 했다. 교체한 키가 떨어져 나갔던 것이다. 테르모필레호는 이 틈을 타 앞으로 치고 나갔다. 커티 사크호는 10월 19일 런던에 도착했다. 테르모필레호보다 7일 늦었다. 커티 사크호는 보존됐지만 테르모필레호는 포르투갈에서 해양 훈련선으로 생애를 마치고, 1907년 카스카이스 앞바다에서 포르투갈 해군에 의해 수장됐다.

아래쪽 테르모필레호라는 클리퍼가 1872년 상하이-런던 구간에서 커티 사크호를 상대로 한 유명한 경주에 참가했다.

르투갈 회사에 팔렸고, 이름을 페헤이라호라고 바꿨다. 1916년 이 배는 악천후에 돛대들이 날아갔다. 제1차 세계대전 중에는 물자 부족으로 사각돛에서 세로돛 세대박이로 전환했다. 1922년에는 다른 포르투갈인에게 팔렸고 마리아 두 암파루호로 이름이 바뀌었다. 같은 해 배는 윌프리드 다우먼에게 팔렸으며 원래 이름을 되찾고 콘월에서 훈련선으로 사용됐다. 1936년 다우먼이 죽자 그의 아내는 이 배를 템스 항해 훈련학교에 기증했고, 이에 해군 사관생도의 훈련에 사용됐다. 이 당당한 노부인 커티 사크호의 마지막 항해는 콘월주 팰머스에서 런던까지였다. 배의 현역 생활은 1954년 마침내 끝났다. 이때 배는 런던 그리니치에 주문 제작한 건선거에 영구 전시됐다.

구사일생

커티 사크호가 아직도 생존하고 있는 것은 기적 같은 일이다. 2007년 5월 21일, 이 역사적인 배가 머리에서 발끝까지 맹렬한 불길에 휩싸여 있는 모습이 텔레비전 화면으로 방송되어 시청자들을 두려움에 떨게 했다. 나중에 밝혀진 바에 따르면 이 불은 산업용 진공청소기가 저 혼자 돌아가다가 과열되어 일어난 것이었다. 그러나 보존을 위해 배의 목재는 거의 제거되어 그 자리에 있지 않았고 철골은 수선할 수 있었다. 배는 2012년에 복구되어 다시 개방됐다. 2년 뒤에 두 번째 화재가 나서 갑판을 태웠지만 확산되기 전에 진화했다. 커티 사크호는 폭풍우, 빙산, 부식, 폭동, 화재 등 온갖 어려움을 이겨내고 런던의 가장 인기 있는 관광 명소가 됐으며, 클리퍼 시대의 홍보대사 역할을 톡톡히 하고 있다.

프람호

19세기 말과 20세기 초에 지구상에서 탐험되지 않은 가장 큰 미개척지인 극지방을 건너는 몇 차례의 원정이 있었다. 극지 탐험가들이 직면하는 위험 중에 하나는 그들의 배가 해빙 속에 갇힐 수 있다는 것이었다. 일단 갇히면 얼음의 압력이 배의 선체를 부서뜨린다. 그런데 한 설계자가 그렇게 부서지지 않고 오히려 얼음을 이용할 수 있는 배를 개발했다.

유형 톱세일 스쿠너

진수 노르웨이 라르비크, 1892년

길이 38.9미터

톤수 등록톤수 402톤

건조 오크나무 골조 위에 녹심목 (외선각) 및 소나무(내선각)

추진 세 돛대 및 기움돛대에 돛. 165킬로와트(220마력)의 삼단 팽창 증기기관(1910년 이후 디젤 기관)이 한 개의 스크루 프로펠러를 구동

노르웨이 탐험가 프리드쇼프 난센(1861~1930)은 그린란드 해안에 쓰레기가 밀려왔다는 기사를 보고 북극으로 갈 수 있는 방법이 있을 것이라고 생각했다. 그러자면 새로운 종류의 배가 필요했다. 바로 그 배 프람 Fram('전진')호는 세 번의 역사적인 극지 탐험 항해에 참여했다.

그린란드에 밀려간 쓰레기는 저넷호라는 미국 배에서 나온 것이었다. 이 배는 1879년 9월 빙괴 속에 갇혔다. 배는 얼음과 함께 965킬로미터를 표류하다 노보시비르스크제도 부근에서 부서져 가라앉았다. 저넷호가 얼음 속에서 이동한 거리와 쓰레기의 경로는 난센에게 북극해의 조류가 있어 그것을 타고 북극에 도달하거나 거기에 가까이 갈 수 있겠다는 시사를 주었다. 그가 의도적으로 배를 몰아 바로 그 위치에 있는 빙괴 안으로 들어간다면 조류가 얼음과 배를 북극으로 데려갈 것으로 보였다. 그의 계획이 실행되려면 특수한 배가 필요했다. 저넷호는 극지의 얼음을

오른쪽 노르웨이 사진가 아네르스 베르 빌세(1865~1949)가 1909년 찍은 프람호 사진. 세 번째 원정이자 첫 번째 남극 원정을 떠나기 직전이다.

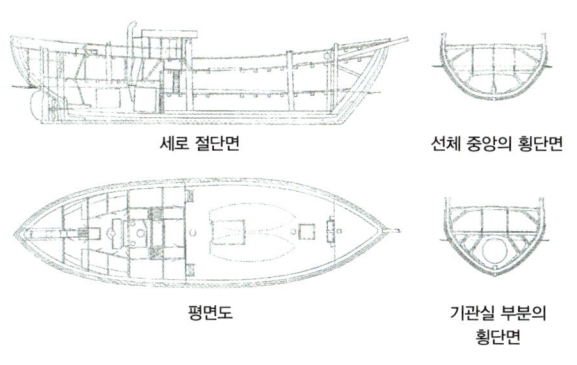

세로 절단면　선체 중앙의 횡단면

평면도　기관실 부분의 횡단면

위쪽 이 프람호 디자인은 배의 강한 구조와 배 중간 선체의 둥근 측면도를 보여준다. 해빙에 의해 부서지는 대신 그 위로 올라가도록 디자인한 것이다.

감안해 강화한 것이었는데, 그래도 부서졌다. 난센은 얼음을 부수는 것이 아니라 밀어 올릴 수 있는 선체의 배를 상상했다.

스코틀랜드계 노르웨이인 배목수 콜린 아처(1832~1921)가 만든 이 배는 가장 아름다운 배는 아니었다. 앞뒤가 뭉툭했고, 선체의 횡단면은 부드럽고 둥글었다. 얼음에 걸릴 만한 튀어나온 부분은 없었다. 키와 프로펠러는 손상되지 않도록 선체 바닥의 통로로 끌어올릴 수 있었다. 이 배가 그 주위 얼음의 모든 압력에 저항하리라 기대할 수는 없었지만, 아처는 만약의 경우를 대비해 그것을 믿을 수 없을 만큼 강하게 만들었다. 선체는 네 겹이었다. 배는 오크나무 늑재와 골조 안에 10센티미터 두께의 송진용 소나무를 깔았다. 늑재와 골조 바깥에는 두 겹의 오크나무 판자로 덮었다. 이는 가장 밀도가 높은 녹심목 덮개로 덮었다. 녹심목은 아래의 선체에 손상을 입히지 않고 얼음에 의해 떨어져 나가도록 설치됐다. 배 앞뒤의 쇠테가 구조를 완성했다. 안에는 생활공간이 온도를 유지하기 위해 강도 높게 차단됐다.

얼음 속으로

난센은 1893년 6월 24일 프람호를 타고 북극을 향해 항해해갔다. 6년 동안 생활하

왼쪽 프람호는 빙괴에 갇혀 3년 동안을 견뎌냈고, 다른 어떤 배보다도 더 북쪽으로 이동해 더 멀리 항해한 뒤 무사히 얼음에서 빠져나와 공해로 돌아왔다.

- - - - 계획 경로
——— 승조원의 실제 경로
- - - - 프람호의 귀환 경로

위쪽 프람호의 승조원이 바깥에 있는 얼음 위로 나갔다. 그들은 매일 날씨 정보를 수집했고, 유빙이 배를 서쪽으로 옮겨가는 데 따라 위치를 계산했다. 배경에 보이는 것이 프람호다.

기에 충분한 식량과 물자를 실었다. 승조원들은 매끄럽고 둥근 선체 때문에 배가 심하게 흔들린다는 것을 알아차렸다. 배는 노르웨이에서 마지막 물자를 실었고, 시베리아에서 썰매 끄는 개 34마리를 실었다. 배는 1893년 9월 25일 빙괴에 도착했다. 그곳에 갇히겠다는 심산으로 의도적으로 빙괴까지 항해해온 첫 번째 배가 됐다. 승조원들은 프람호가 얼음으로부터 풀려날 수 있을지 알 수 없었다. 아무도 이전에 이런 경험을 한 적이 없었기 때문이다. 이제 더 이상 필요가 없어진 배의 엔진은 떼어서 보관했다. 빛을 위해 전기를 만들어내는 발전기를 돌리려고 지름 3.6미터의 풍차를 마련했다. 개들은 얼음 위에서 살게끔 배에서 내려놓았으나 다시 배에 실어야 했다. 북극곰이 개 두 마리를 먹어치운 것이다! 프람호는 계획했던 대로 됐다. 얼음이 단단하게 꽉 죄어오자 배는 위로 밀려 올라갔다. 둥글고 미끄러운 열매를 엄지와 검지 사이에서 짜낼 때처럼 말이다.

난센이 예상했듯이 배는 얼음과 함께 북쪽으로 움직였다. 1년 뒤에 배는 304킬로미터를 이동했다. 1895년 3월, 난센과 프레드릭 얄마르 요한센(1867~1913)은 배에서 내려 개 썰매로 계속 이동하기로 결정했다. 그러나 그들은 빙괴가 계속 움직여 북극에 닿지 못했다. 프람호는 얼음 속에서 18개월을 더 떠다니다가 결국 1896년 8월 13일 노르웨이 서西스발바르 부근으로 나왔다. 이 배는 빙괴 속에 얼어붙었다가 버텨내고 다시 풀려나온 첫 배가 됐다. 한편 난센과 요한센은 얼음 위에서 겨울을 보내고 우연히 영국

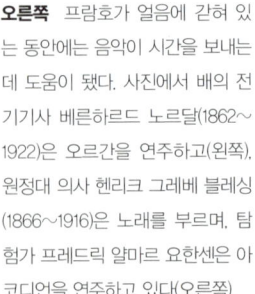

오른쪽 프람호가 얼음에 갇혀 있는 동안에는 음악이 시간을 보내는 데 도움이 됐다. 사진에서 배의 전기기사 베른하르드 노르달(1862~1922)은 오르간을 연주하고(왼쪽), 원정대 의사 헨리크 그레베 블레싱(1866~1916)은 노래를 부르며, 탐험가 프레드릭 얄마르 요한센은 아코디언을 연주하고 있다(오른쪽).

탐험가 F. G. 잭슨(1860~1938)에게 구조되어 노르웨이로 돌아갔다.

1898년 프람호는 다시 길을 떠났다. 바다에서 배의 조종을 쉽게 하기 위해 이번에는 배에 붙임용골을 장착했다. 갑판도 새로 추가해 생활공간을 넓혔다. 이번에 지휘관이자 원정 지도자는 오토 스베르드루프였다. 그는 난센 원정대에 참여했으며, 난센이 배를 떠난 뒤 프람호를 지휘했다. 스베르드루프의 원정은 4년이 걸렸다. 엘즈미어섬에서 피오르들을 탐사하고 개 썰매로 내륙을 여행했으며 수많은 과학 정보를 수집했다.

마지막 원정

1910년 프람호가 다시 필요했다. 그 증기기관은 디젤기관으로 대체됐다. 극지 원정선에 처음 설치하는 것이었다. 세 번째 원정에서 이 배는 지구의 다른 쪽 끝으로 가게 됐다. 남극에 도달하려는 시도였다. 이번 탐험자는 로알 아문센(1872~1928)이었다. 그는 프람호를 이용해 난센과 같은 방식으로 북극에 다시 도전하고자 했으나, 로버트 피어리(1856~1920)가 이미 그곳에 갔다고 주장하는 말을 듣고 관심을 남극으로 돌렸다.

그는 바다에 나갈 때까지 배의 승조원들에게 자신의 바뀐 계획을 비밀에 부침으로써 마찬가지로 남극에 도전할 계획이었던 영국 탐험가 로버트 팰컨 스콧(1868~1912)보다 먼저 남극권에 갈 수 있었다. 아문센은 1911년 1월 남극 지역에 도착했고, 다가오는 봄에 가장 빨리 남극에 갈 기회를 잡기 위해 대기할 캠프를 차렸다. 아문센과 네 명의 동료는 1911년 12월 14일 남극에 도달했다. 스콧보다 5주 빨랐다. 스콧은 베이스캠프로 돌아가던 중에 네 명의 동료와 함께 죽었다. 아문센이 얼음 위에 있는 동안 프람호는 남극 바다를 탐사했다.

프람호는 세 번의 원정에서 모두 5만 4천 해리(10만 킬로미터)를 항해했다. 제1차 세계대전으로 극지 탐험이 중단되면서 프람호는 노르웨이 호르텐에서 몇 년을 보냈다. 배의 상태는 1920년대에 악화되어 결국 폐품 처리될 위기에 처했다. 배의 옛 지휘관이었던 오토 스베르드루프가 이 역사적인 선박의 복구 운동을 이끌었고 그가 죽은 뒤인 1935년 5월, 배는 오슬로의 바다에서 끌어올려져 특별히 만들어진 박물관에 안치됐다.

위쪽 1910년 프람호는 세 번째 원정을 위해 증기기관을 이 스웨덴제 135킬로와트(180마력) 선박용 디젤기관으로 교체했다. 이것은 증기기관보다 작지만 더 강력하고 직동이 쉬웠다.

스프레이호

재미 삼아 배를 타고 바다로 나간 많은 사람들은 단거리 경주에 주력했지만, 일부 사람들은 점차 장거리 여행의 위험에 도전하게 됐다. 이들 지구력 있는 항해자의 궁극적인 목표는 홀로 세계 일주 여행을 하는 것이었다. 많은 사람들은 이것이 불가능하다고 생각했다. 세계 일주는 1898년 처음으로 이루어졌다. 이는 세계 일주를 위해 특별히 만들어진 족보 있는 배가 아니라 어선을 개조한 것이었다.

유형 개프 범장의 슬루프, 나중에 욜(돛단배)로 개조
진수 미상
길이 12미터
톤수 12.7톤
건조 목조 카라벨라 판붙임 선체
추진 돛

조슈아 슬로컴(1844~1909)은 어려서부터 바다를 품고 살았다. 가족이 살던 캐나다 노바스코샤의 집은 눈부신 펀디만이 바라다보였다. 몇 차례의 시도가 실패한 뒤 그는 열네 살의 나이에 바다로 도망칠 수 있었다. 그는 어선에서 선실 심부름과 주방 일을 했다. 2년 뒤에 그는 상선의 정규 선원으로 계약했다. 열여덟 살 때 이등항해사 자격을 얻었고, 빠르게 일등항해사로 승진했다.

슬로컴은 용감하고 지략이 있는 선원이었다. 그는 자신의 배 중에 워싱턴호가 알래스카에서 해안으로 밀려가 부서지기 시작하자 아내와 승조원들을 구하고 화물의 거의 대부분을 작은 배에 실어 해안으로 옮겼다.

필리핀에서 배가 없어 발이 묶였을 때는 배 만드는 일을 해서 그 대가로 90톤짜리 스쿠너를 받았다. 그가 처음 소유한 배 파토호였다. 그는 이 배로 화물 운송 사업을 시작해 미국 서해안을 오르내리며 화물을 운송했고 하와이제도까지도 갔다. 이때 번 돈으로 배를 더 샀다. 그중에 하나인 아퀴드넥호는 1887년 브라질 해안에서 난파됐다.

아래쪽 조슈아 슬로컴이 쉰다섯 살 때 『센추리 매거진Century Magazine』 1899년 9월호에 실린 사진이다. 그가 요트 스프레이호를 타고 세계 일주 항해를 성공적으로 마친 지 1년 뒤다.

슬로컴은 이에 굴하지 않고 난파선에서 빼낼 수 있는 것은 모두 빼내 리베르다지호를 만들었고, 이 배를 타고 고국으로 돌아왔다. 그는 이 모험을 『리베르다지호의 항해』라는 책으로 출간했다. 그는 1893년 두 번째 책을 썼는데, 디스트로이어호라는 물이 새는 증기 동력 어뢰정을 뉴욕에서 브라질까지 가져다 넘겨주는 또 다른 파란만장한 항해에 관한 것이었다.

오른쪽 슬로컴은 홀로 세계를 도는 대항해를 해서 유명해졌다. 그의 항해 경로는 대서양을 세 번 건너는 것이 포함됐으며, 그가 겪은 갖가지 모험담을 이 항해에 관한 책에 써서 베스트셀러가 됐다.

위쪽 슬로컴의 책 『나 홀로 세계 일주 항해Sailing Alone Around the World』에 실린 사진으로, 오스트레일리아 앞바다에 있는 스프레이호에 탄 슬로컴이 키를 잡고 있다.

스프레이호 재건조

1892년 한 친구가 슬로컴에게 낡은 배 한 척을 주면서 약간 손볼 데가 있다고 했다. 그것은 스프레이호라는 굴 채취 때 쓰이는 어선이었다. 상태가 아주 엉망이어서 7년 동안 물에 들어가지도 못 했다. 거의 전면적인 재건조가 필요했다. 슬로컴은 배를 받아 직접 개조했다. 1년 넘게 썩은 목재를 모두 바꾸고 새로운 돛대를 설치하는 등 배가 바다에 들어갈 수 있게 만들었다. 그는 스프레이호를 가지고 세계 일주 항해에 도전해보기로 마음먹었다.

그는 1895년 4월 24일 보스턴 항구를 떠났다. 미국 동해안을 항해해 올라가 어린 시절 살던 노바스코샤로 간 뒤에 7월 3일 대서양으로 나갔다. 먼저 그는 대서양을 건너 지브롤터로 갔다가 해적의 공격을 받았다. 영국 해군 장교들의 조언에 따라 그는 방향을 바꾸어 서쪽으로 항해해 나아갔다. 그는 11월 5일 리우데자네이루에 도착했다. 이때쯤 그는 배의 기움돛대와 아래활대를 짧게 자르고 배꼬리에 뒷돛대와 돛을 추가해 배를 슬루프에서 욜로 바꾸었다. 그는 남아메리카 해안을 따라 내려가 혼곶에 닿았는데, 그곳에서 폭풍우에 돛이 찢어졌고 그는 스프레이호에 오르려는 파

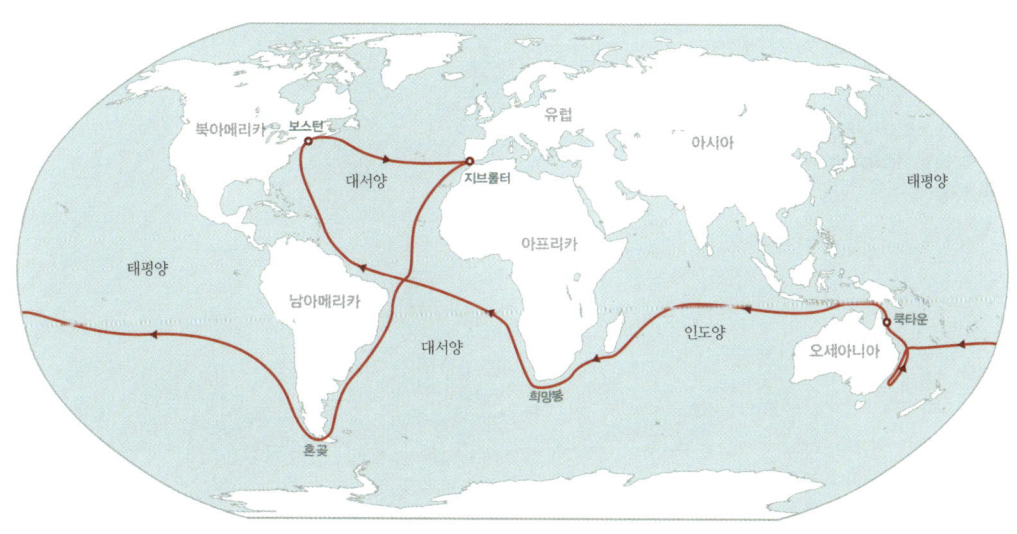

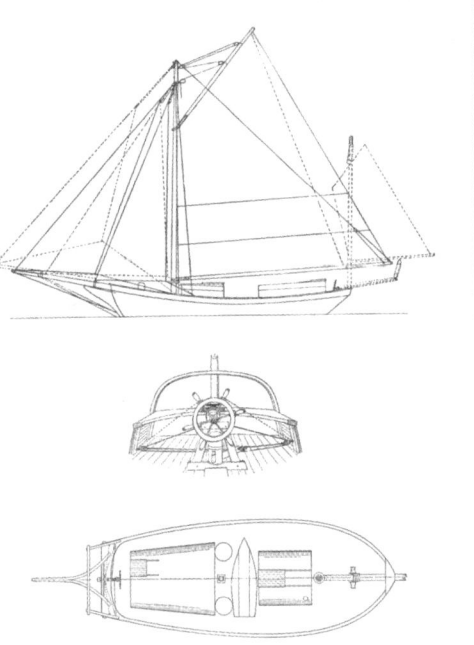

위쪽 실선은 슬로컴의 항해 초기 범장도다. 점선은 슬로컴이 남아메리카 바다에서 바꾼 욜 의장을 보여준다. 그가 운전대를 묶어놓은 것이 중간에 보인다.

타고니아 토착민들에게 총을 쏘아 위협했다. 1896년 4월 13일 그는 마침내 혼곶을 돌았다.

스프레이호는 경로를 매우 잘 유지해 슬로컴이 운전대를 잡지 않고도 태평양을 건너 먼 거리를 운항할 수 있게 했다. 그는 대체로 추측항법에 의해 항해했고, 1달러 주고 산 주석 시계를 사용했다. 그는 오스트레일리아에 잠시 머물렀고, 이어 남아프리카로 갔다가 대서양을 건너 다시 귀로에 올랐다. 그는 앞서 나갈 때 대서양을 지났던 길목을 1898년 5월 8일 지났고, 그의 항해 일지에 세계 일주 사실을 기록했다. 1898년 6월 27일, 그는 로드아일랜드주 뉴포트에 도착했다. 항해 거리는 7만 4천 킬로미터였다.

슬로컴은 자신의 항해 기록인 『나 홀로 세계 일주 항해』라는 책을 1899년에 출판해 세계적인 유명 인사가 됐다. 그는 책의 인세와 자신의 모험에 관한 강연의 수익금으로 매사추세츠주 마서스비니어드섬의 작은 농장을 샀다. 그러나 스프레이호를 타고 다시 바다로 나갔다. 겨울 동안 카리브해 일대를 항해해 돌아다녔고, 매년 여름에는 뉴잉글랜드로 돌아왔다. 1909년이 되자 책의 인세와 강연료가 줄어들어 돈 되는 사업이 필요해졌다. 그는 오리노코강, 네그루강, 아마존강을 탐험하려고 했다고 한다.

> 그 배는 백조와 같이
> 물 위에 앉아 있었다.
> – 조슈아 슬로컴(그가 재건조한 스프레이호를 처음으로 바다에 띄웠을 때)

오른쪽 스프레이호가 새로 단 돛을 뽐내고 있다. 1896년 10~12월 사이에 오스트레일리아 시드니의 요트 클럽 회장 마크 포이(1865~1950)가 슬로컴에게 준 것이다.

그 최후와 유산

스프레이호는 의심의 여지없이 역사적인 항해를 한 배이지만, 박물관에 전시되어 있지 않다. 이 배는 항구 어딘가에서 썩어가지도, 파손되지도 않았다. 1909년 11월 14일, 예순다섯 살에 슬로컴은 마서스 비니어드섬에 있는 비니어드헤이븐에서 출항했다. 남아메리카로 가기 위해서였다. 그도, 스프레이호도 다시는 볼 수 없었다. 그렇게 많은 시간을 바다에서 보낸 사람치고는 놀랍게도 슬로컴은 헤엄을 칠 줄 몰랐다. 그는 1924년 법적으로 사망이 선고됐다. 어떤 사람들은 그가 증기선에 들이받혔다고 생각한다. 또 어떤 사람들은 스프레이호가 전복됐을 것이라고 생각한다. 아직까지도 무슨 일이 일어났는지 아무도 모른다.

슬로컴이 어선을 재건조한 것은 큰 영향을 미쳤다. 많은 항해자들이 자신의 스프레이호를 원했다. 적어도 그 모조품이라도 원했다. 수많은 복제품들이 만들어졌다. 많은 항해자들이 슬로컴의 뒤를 따라 자신의 세계 일주 항해를 했다. 그의 항해는 또한 요트로 세계 일주를 하는 방데 글로브 요트 대회와 어라운드 얼론 요트 대회를 탄생시켰다.

위쪽 1898년 5월 14일, 슬로컴은 대서양의 적도 북쪽에서 미국 전함 오리건호를 만났다(배경의 수평선, 118쪽 참조). 오리건호는 미국-에스파냐 전쟁에 참전하러 가는 중이었다.

더 빠른 일주

조슈아 슬로컴이 지구를 도는 항해를 마친 지 71년 뒤에 영국의 한 60대 항해자도 세계 일주를 시도하기 위해 출발했다. 그러나 더 빨리 도는 것이 목표였다. 슬로컴은 3년이 걸렸는데, 프랜시스 치체스터(1901~1972)는 옛 클리퍼 항로를 따라가 더 빨리 세계 일주를 하고자 했다. 그는 1966년 8월 27일 자신의 요트인 집시 모스 4호를 타고 영국 남해안 플리머스를 출발했다(그는 자신이 1930년대에 탔던 드 하빌랜드사의 비행기 이름을 따서 요트 이름을 지었다). 그는 불과 274일(항해 일은 226일) 뒤에 세계를 돌고 플리머스로 돌아왔다. 해안에서 20여만 명의 사람과 수천 척의 작은 배가 그의 귀국을 환영했다. 그는 작은 배를 타고 가장 빨리 세계를 일주했으며, 희망봉, 루윈곶, 혼곶 등 세 개의 큰 곶을 모두 거쳐 사상 처음으로 진정한 세계 일주를 했다. 도중에 머물렀던 것은 딱 한 번이었다. 그는 엘리자베스 2세로부터 기사 작위를 받았는데, 400년 전인 1581년 엘리자베스 1세가 탐험가이자 군인인 프랜시스 드레이크에게 기사 작위를 줄 때와 같은 칼을 사용했다. 그리고 2005년에 엘런 맥아더(1976~)라는 영국의 여성 요트인이 71일 14시간 만에 단독 직항 세계 일주 기록을 경신했다.

오리건호

19세기 말, 남아메리카 국가들이 현대적인 유럽 전함을 취득하자 이에 놀란 미국 해군은 남북전쟁 이후 처음으로 새 세대 전함을 건조했다. 오리건호는 그중에 하나였다. 이 배는 태평양과 대서양 사이의 운하가 필요함을 보여줌으로써 파산지경의 파나마운하 사업이 마무리될 수 있도록 하고, 역사 속에서 그 위치를 차지했다.

유형 인디애나급 해방전함
진수 미국 샌프란시스코, 1893년
길이 107미터
톤수 배수량 1만 453톤
건조 장갑 강철판
추진 두 개의 수직 도립형 삼단 팽창 왕복 증기기관이 두 개의 스크루 프로펠러를 구동

1898년 미국은 에스파냐와의 전쟁을 준비하고 있었다. 에스파냐에서 독립하려는 쿠바 독립 전쟁이 3년 동안 이어지고 있었다. 쿠바 반군이 우위를 차지해 전쟁이 막바지에 다다르고 있는 듯했다. 그러나 1898년 1월 에스파냐 충성파가 봉기하자 미국은 장갑 순양함 메인호를 쿠바에 보냈다. 미국의 이익을 지키겠다는 무력시위였다. 2월 15일 저녁, 메인호가 계류장인 아바나 항구에서 갑자기 폭발해 침몰했다. 261명이 생명을 잃었다. 미국의 여론은 이 침몰을 에스파냐의 기뢰 탓으로 보았고, 에스파냐와의 전쟁은 불가피해 보였다. 미국의 북대서양 전대는 보강이 필요했고, 이에 따라 오리건호는 이 전대에 합류하라는 명령을 받았다.

오리건호는 1893년 진수했다. 해방전함海防戰艦으로, 인디애나호 및 매사추세츠호와 자매함이었다. 이 배는 그 크기의 배로서는 무장과 장갑을 많이 한 편이었다. 주요 무장으로는 중심선의 포탑에 설치한 33센티미

오른쪽 의문의 폭발 이후 아바나 항구에서 쉬고 있는 미국의 메인호. 이 사건으로 인해 오리건호는 태평양에서 대서양으로 최고 속도로 이동해야 했다.

오른쪽 1916~1917년 예비함대에 소속됐던 시절 샌프란시스코 부근에 정박하고 있는 미군의 오리건호(선체 번호 BB-3). 별명이 '해군의 불독'이었다.

장갑

첫 장갑 군함은 보통의 철판을 씌웠고, 때로 두터운 나무로 뒤를 받쳤다. 1880년대 초에 복장갑複裝甲이 개발됐다. 이것은 연철 위에 고탄소 강을 입힌 것이었다. 단단한 강철판은 들어오는 발사체를 박살냈고, 상대적으로 무른 뒤판은 파편을 막아냈다. 1880년대 말에 여러 층의 복장갑이 한 층으로 이루어진 니켈강 장갑으로 대체됐다. 오리건호는 하비Harvey 장갑이라는 것을 씌웠다. 이는 1890년 개발된 것으로, 탄소 함량을 높여 강하게 만들기 위해 표면을 목탄으로 구운 가열한 단일 강판이었다. 19세기 말에는 하비 장갑이 크루프 장갑으로 대체됐다. 크롬이 추가되고 탄소가 풍부한 가스를 이용해 표면을 강화시킨 강철로 만들어진 것이다.

터 쌍둥이 포 두 쌍과 역시 포탑에 설치한 네 쌍의 20센티미터 쌍둥이 포가 있었다. 다양한 크기의 다른 포도 최대 28문 있었고, 여기에 어뢰발사관이 네 개 있었다. 장갑은 최대 46센티미터 두께였다.

이 배는 1896년 미국의 태평양 연안 첫 전함으로 발주됐지만, 이제 대서양으로 가야 했다. 남아메리카를 돌아 2만 5,300킬로미터나 되는 여정이었다. 배는 혼곶에서 심한 폭풍우를 만나 지체했고, 석탄을 공급받기 위해 도중에 몇 차례 멈춰야 했다. 이동에는 두 달 조금 넘게 걸렸다.

운하의 필요성

오리건호의 항해 범위는 미국에서 극적인 효과를 불러왔다. 정부와 대중은 서해안에서 동해안까지 66일 걸려 도착한 승조원들을 축하했지만, 한쪽 대양에서 다른 쪽 대양으로 군함을 옮기는 데 두 달 넘게 걸린다는 것은 전쟁 때는 용납될 수 없음이 금세 분명해졌다. 두 대양을 연결하는 운하가 급하게 필요해졌다. 다행스럽게도 하나가 이미 건설 중이었다. 그러나 이 사업은 심각한 어려움

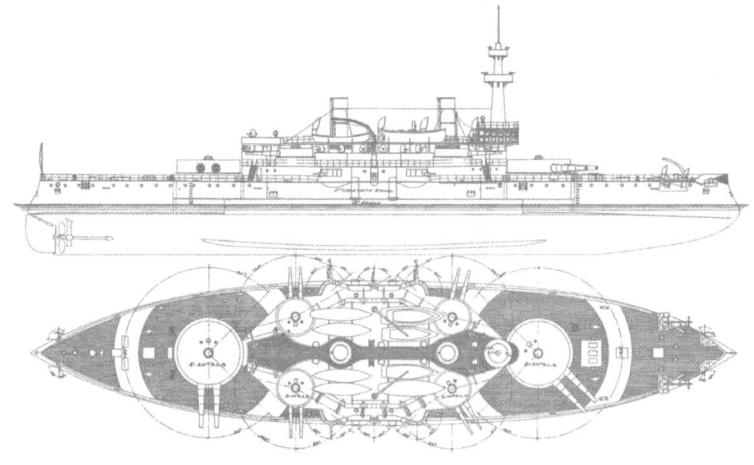

오른쪽 1893년 오리건호의 도면. 비교적 작은 전함에 상당한 양의 화력이 빽빽이 들어차 있음을 볼 수 있다. 또한 그 포들이 이용할 수 있는 사격 범위도 볼 수 있다.

인디애나급

1889년 미국 해군부 장관은 수십 척의 새 전함과 150여 척의 기타 군함을 건조하자는 제안을 했다. 이는 19세기 초 이래 미국이 견지했던 고립주의 노선이 끝났다는 신호인 듯했다. 고립주의는 1823년 '먼로주의'라 했고, 이는 제임스 먼로(1758~1831) 대통령의 이름을 딴 것이었다. 미국이 유럽 국가들의 문제에 간섭하지 않을 것이며, 유럽 국가들이 남·북아메리카 국가들을 식민지로 만들려는 어떤 시도에도 저항할 것이라는 이야기였다. 미국은 또한 유럽 열강과 동맹하는 것 역시 거부했다. 자기네 시민과 그 선조들 상당수가 도망쳐 나온 나라들이었기 때문이다. 그 결과 1889년의 군함 건조 제안은 의회에서 부결됐고, 그 대신 단 세 척의 인디애나급 해방전함 건조만이 승인됐다. 그중에 오리건호는 서해안에서 건조되어야 했다. 이들이 '해방전함'으로 불린 것은 이 배들이 해외의 군사적 모험 때문이 아니라 방어를 위한 것이라고 미국인들을 안심시키려는 것이었다.

에 직면해 있었다.

1890년대 중반에 파나마운하를 건설하려는 프랑스의 시도는 파산했고, 사업은 무망해 보였다. 이제 중앙아메리카의 운하에 관심이 부쩍 높아진 미국이 끼어들어 사업을 인수했다. 미국은 당시 콜롬비아의 일부였던 파나마에 독립을 선언하라고 부추기고 지원을 했다. 그러자 신생 파나마공화국은 운하 지역을 미국에 임대했다. 운하를 완성하는 데는 11년이 더 걸렸고, 그것은 1914년 8월 15일 개통했다.

동아시아의 새로운 위기

오리건호는 쿠바에 도착해 산티아고데쿠바 봉쇄에 참여하고 에스파냐 함대를 이 항구에 묶어놓았다. 미국 군함 몇 척이 석탄을 가지러 떠나자 에스파냐 배들은 이때를 이용해 항구에서 빠져나왔다. 이어진 산티아고데쿠바 전투는 미국 함대의 완벽한 승리였고, 오리건호가 중요한 역할을 했다. 쿠바 독립에 대한 에스파냐의 저항은 누그러졌고, 전쟁은 곧 끝났다.

오리건호는 뉴욕으로 가서 수리를 받으라는 명령을 받았고, 그 뒤 다시 태평양으로 돌아갔다. 쿠바에

오른쪽 이 석판화는 1898년 산티아고데쿠바 앞바다에서 파스쿠알 세르베라 이 토페테(1839~1909) 제독의 에스파냐 함대가 파괴되는 모습을 보여준다. 미국의 전함들은 확인되지 않고 있으나, 오리건호도 그중 하나였을 것이다.

아래쪽 오리건호 승조원들이 배에 탑재한 3킬로그램짜리 호치키스 포들을 점검하고 있다. 배에는 이 포가 20문 있었는데, 이 전함에 점점 위협이 되고 있던 작은 배들(특히 어뢰정)에 대한 방어용이었다.

서의 적대 행위로 시작된 미국-에스파냐 전쟁은 미국의 승리로 끝나고 미국은 몇 군데의 에스파냐 영토를 얻었는데 그중에 하나가 필리핀이었다. 그러나 필리핀은 독립을 선언했고, 미국은 이를 인정하지 않아 곧 전쟁에 들어가 오리건호는 다시 전투에 참가했다.

오리건호는 이후 몇 년 동안 필리핀, 일본, 중국 해역에서 보냈다. 배는 중국 해안의 창산長山열도 부근에서 좌초해 심한 손상을 입었으며, 1년 넘게 수리를 해야 했다. 1906년에는 광범위하게 수리를 해야 해서 미국으로 돌아왔으며, 이후 11년 중에 상당 기간 예비 자원으로 분류됐다.

오리건호는 한동안 해상 기념물과 박물관으로 보존됐지만, 제2차 세계대전이 터지자 정부는 이 배를 해체해 귀중해지고 더욱 필요해진 배의 강철을 재활용하기로 결정했다. 강철 공급이 달리고 있었다. 이 해체는 전쟁 중에 잠시 연기됐고, 포와 선루 등을 벗겨간 뒤 괌에서 탄약선으로 쓰였다. 오리건호는 전후에도 그곳에 머물렀다. 그리고 1948년 11월, 배는 태풍이 불 때 계류상에서 쓸려나 표류하다 바다로 나갔다. 배는 3주 뒤에 발견되어 괌으로 다시 예인됐지만, 수명이 얼마 남지 않았다. 그 티크재 갑판과 강철 장갑판은 떼어내고 일본으로 예인한 뒤 1956년 폐기됐다.

홀랜드호

성공적인 잠수정은 네덜란드인 코르넬리스 드레벌(1572~1633)이 1620년 처음 만들어 런던 템스강에서 시연했다. 그 이후 물에 떠 있는 배를 물속에서 공격하기 위한 실용적인 군용 잠수함을 건조하려는 수많은 시도가 있었다. 일부는 제한적인 성공을 거두었고 대부분은 실패했는데, 19세기 말에 아일랜드의 발명가 존 필립 홀랜드(1841~1914)가 마침내 문제를 해결했다. 그의 홀랜드 6호 잠수함은 1900년 미국 해군이 구매해 사상 최초의 현대적인 군용 잠수함이 됐다.

유형 잠수함

진수 미국 뉴저지주 엘리자베스, 1897년

길이 16.4미터

톤수 배수량 65톤(물 위) / 70톤 (잠수 시)

건조 철골 위에 강철판

추진 34킬로와트(45제동마력)짜리 오토 휘발유 엔진 한 개, 56킬로와트(75제동마력)짜리 전기역학 전동기 한 개, 66셀 엑사이드 배터리, 스크루 프로펠러 한 개

존 필립 홀랜드는 1873년 서른두 살에 아일랜드에서 미국으로 이주했다. 그는 뉴저지주 패터슨에서 교사로 일했지만, 잠수함에 열정적이었다. 그는 해군이 잠수함 건조에 관심을 갖게끔 노력했지만 허사였다. 그러나 미국의 아일랜드계 이주자들이 그의 작업에 돈을 대려고 했다. 그들은 아일랜드가 영국으로부터 독립하려는 운동의 일환으로 잠수함을 이용해 영국 배들을 공격하는 데 관심이 있었다. 1878년에서 1883년 사이에 홀랜드는 세 척의 잠수함을 설계해 만들었지만, 이들은 제한된 성공만을 거두었고 후원자들은 결국 지원을 중단했다. 잠수함에 전념하기 위해 교사를 그만둔 홀랜드는 뉴매틱Pneumatic 총포사에서 일했고, 이 회사는 네 번째 잠수함 건조 자금을 댔다. 이것을 바다에서 시험을 했으나 진척은 없었다.

그런데 미국 해군이 잠수 어뢰정 설계 공모를 발표했다. 수면 위에서

오른쪽 존 필립 홀랜드가 자신의 홀랜드 6호 잠수함의 전망탑 해치에서 나오고 있다. 이 잠수함은 나중에 미국의 홀랜드호SS-1가 된다.

위쪽 홀랜드의 잠수함이 건조되고 있다. 뱃머리의 큰 구멍은 이 잠수함의 유일한 어뢰발사관이다.

15노트(시속 28킬로미터), 잠수 시 그 절반 이상의 속도여야 했다. 두 시간 동안 잠수할 수 있어야 하고 어뢰로 무장하며 잠수 깊이는 45미터였다. 홀랜드는 홀랜드 5호 즉 플런저호로 경쟁하여 승리했다. 자금 지원은 몇 년에 걸쳐 여러 차례 연기되다가 결국 승인되어 플런저호가 건조될 수 있었다. 플런저호는 이전 잠수함들의 수동 프로펠러 대신에 수면 위에서는 증기기관을, 물속에서는 전동기를 동력으로 삼았다. 그러나 홀랜드는 증기기관이 비현실적임을 알게 됐다. 잠수함 내부를 견딜 수 없을 정도로 뜨겁게 만들었기 때문이다.

마침내 성공

홀랜드는 금세 개선된 설계를 개발했다. 홀랜드 6호로 1897년 5월 17일 진수했다. 다섯 달 뒤, 이것은 재앙을 당할 뻔했다. 한 노동자가 밸브를 잠그시 않았기 때문이다. 물이 넘쳐 들어와 잠수함이 부둣가에서 가라앉았다. 이를 다시 띄우는 데는 18시간이 걸렸고 전기 설비를 말리는 데는 며칠 걸렸지만, 결국 무사해 1898년 3월 해상 시험을 시작했다. 물 위에 있을 때는 휘발유 엔진이 동력을 대고 전기 배터리 또한 충전했다. 잠수했을 때는 석유 엔진을 그고 배터리(엔진으로 충전했다)에서 동력을 받는 전동기로 대체했다. 이것은 멋진 해결책이었다. 이를 통해 홀랜드 6호는 물 위에서는 시속 15킬로미터, 잠수했을 때에는 시속 9킬로미터의

부슈널의 터틀호

1775년 미국의 발명가 데이비드 부슈널(c. 1754~c. 1824)은 전투에 사용된 것으로 알려진 잠수 탈것을 처음으로 만들었다. 이것은 '터틀호'라는 이름의 달걀 모양인 목조 탈것이었다(86쪽 참조). 딱 한 사람이 들어갈 만한 크기였고, 물을 받아들이면 그것이 바닥짐 역할을 해서 가라앉았다. 추진과 깊이는 두 개의 수동 스크루 프로펠러로 조절했다. 미국독립전쟁 중인 1776년 9월 6일, 육군 자원병 에즈라 리(1749~1821) 병장이 터틀호를 조종해 뉴욕항에 정박해 있는 영국 함대의 기함인 전함 이글호에 다가갔다. 리는 이글호에 장약裝藥을 부착하려 했으나 실패했다.

최고 속도를 낼 수 있었다. 해상 시험이 성공한 뒤 홀랜드 6호는 마침내 16만 달러(현재 가액으로 약 460만 달러 상당)의 가격으로 미국 해군에 팔렸다. 최소 요구 조건은 충족하지 못했지만 말이다. 이것은 1900년 10월 12일 미국 해군 잠수함 홀랜드호SS-1로 취역했다.

전투를 위한 무장

홀랜드호는 군용 잠수함으로 설계됐다. 그 무장은 45센티미터 어뢰발사관 하나와 20센티미터 '다이너마이트 포(공중에 장약을 쏘아 올릴 수 있었다)' 하나로 이루어져 있었다. 어뢰는 한 발이 발사관에 들어 있었고 두 발을 더 가지고 갔다. 다이너마이트 포는 '공중 어뢰'라 불리는 90킬로그램짜리 발사체를 900미터 이상 쏘아 올릴 수 있었다. 이 잠수함에는 본래 이 포가 두 개 있었으나, 뒤쪽 포는 나중에 제거됐다.

홀랜드호에는 승조원이 예닐곱 명 탔다. 그들은 밸브를 열어 바닷짐

헌리호

H. L. 헌리호는 배를 가라앉힌 첫 번째 잠수함이다. 미국 남북전쟁 때 남군의 헌리호는 그 발명자 이름을 따서 명명했는데, 길이가 12미터이고 여덟 명의 승조원이 작동시켰다. 일곱 명은 수동으로 프로펠러를 돌렸고, 한 명은 키를 잡았다. 시험 도중 두 번 가라앉아 승조원 13명이 죽었다. 호러스 로슨 헌리(1823~1863)도 희생자였다. 남북전쟁 중인 1864년 2월 17일, 헌리호는 찰스턴 부근에서 북군 군함 후서토닉호를 공격했다. 후서토닉호의 선체에 창을 쑤셔넣고 물러난 뒤 창에 부착한 장약을 폭발시켰다. 후서토닉호는 가라앉았지만 헌리호와 그 승조원들도 사라졌다. 이 잠수함은 1995년 해저에서 다시 발견됐고, 2000년 물 위로 올려졌다.

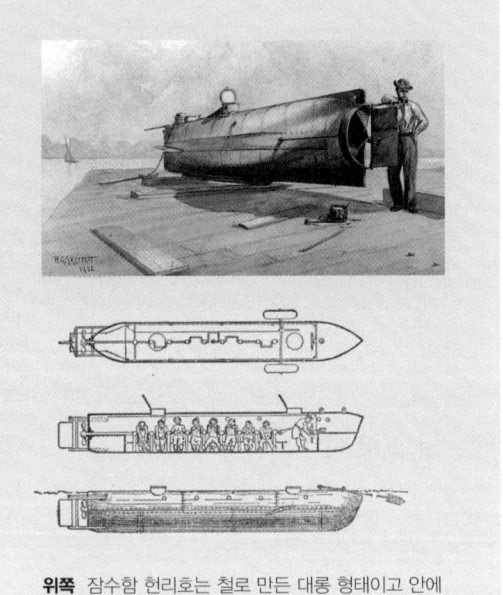

위쪽 잠수함 헌리호는 철로 만든 대롱 형태이고 안에 승조원이 들어갈 작은 방이 있었다. 작동하기가 어렵고 위험했으나 전투에는 놀랍도록 효과적이었다.

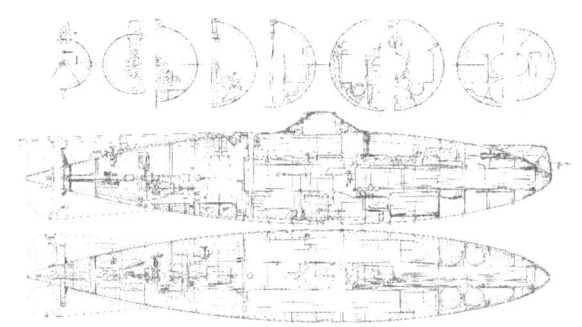

위쪽 미국 해군이 첫 잠수함을 취역시키자 다른 나라 해군들도 홀랜드의 잠수함에 관심을 가졌다. 영국 해군은 새 홀랜드급 첫 잠수함인 홀랜드 1호를 취역시켰다.

역할을 하는 수조에 바닷물을 채움으로써 잠수에 시동을 걸었다. 그런 다음 잠수 키(오늘날의 수평타水平舵)라 불리는 수평 날개판을 기울여 잠수함의 코를 내렸다. 물 위로 다시 나오려면 잠수 키를 거꾸로 하고 압축공기로 수조의 물을 빼냈다. 홀랜드호의 단점은 밖을 보기가 어렵다는 것이다. 공격을 개시하려면 물 위로 나와 승조원이 전망탑의 창을 통해 밖을 살펴서 잠수함을 목표물에 정렬시켜야 한다. 이 때문에 잠수함의 도착과 위치를 적에게 알려주어 기습의 기회를 빼앗겼다. 잠망경은 육상에서 사용되고 있었고 다른 잠수함에도 설비됐지만, 그것은 넣었다 뺐다 할 수 있는 것이 아니었다. 그렇게 할 수 있는 잠수함용 잠망경은 1902년에 발명된다.

홀랜드호는 실전에 나서지 못했다. 주로 잠수함에 배치될 승조원들을 훈련시키는 데 사용됐고 그 뒤에 나오는 일곱 척의 A급 잠수함의 표본 구실을 했다. 1905년 7월 17일 사용이 중지되고 1910년 11월 21일 해군 등록부에서 제적됐다. 이후 뉴저지의 한 공원에서 전시되다가 1932년 폐기됐다. 홀랜드호의 성공 이후 영국, 러시아, 네덜란드, 일본의 해군은 모두 홀랜드 잠수함을 발주했는데, 다른 나라들 특히 독일이 독자적인 설계에 나섰다. 오늘날 사용되고 있는 여러 가공할 해군 잠수함들이 물려받은 유산은 홀랜드 6호로 그 뿌리를 더듬어 올라갈 수 있다.

오른쪽 일본제국 해군은 미국으로부터 다섯 척의 홀랜드 7호를 구매해 수가 늘고 있던 홀랜드 클럽에 가입했다. 홀랜드 7호는 홀랜드 6호보다 더 크고 더 강력했다.

포톰킨호

1917년 러시아혁명의 영향은 러시아 국경 너머 멀리에까지 퍼져 나갔다. 혁명은 마지막 차르를 몰아내고 소비에트연방을 수립했다. 세계적인 의미가 있는 사건이었다. 혁명이 옛 차르 제국에 진정한 위험이라는 첫 조짐은 12년 전 러시아 군함 포톰킨호에서 일어난 반란이었다. 그것은 혁명 열기의 확산을 부추겼고, 그 실패(그리고 러시아 다른 곳들에서 일어난 반란의 실패)는 레닌(1870~1924) 같은 혁명가들이 어떻게 해야 하는지를 연구하도록 하여 1917년에는 승리할 수 있었다.

유형 전前 드레드노트 전함
진수 우크라이나 니콜라예프(오늘날 미콜라이우) 조선소, 1900년
길이 115.3미터
톤수 배수량 1만 3,107톤
건조 장갑 강철 선체
추진 수직 삼단 팽창 증기기관 두 개가 쌍둥이 스크루를 구동

크냐즈' 포톰킨 타브리체스키(타브리다 공작 포톰킨)는 포톰킨호로 알려진 전함의 정식 명칭이다. 이 배는 1890년대 말 제정러시아의 흑해 함대를 위해 건조됐다. 다른 주요 해군 강국들의 최고 전함에 필적하도록 건조됐다. 305밀리미터짜리 쌍둥이 포를 비롯한 40문의 포로 무장하고 최신의 크루프 장갑으로 보호했다.

1904년 러시아와 일본 사이에 전쟁이 벌어졌다. 태평양의 일본 영향권으로 러시아가 팽창하면서 생긴 일이었다. 러시아는 일본 해군에 잇달아 패배했다. 1905년 발트 함대가 쓰시마對馬 해전에서 전멸당한 것은 유명하다. 당연하게도 해군의 다른 병사들과 러시아 국민의 사기가 떨어졌다. 흑해 함대 승조원들 중 혁명파는 러시아 농민들이 귀족에 대항해 봉기하도록 자극하려고 함대 전체에서 반란을 일으킬 계획을 세웠다. 반란은 8월 예정이었으나 포톰킨호 선내의 사건들이 끼어들었다.

쓰시마 해전 한 달 뒤 1905년 6월 27일, 전함 포톰킨호는 우크라이나 해안 앞바다에서 함포 훈련을 준비하고 있었다. 이때 승조원들에게 구더기가 낀 썩은 고기로 만든 수프가 나왔다. 선내 의사는 그 고기를 먹어도 된다고 단언했지만 승조원들은 먹기를 거부했다. 이에 고위 장교들은 분노했고, 함장은 사병들을 총살하겠다고 위협했다. 허튼소리가 아닌 듯했다. 무장한 해병대 한 분대를 소집했기 때문이다. 그것이 결국 인내의 한계를 넘게 하고 말았다. 장교와 승조원 들 사이에

아래쪽 유명한 반란이 있기 조금 전에 포톰킨호의 일부 승조원들이 찍은 사진이다. 사진 중앙의 대위는 반란자들에게 살해됐다.

오른쪽 표트르 티모폐예비치 포민(1919~1996)의 이 그림은 포툠킨호 승조원들이 장교들로부터 무력으로 배의 통제권을 빼앗는 순간을 묘사하고 있다.

충격이 벌어졌다. 승조원들의 우두머리로 보였던 수병 그리고리 바쿨린추크를 배의 부함장 이폴리트 길리아롭스키가 쏘았고, 그는 병사들에게 붙잡혀 배 밖으로 던져졌다. 해병들은 이 장교를 도우러 가지 않았다.

승조원들은 배의 통제권을 장악했다. 나머지 장교들은 선실에 감금됐고, 승조원들은 배를 운영할 위원회를 만들었다. 그리고 그들은 다음과 같은 선언문을 발표했다.

모든 개명된 시민들과 노동자들에게!

독재 정부의 범죄는 인내의 한계를 넘었습니다. 분노에 불타는 모든 러시아인은 이렇게 외칩니다. "예속의 사슬을 풀어라!" 정부는 이 나라를 피로 물들이려 합니다. 그들은 군대가 억압받는 인민의 아들들로 이루어져 있음을 잊고 있습니다. 포툠킨호 승조원들은 단호한 첫 조치를 취했습니다. 우리는 더 이상 인민을 교수형에 처하는 집행자 노릇을 거부합니다. 우리의 슬로건은 이렇습니다. "온 러시아 인민에게 자유 아니면 죽음을 달라!" 우리는 전쟁의 종결과 보통선거를 바탕으로 한 제헌의회의 즉각적인 소집을 요구합니다. 그것이 우리가 끝까지 싸워 얻어야 할 목표입니다. 승리 아니면 죽음을! 모든 자유인과 모든 노동자는 자유와 평화를 위한 투쟁에서 우리 편이 될 것입니다. 독재 타도! 제헌 의회 만세!

바운티호의 반란

해군의 역사에서 가장 유명한(또는 악명 높은) 반란 중 하나가 1789년 영국 바운티호의 반란이었다. 바운티호는 타히티에서 서인도제도로 빵나무(노예들에게 값싼 식량을 제공하기 위한 것이다)를 수송하기 위해 태평양에 보낸 영국 해군의 작은 함정이었다. 화물인 나무를 싣고 타히티를 떠난 지 3주 뒤에 준사관 플레처 크리스천(1764~1793)이 이끈 반란이 일어났다. 승조원의 거의 절반이 참여했다. 배의 함장 윌리엄 블라이(1754~1817)와 충성파 승조원의 대부분은 바운티호에 딸린 작은 배에 떨어뜨려져 표류했다. 블라이는 놀라운 항해 솜씨를 보였다. 갑판도 없는 배를 타고 태평양을 6,710킬로미터 항해해 인도네시아 티모르섬에 도착했다. 한편 반란자들은 남태평양의 핏케언섬으로 갔고, 거기서 바운티호를 불태웠다. 1808년에는 반란자 중 한 명만이 남았다. 나머지는 병으로 죽거나 싸우다가 살해됐다. 빵나무는 결국 서인도제도에 운송됐으나 노예들은 그 열매 먹기를 거부했다!

아래쪽 2010년 미시간호에 있는 바운티 2호. 이 배는 1789년 준사관 플레처 크리스천이 이끈 반란으로 유명해진 영국 해군의 바운티호 복제품이다.

붉은 깃발 아래서

그들은 혁명의 붉은 깃발을 펄럭이며 우크라이나 항구 오데사로 갔다. 그곳은 반란의 기운이 감돌고 있었고, 반란자들이 거리로 나섰다. 시내는 매우 무질서해 계엄령이 선포되고 군이 반란자들을 향해 발포했다. 최대 2천 명의 시민이 살해되고 3천 명이 부상을 당했다. 도시의 혁명파는 포툠킨호와 거기 실린 중포의 지원을 바랐으나 승조원들은 개입을 거부했다. 군대가 다시 오데사를 확실하게 장악하자 포툠킨호의 승조원들은 사면을 요청했으나 거부됐다. 따라서 그들은 바다로 나가 다른 배들이 자기네에게 가세할 것인지 알아보려고 했다. 배들 중에 전함 게오르기 포베도노세트호의 승조원들이 잠시 반란을 일으켰지만 장교와 충성파 승조원들이 다시 통제할 수 있었다.

포툠킨호는 루마니아 해안의 콘스탄차로 향했다. 이 배를 정지시키라는 명령을 받은 발트 함대 소속의 러시아 군함들은 포툠킨호에 발포하기를 거부했다. 루마니아가 승조원들에게 배를 내놓으라고 요구하자 그들은 크림반도의 페오도시야로 갔다. 거기서 식량을 얻지 못한 승조원들은 결국 패배를 인정해야 했다. 그들은 콘스탄차로 돌아가 배를 내주었다. 그들은 배를 떠나면서 포툠킨호의 해수 밸브를 열어놓아 배를 항구에서 수장시켰다.

오른쪽 이 반란 이야기를 다룬 예이젠시테인의 영화 「전함 포툠킨」은 이런 마음을 뒤흔드는 포스터를 동원해 엄청나게 선전됐다. 소련은 이 반란이 구체제를 뒤엎는 데서 병사들도 때로 인민과 함께 했다는 증거라고 보았다.

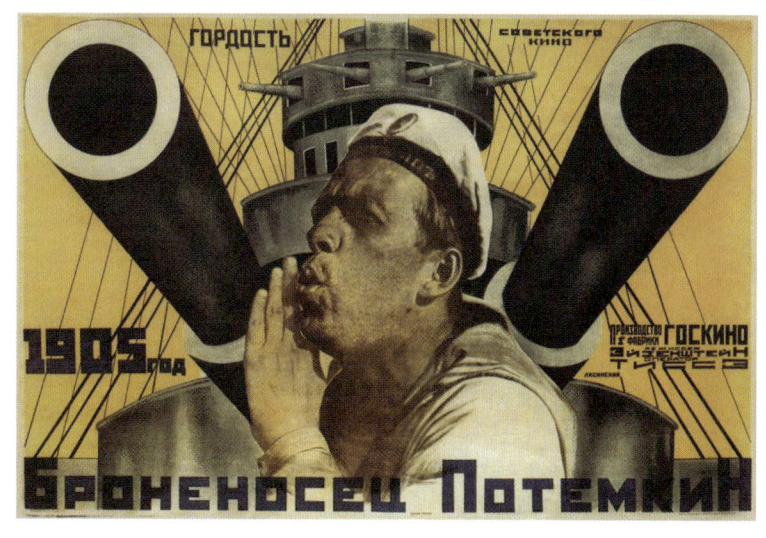

포툠킨호는 다시 물 위로 올려졌으나, 내부가 해수 때문에 손상을 입어 세바스토폴로 예인되어 수리되고, 러시아 성인의 이름을 따 이름을 판텔레이몬호로 바꾸었다. 제1차 세계대전 때 참전해 오스만제국 함대와 연안 시설들을 상대로 한 몇몇 전투에 나섰다. 1917년 혁명 이후 이 배는 이름을 다시 포툠킨 타브리체스키호로 바꿨다. 몇 달 뒤 이름이 또 바뀌어 보레츠 자 스보보두 Borets za Svobodu(자유의 투사)호가 됐다. 이 배는 1918년 5월 독일군에게 나포됐고, 전쟁이 끝날 때 연합국에 넘겨졌다. 그들은 배를 세바스토폴에 남겨두었으나 엔진을 고장 냈다. 볼셰비키들이 사용하지 못하도록 한 것이다. 그러나 반혁명파와 볼셰비키는 모두 이를 번갈아 사용했으며, 배는 1920년에 버려지고 1923년에 폐기됐다.

포툠킨호와 1905년 그 승조원들의 반란은 1925년 세르게이 예이젠시테인(1898~1948)이 만든 유명한 무성영화 「전함 포툠킨」으로 길이 남았다. 실제 포툠킨호의 승조원들 대부분은 배를 떠난 뒤 루마니아에 머물렀으며, 일부는 아르헨티나로 갔다. 러시아로 돌아간 일부는 체포되어 처형됐다. 마지막 생존자 이반 베쇼프는 아일랜드의 더블린으로 가 그곳에서 1987년 102세에 죽었다.

아래쪽 정박해 있는 전함 포툠킨호. 뱃머리에 영국 국기가 휘날리고 있는 것으로 보아 이 사진은 배가 연합국으로 넘겨진 제1차 세계대전 직후에 찍었음을 알 수 있다.

드레드노트호

새로운 유형의 전함이 20세기 초 각국 해군을 지배했다. 바로 드레드노트급이다. 그것은 해전 전술의 극적인 변화로 인한 것이었고, 세계 주요국 해군들에게 전함 건조와 무장의 군비 경쟁을 촉발시켰다.

유형 드레드노트 전함
진수 영국 포츠머스 해군공창, 1906년
길이 160.6미터
톤수 배수량 1만 8,410톤
건조 장갑 강철
추진 두 쌍의 직접 구동 터빈이 네 개의 스크루 프로펠러를 구동

전함 설계는 20세기 초에 혁명을 겪었다. 어뢰는 군함에 심각한 위험이 됐다. 그들은 배를 공격하고, 격침할 수 있었다. 일반적인 전투 거리인 약 2.7킬로미터보다 먼 거리에서 말이다. 강국 해군들은 모두 더 긴 사정거리와 더 큰 포를 생각하고 있었지만, 이런 생각을 처음 공개적으로 발표한 사람은 이탈리아 선박 공학자 비토리오 쿠니베르티(1854~1913)였다. 그는 1903년 '전 대구경포All-Big-Gun(전함이 보유 가능한 화력을 대구경 주포에 집중시킨다는 것-옮긴이)' 전함 건조를 제안하는 논문을 썼다. 딱 한 사이즈의 포만 필요했다. 먼 거리에서의 전투는 기존 전함들이 싣고 다니는 작은 포들을 무용지물로 만들었기 때문이다. 통상적인 절차는 배를 먼저 설계한 뒤 거기에 포를 채우는 것이었으나 이제부터는 포를 정한 뒤 이에 맞게 배를 설계해야 했다.

처음으로 진수하게 된 '전 대구경포' 전함은 영국 해군의 드레드노트호였다. 이 배는 다섯 개의 쌍둥이 포탑에 10문의 305밀리미터 포로 무장했다. 이 거대한 포들은 모두 무게 390킬로그램의 포탄을 16킬로미터 이상

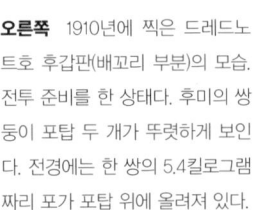

오른쪽 1910년에 찍은 드레드노트호 후갑판(배꼬리 부분)의 모습. 전투 준비를 한 상태다. 후미의 쌍둥이 포탑 두 개가 뚜렷하게 보인다. 전경에는 한 쌍의 5.4킬로그램짜리 포가 포탑 위에 올려져 있다.

오른쪽 이것이 이탈리아 설계자 비토리오 쿠니베르티가 영국 해군을 위해 이상적인 '전 대구경포' 전함으로 구상한 배다. 이 구상이 발전해 드레드노트호 설계로 이어졌다.

의 거리에 쏠 수 있었다. 드레드노트호는 또한 증기터빈 엔진으로 동력을 공급하는 첫 전함이었다. 그래서 이 거대한 배가 21노트(시속 40킬로미터)의 최고 속도를 낼 수 있었다. 바다에 있는 어떤 전함보다 빨랐다.

드레드노트호는 영국을 공격할 의도가 있는 모든 나라에 대해서 억지력을 발휘하려는 의도로 만들어졌다. 이 배는 너무도 빠르고 강력한 전함이어서 금세 다른 모든 전함을 무용지물로 만들었다. 그래서 다른 나라 해군들도 드레드노트를 만들었다. 일본은 사실 영국보다 먼저 첫 드레드노트를 선포했다. 사쓰마호薩摩號였다. 그러나 드레드노트호가 먼저 진수했다. 그 뒤 미국의 첫 드레드노트인 미시간호가 1908년에 나왔다. 미국은 일본이 태평양에서 중요한 해군력으로 떠오르자 새로운 군함을 건조하도록 자극을 받았다. 한편 유럽에서는 독일이 군함을 많이 건조해 영국이 점점 더 그 수에 신경을 쓰고 있었다. 이는 넬슨의 시대 이래 유지되어온 영국의 해상 패권에 대한 첫 번째 심각한 도전이었다. 그 결과는 세계적인 전함 건조 폭발이었다. 주요 해군 강국들은 남들이 무엇을 하는지를 보고 그에 필적하거나 그를 넘어서려 했다.

드레드노트호의 기술적 우위는 오래가지 않았다. 첫 번째 드레드노트들에 이어 더 크고 더 중무장을 한, 슈퍼드레드노트로 알려진

증기터빈

드레드노트호 이전까지 증기 동력의 전함은 크고 무거우며 비효율적인 왕복운동 엔진을 장착했다. 앞뒤로 왔다 갔다 하는 피스톤에 의해 작동되는 엔진이었다. 강력한 기계 연결로 피스톤의 직선운동을 회전운동으로 바꾸어 배의 프로펠러를 돌리는 것이었다. 찰스 파슨스(1854~1931)의 증기 터빈은 더 간단하고 더 작으며 더 가벼웠다. 드레드노트호의 터빈은 기계 무게를 1천 톤 이상 줄였다. 터빈은 피스톤 엔진보다 효율성도 높았다. 그것은 증기 압력을 직접 회전운동으로 변환시켰기 때문이다. 터빈 엔진은 군함을 그 어느 때보다 빠르게 만들었을 뿐만 아니라 왕복운동 기관에 비해 진동도 줄었고 유지 보수도 덜 필요해졌다.

배들이 나왔다. 영국이 앞서 오라이언급 배들을 만들었지만, 다른 나라들도 빠르게 점점 더 큰 포를 탑재했다. 결국은 380밀리미터 포까지 나왔다. 이 시기에는 석탄 대신 석유를 연료로 썼다. 석유는 더 작은 부피 안에 더 많은 에너지를 집어넣을 수 있었고, 이에 따라 석유를 때는 보일러는 더 작아질 수 있었다. 드레드노트호는 물 위의 다른 함선들과 싸우기 위해 건조됐지만, 이 배는 제1차 세계대전 때 잠수함과 맞서 싸운 것이 유일한 전투다. 독일 잠수함 U-29호가 1915년 3월 18일 스코틀랜드 북쪽 펜틀랜드해협에서 물 위로 올라왔는데, 드레드노트호 앞이었다. 드레드노트호는 이 잠수함을 들이받아 승조원 전원과 함께 수장시켰다.

유틀란트 해전

드레드노트 전함들은 전투에서 딱 한 번 만났다. 제1차 세계대전 중인 유틀란트 해전에서였다. 기묘하게도 영국의 드레드노트호는 참여하지 않았다. 이 전투는 존 젤리코(1859~1935) 제독이 지휘하는 영국 해군의 대大함대와 라인하르트 셰어(1863~1928) 제독이 지휘하는 독일 해군의 대양함대 사이에서 벌어졌다. 영국 해군은 독일의 필수 물자 공급을 막

불청객

1894년 증기터빈의 발명자 찰스 파슨스는 터비니아호라는 실험용 터빈 동력선을 만들었다. 자신의 새 증기터빈 엔진이 무엇을 할 수 있는지를 보여주기 위해서였다. 터비니아호는 시속 63킬로미터의 최고 속도를 냈다. 가장 빠른 전함의 두 배였다. 그는 이를 매우 대담한 방식으로 시범을 보였다. 터비니아호는 1897년 영국 남해안 스핏헤드에서 빅토리아 여왕 즉위 60주년 기념 관함식觀艦式이 열릴 때 예고도 없이 도착해 둔중한 군함들 사이에서 속도를 올렸다 내렸다 했다. 그곳에 있던 어떤 해군 함정도 그 배를 따라잡지 못했다. 해군은 깊은 인상을 받고 1899년 증기터빈 엔진을 갖춘 구축함 바이퍼호와 코브라호를 건조했다. 이 배들은 매우 성공적이어서 1906년 터빈 동력의 첫 전함 드레드노트호가 뒤를 따랐고, 해군은 이후 모든 군함을 증기터빈 엔진으로 만들기로 결정했다.

오른쪽 적의 시선으로 보기에 드레드노트호의 주 포탑은 위협적이다. 포탑 지붕에 관측용 덮개가 있는 30센티미터 포 2문과 꼭대기에 5.4킬로그램짜리 포들이 있다.

아래쪽 미국의 텍사스호는 제1차 세계대전 시기의 마지막 드레드노트형 전함으로, 지금도 활동하고 있다. 1912년 진수한 이 배는 두 차례 세계대전을 모두 치렀으며, 현재 텍사스주 라포트의 박물관 배가 되어 있다.

고 독일 해군이 대서양(독일은 그곳의 영국 상선들을 공격하고자 했다)으로 뚫고 나오는 것을 막기 위해 북해를 봉쇄하고 있었다. 1916년 5월 말에 한 무리의 독일 순양전함이 위험한 북해로 나왔다. 영국 함대를 독일 함대가 기다리고 있는 곳으로 유인하려는 것이었다. 독일 해군은 영국 함대의 일부만이 싸우러 나올 것으로 예상했다. 그러나 영국은 독일 군함 40척이 항구를 출발했음을 알았기 때문에 대함대 전체를 동원했다.

5월 31일 오후, 28척의 전함을 포함한 151척의 영국 함대는 16척의 선함을 포함한 99척의 독일 해군과 만났다. 독일 함대가 먼저 영국 군함 세 척을 격침했다. 영국은 그 후의 교전에서 더 큰 전과를 올렸다. 전투는 밤까지 계속되다가 독일 함대가 어둠을 틈타 항구로 돌아갔다. 영국 해군은 군함 14척을 잃었고 6천 명 이상이 죽었다. 독일은 군함 11척을 잃었고 2,500명 이상이 죽었다. 양쪽은 모두 승리했다고 주장했다. 영국은 더 많은 군함을 잃었고 사상자도 더 많았지만, 북해의 통제권을 지켜내고 독일 함대가 그곳을 돌파하려는 것을 저지해냈다.

제1차 세계대전이 끝난 뒤 독일은 베르사유 조약에 따라 새 군함을 만들 수 없었다. 전쟁으로 피폐해진 영국은 새로운 군함 건조를 계획할 여유가 없어 다른 나라들에 따라잡힐 지경이 됐다. 그러나 다른 주요 해군 강국 중 어느 나라도 기꺼이 많은 돈을 들여 새 군함을 건조하려 들지 않았다. 그 결과 1922년 워싱턴 해군 군축 조약이 체결되어 건조될 군함의 수량·유형·크기를 제한했다. 미국, 영국, 일본, 프랑스, 이탈리아가 참여했다. 게다가 이 조약은 대부분의 옛 드레드노트 전함의 폐기를 규정했다. 영국의 드레드노트호는 그 전해에 고물로 팔렸다.

루시타니아호

루시타니아호는 당대에 가장 크고 가장 빠르며 가장 호화스러운 원양 정기선이었다. 제1차 세계대전 중 독일 잠수함 U-보트가 이 배를 고의적으로 침몰(수많은 인명 손실이 있었다)시켜 미국은 참전을 결정했다.

유형 원양 정기선
진수 스코틀랜드 리버클라이드의 존 브라운 조선소, 1906년
길이 240미터
톤수 배수량 4만 4,767톤
건조 리벳 고정 강철
추진 네 개의 직동直動 파슨스 증기 터빈(57메가와트, 7만 6천 마력)이 네 개의 스크루 프로펠러를 구동

20세기 초, 수익성 높은 대서양 횡단 노선에서 정기선을 운영하는 유럽의 대형 해운 회사들은 서로 경쟁이 치열했다. 그중에 큐나드 라인은 가장 빠르고 가장 호화스러운 정기선 건조에 나섰다. 새로운 배 마우레타니아호와 루시타니아호가 1906년 진수했다. 두 배는 모두 영국 해군의 드레드노트호에 비해 세 배 강력한 증기터빈 엔진을 달아 시속 50킬로미터에 정도의 순항 속도를 냈다. 다른 어떤 정기선도 따라올 수 없었다.

1915년 5월 7일 아침, 루시타니아호는 아일랜드 남해안을 따라 동쪽으로 항해하고 있었다. 승객들은 모르고 있었지만, 배에서는 독일 잠수함 U-보트(운터제보트)가 이 지역에 나타날 수 있다는 경고 메시지를 무선으로 받았다. 험난한 뱃길에서는 갈지자로 가는 것이 권고됐지만 루시타니아호는 일직선으로 항해했다. 루시타니아호가 뉴욕을 출발하기 전날

위쪽 루시타니아호 일등 식당은 배에서 가장 큰 방이었다. 루이 16세 시대 양식으로, 흰 회칠, 금박, 마호가니 판자, 코린토스식 기둥에 꼭대기에는 프레스코화로 장식된 돔이 얹혀 있었다.

오른쪽 운명의 여신은 루시타니아호와 U-20호를 만나게 해 참혹한 결과를 가져왔다. 잠수함 U-20호의 함장은 루시타니아호가 똑바로 다가오는 것을 보고 커다란 적국 목표물을 잡기를 열망했다.

왼쪽 루시타니아호가 1907년 첫 항해를 마치고 뉴욕에 도착하고 있다. 부둣가의 구경꾼들은 이 큰 배를 더 잘 보기 위해 통 위에 올라갔다.

밤, 잠수함 U-20호가 독일 북해안의 엠덴을 출발했다. U-20호는 스코틀랜드를 돌아 아일랜드의 대서양 연안으로 내려온 뒤 남쪽으로부터 아일랜드해로 진입하려고 했다. 영국 해안 앞바다에서 배들을 잡으려는 것이었다. 루시타니아호의 목적지인 리버풀이 그곳에 있었다. 안개 낀 날씨라서 몇 척의 배는 U-20호를 피할 수 있었다. 잠수함은 두 척의 작은 화물선을 침몰시켰지만, 함장인 발터 슈비거(1885~1917) 대위는 더 큰 먹이를 얻고자 조바심쳤다.

오후 1시 20분, U-20호는 물 위로 나와 배터리를 충전하고 있었다. 슈비거는 멀리서 연기가 나는 것을 봤다. 굴뚝 네 개에서 연기가 오르고 있었다. 따라서 큰 배임이 틀림없었다. 바로 자신이 원했던 부류의 목표물이었다. 그리고 그것은 똑바로 U-20호 쪽으로 오고 있었다. 루시타니아호는 깃발도 달지 않았고, 특징적인 붉은 굴뚝은 검게 칠해졌으며, 배의 이름도 칠로 뭉개버렸다. 그러나 U-20호의 한 장교는 이 배가 마우레타니아호나 그 자매함인 루시타니아호일 것이라고 보았고, 그 판단은 맞았다. U-20호는 물속으로 들어가 기다렸다. 루시타니아호가 어뢰의 사정거리 안에 들어오자마자 슈비거는 어뢰를 발사했다.

루시타니아호의 승조원들 중 적어도 두 명이 어뢰를 발견했고, 경보를 울리려 했지만 너무 늦었다. 어뢰는 배의 측면을 쿵 들이받고 폭발했다. 거의 즉각적으로 보다 강력한 폭발이 일어나 물과 파편 더미를 뿌려댔다. 이 배는 위험을 감지했음에도 구명정 훈련이 없었다. 따라서 승객들

> 전쟁의 역사에서 단일 행위로서 이것에 비견될 만큼 비인도적이고 공포스러운 일은 없었다.
>
> —루시타니아호 격침에 대한 『뉴욕 타임스』의 반응

마우레타니아호

루시타니아호의 자매선인 마우레타니아호는 장수를 누렸다. 루시타니아호보다 석 달 뒤에 진수한 이 배는 곧바로 블루리본상을 거머쥐었다. 이 상은 대서양을 동쪽으로 그리고 서쪽으로 가장 빨리 횡단하는 배에게 주는 상으로, 이전에는 루시타니아호가 받았었다. 이 배는 거의 20년 동안 양쪽의 속도 기록을 보유했다. 제1차 세계대전 때는 병력 수송선과 병원선으로 이용됐고, 전후에는 대서양 횡단 여객 수송을 재개해 269회의 왕복 횡단을 했다. 이 배의 양쪽 속도 기록은 1929년 독일 정기선 브레멘호에 의해 경신됐다. 이듬해, 정기선으로 경쟁력을 잃은 이 배는 이제 유람선으로 재탄생했다. 1934년 경쟁하던 영국의 두 대형 정기선 운영사 큐나드와 와이트 스타 라인이 합병하고 오래된 배 일부를 퇴역시켰다. 마우레타니아호도 여기에 포함됐고, 이 배는 1935년 폐기 처분됐다.

은 자신이 어떻게 해야 하는지, 심지어 구명 재킷을 입는 방법도 몰랐다. 루시타니아호는 뱃머리를 왼쪽으로 돌려 가라앉기 전에 아일랜드 해안에 도작해 육지에 배를 올려놓으려고 했다. 배는 우현으로 기울었고, 뱃머리부터 가라앉고 있었다. 그때 전력이 끊겼다. 배 깊숙한 곳에 있는 선실과 복잡한 통로는 갑자기 암흑천지가 됐고, 배의 승강기를 타고 올라오던 승객들은 갇혀버렸다.

종말은 아주 빨리 왔다. 루시타니아호 같은 배는 심하게 손상되더라도 여러 시간 동안 떠 있을 수 있었다. 그러나 루시타니아호는 단 18분 만에 가라앉았다. 구조선이 해안에서 루시타니아호의 마지막 위치까지 짧은 거리를 달려왔을 때는 이미 차가운 물속에 있던 많은 사람들이 죽은 뒤였다. 모두 1,195명의 승객과 승조원이 목숨을 잃었다. 760명을 약간 넘는 사람만이 살아남았다.

퀸스타운(지금의 코브) 항구의 풍경은 으스스했다. 바닷가에 숱한 시신이 줄 지어 누워 있었다. 시청이 시체 보관소였다. 생존자들은 시신들을 둘러보며 친척과 친구들을 찾아야 했다.

사망자들 중에 미국인은 123명이었다. 미국은 독일이 경고도 없이 중립국 시민이 탄 비무장의 민간 선박을 공격해 격침시킨 것에 심히 분노했다. 영국 주재 미국 대사는 독일에 대해 선전포고를 하라고 자국에 촉구했다.

왼쪽 1915년에 출판된 이 그림은 논란이 있다. 첫 번째 어뢰 공격으로 난 구멍 바로 옆의 루시타니아호 측면에서 두 번째 어뢰가 폭발하는 모습이기 때문이다. 실제로 발사된 어뢰는 하나뿐이었다.

아래쪽 제1차 세계대전 중 루시타니아호가 침몰해 많은 사람들이 죽자 영국과 아일랜드에서는 상당한 분노가 일어났고 그것이 입대를 권유하는 이런 포스터에 이용됐다.

원인 찾기

이 침몰은 여러 가지 문제를 제기했다. 루시타니아호는 왜 독일 잠수함이 숨어 있을 법한 해안에 그렇게 가까이 항해했을까? 왜 갈지자로 가지 않았을까? 이 배가 고의적으로 독일 잠수함의 사냥터로 보내졌다는 주장이 있었다. 배가 공격을 받으면 미국이 참전할 것이라는 이유에서였다. 무엇이 두 번째 폭발을 일으켰을까? 이 배는 독일이 주장하듯이 탄약을 운반하고 있었을까? 독일은 이 침몰에 대해 사과를 거부했으나, 해군의 교전규칙을 수정해 정기 여객선은 공격하지 않도록 했다.

영국 상무국은 독일 잠수함에서 발사한 어뢰가 침몰의 유일한 원인이었음을 발견했다. 이 배가 공격받을 만한 위치로 가도록 했다는 증거는 없었다. 그리고 아일랜드 해안에서 더 떨어져 갈지자로 가지 않은 것은 승객들(그중에는 큰 부자들도 있었다)을 갈지자 운행으로 고생시키지 않고 제시간에 리버풀로 가려는 선장의 의지였던 것으로 설명됐다. 그러나 두 번째 폭발의 원인은 밝혀지지 않았다. 이 배가 탄약을 운송하고 있었다는 주장이 제기됐지만, 선주 측은 공개적으로 적하목록에 올린 소총 탄약통 400만 발 외에는 싣지 않았다고 했다. 보일러 폭발이 두 번째 폭발을 설명해줄 수 있지만 보일러가 폭발했다는 승조원들의 보고는 없었다.

1993년 앞서 타이태닉호의 난파를 발견했던 로버트 밸러드는 이 난파를 조사하기 위해 잠수정을 내려보냈다. 그의 사진을 보면 배가 우현 쪽으로 누워 있었다. 선루는 대부분 녹슬어 흩어졌고 신체는 뒤틀리고 부서졌다. 중요한 것은 밸러드가 해서에 석탄이 흩뿌려져 있음을 발견한 것이다. 그것은 폭발 이후 선체의 구멍에서 나온 것으로 보였다. 루시타니아호는 석탄을 많이 잡아먹었다. 뉴욕에서 5천 톤 이상이 적재됐고 그 대부분은 항해 도중 연료로 사용됐다. 어뢰 폭발은 거의 빈 연료 창고 안에서 석탄가루를 공중으로 날렸던 것으로 보인다. 석탄가루와 산소가 섞이면 폭발하기 쉽고, 그것이 터지는 데는 바깥 어딘가에서 불똥 하나만 튀면 충분했다. 그렇게 해서 선체가 부서지고 배는 순식간에 바닥으로 가라앉은 것이다.

타이태닉호

1912년 세계에서 가장 큰 배가 첫 번째 유료 승객을 태웠다. 그들 중 상당수는 이 배의 첫 항해에서 살아남지 못한다. 배의 이름은 재난의 대명사로 역사에 기록됐다. 이 배가 유명한 타이태닉호다. 이 배의 손실은 선박 설계와 해상 안전을 위한 새로운 규정을 끌어냈다.

유형 올림픽급 원양 정기선
진수 북아일랜드 벨파스트의 할랜드 앤드 울프 조선소, 1911년
길이 269.1미터
톤수 배수량 5만 3,150톤
건조 리벳 고정 강철
추진 두 개의 왕복 증기기관과 저압 터빈(3만 4,300킬로와트, 4만 6천 마력)이 세 개의 스크루 프로펠러를 구동

타이태닉호는 아일랜드의 벨파스트(지금은 영국의 일부인 북아일랜드에 속한다)에서 건조됐다. 이 도시는 아직도 그 거대한 배를 매우 자랑스러워한다. 이 배는 인공품으로서 지구상에서 움직이는 것 중 가장 컸다. 벨파스트에서는 흔히 이렇게 말한다(심지어 지금까지도). "그 배는 여기서 떠날 때만 해도 멀쩡했어!" 타이태닉호와 그 자매선 올림픽호는 할랜드 앤드 울프 조선소 부근에 옹기종기 모여 있는 노동자들의 주택가 위에 우뚝 솟아 있었다. 인근 조선소에서 만들어진 거대한 두 척의 배가 말이다.

타이태닉호의 선체는 300개의 골조에 2천 개의 강판을 고정해 만들었다. 고정용 리벳은 300만 개 이상이었다. 선체는 방수가 되는 16개 구획으로 나뉘었고, 전기 작동 방수문으로 밀봉됐다. 이들은 함교에 있는 스위치를 한 번 눌러서 닫을 수 있거나 개별적으로 닫을 수도 있었다. 제어장치가 고장 나면 구획 안으로 들어온 물이 자동으로 문 폐쇄를 촉발한다. 그리고 타이태닉호는 두 구획에 물이 가득 차도 물 위에 떠 있을 수 있었다. 어떤 예측 가능한 사고로도 이 배를 침몰시킬 수 없을 듯했다.

오른쪽 사우샘프턴에서 뉴욕까지 가는 타이태닉호의 첫 항해 경로. 프랑스 셰르부르와 아일랜드 퀸스타운(지금의 코브) 기착이 포함되어 있다.

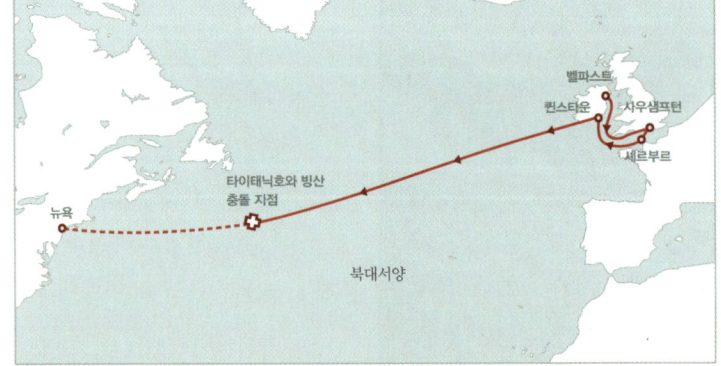

오른쪽 타이태닉호는 최고의 호사를 누릴 수 있도록 건조됐다. 유럽 최고급 호텔의 외양과 분위기를 재현하려 했다.

　타이태닉호의 공용 공간과 접객 시설은 최고였다. 수영장과 체육관이 하나씩, 증기탕과 스쿼시 경기장은 여럿 있었다. 넓은 식당과 휴게실이 몇 개씩 있었고, 독서실도 하나 있었다. 일등 및 이등 선실은 최고급으로 장식되고 설비됐다. 그 목표는 승객들에게 잘 갖춰진 호텔에 머무는 것과 같은 경험을 선사한다는 것이었다. 하급 선실인 삼등 선실조차도 당시 정기선의 삼등 선실보다 상황이 나았다. 타이태닉호의 삼등 승객은 크고 개방된 공용실 대신 개별 선실에 투숙했다. 이 배는 일곱 개의 갑판으로 내려가는 커다란 계단이 유명했고, 꼭대기에는 유리 돔이 있었다.

　배에는 20척의 구명정이 있어 모두 1,178명을 태울 수 있었으나, 타이태닉호에 탄 승객과 승조원은 3천 명이 넘었다. 타이태닉호가 첫 항해에 나선 1912년의 규정은 그 크기의 배에는 구명정이 16척만 있으면 됐다. 이 배는 사실 최소 안전 기준을 넘어선 것이다. 구명선의 수용 능력이 적

운수소관

　강이나 항구에서 타이태닉호만큼 큰 배가 움직이면 물 위에 가까이 있는 배들을 자기 쪽으로 끌어들이는 흡인 효과를 일으킬 수 있다. 1911년 9월 20일, 영국 해군의 호크호는 영국 남해안의 솔런트해협에서 타이태닉호의 자매선인 올림픽호와 충돌했다. 아마도 이 거대한 정기선이 지나갈 때 그쪽으로 딸려갔기 때문일 것이다. 올림픽호의 수리 때문에 타이태닉호의 완성이 늦어졌다. 마침내 타이태닉호가 첫 항해에 나섰을 때 이 배는 시티 오브 뉴욕호와 거의 충돌할 뻔했다. 타이태닉호가 지나가면서 시티 오브 뉴욕호를 계류장에서 떼어내 자기 쪽으로 빨아들였고, 타이태닉호는 방어 조치를 취해야 했다. 올림픽호가 호크호와 충돌하지 않았거나 타이태닉호가 시티 오브 뉴욕호와 충돌했다면 타이태닉호의 출발 날짜는 달라졌을 것이고, 그러면 이 배를 침몰시켰던 빙산과 부딪치지 않았을 것이다.

위쪽 타이태닉호의 마지막 사진들 중 하나. 이 거대한 배가 사우샘프턴을 떠나 처음이자 마지막 항해에 나서는 모습이다. 겨우 닷새 뒤에 많은 승객과 승조원 들이 죽었다.

었지만 위급한 상황이 발생할 경우 구명정은 타이태닉호와 구조선 사이를 오가며 승객들을 실어 나르는 데 사용될 것이기 때문에 구명정이 한꺼번에 모든 승객과 승조원을 수용할 필요는 없었다.

첫 항해

영국 원양 정기선은 대부분이 리버풀에 근거지를 두고 그곳에서 출발했지만, 타이태닉호는 철저히 상업적인 이유로 영국 남해안의 사우샘프턴을 근거지로 했다. 이 배는 너무 커서 독dock을 새로 건설해야 했다. 사우샘프턴은 런던과의 운송 연결이 더 수월하고, 대륙에 더 가까워 거기서 추가적인 승객을 태운 뒤 대양으로 나갈 수 있었다.

1912년 4월 10일 아침 타이태닉호가 길을 나설 때 1,300여 명의 부호, 바람둥이, 사업가, 이민자와 그 가족 등은 대서양을 횡단하는 대모험을 기대했다. 할랜드 앤드 울프의 상무이사 토머스 앤드루스와 타이태닉호의 주인인 화이트 스타 라인의 회장 조지프 브루스 이즈메이도 있었다.

4월 14일, 타이태닉호는 다른 배들로부터 얼음에 대한 경고를 받기 시작했다. 에드워드 J. 스미스(1850~1912) 선장은 빙산을 피해 좀 더 남쪽 코스로 경로를 변경했다. 감시원을 배치했지만 배는 계속해서 전속력으

> 나는 이 배에서 생명과 관계되는 어떤 재난도 일어날 것이라고 생각하지 않는다. 현대의 선박 건조는 그것을 이미 넘어섰다.
> -에드워드 J. 스미스 타이태닉호 선장

위쪽 타이태닉호는 에드워드 J. 스미스 선장이 지휘했다. 그는 배가 가라앉을 때 선상에 머물렀다가 죽었다. 전부터 그는 최악의 상황이 생기면 자신은 배와 함께할 것이라고 말했다.

로 달렸다. 빙산이 실제로 눈에 띄기 전에는 속력을 늦추지 않는 것이 정상적인 관행이었다. 바다는 이례적으로 고요했고, 감시원은 수평선을 분간하기가 어려웠다.

오후 11시 40분, 망대에 있던 감시원 프레더릭 플리트가 전화기를 붙잡고 소리쳤다. "바로 앞에 빙산!" 함교 위의 간부들은 즉각 엔진을 후진시키고 타륜을 우현 쪽으로 세게 돌렸다. 뱃머리가 왼쪽으로 휙 돌았다. 빠른 조치로 정면충돌은 피했지만, 배는 빙산을 비스듬히 쳤다. 승객 대부분은 전혀 충격을 느끼지 못했다. 처음에는 재앙을 피한 것처럼 보였다. 그러나 아래쪽 배의 내부에 있는 6번 보일러실의 노동자들 귀에는 천둥 치는 소리가 들렸고, 얼음처럼 차가운 바닷물이 선체 판자 틈새로 마구 쏟아져 들어왔다. 간부들이 아래로 달려 내려가 피해를 점검했다.

빙산

타이태닉호와 충돌한 빙산은 1만 5천 년 전 그린란드에 내린 눈으로 시작됐다. 눈이 계속 내리면 그 무게가 아래의 층들을 압착해 그것을 얼음으로 만든다. 이 얼음은 서서히 아래로 미끄러져 내려가 일룰리사트 아이스피오르(유네스코 세계유산으로 그린란드의 서해안에 있는 빙하–옮긴이)에서 바다와 만난다. 20세기 초, 이 아이스피오르에서는 해마다 한두 개의 거대한 빙산이 만들어졌다. 타이태닉호와 충돌한 빙산은 1909년에 만들어진 것이다. 무게가 최대 10억 톤에 이르며 피오르의 끝에 다다르는 데 1년이 걸린다. 그때쯤이면 그 무게는 절반으로 준다. 1911년 이 빙산은 그린란드 서쪽 해류 속으로 들어왔고, 조류가 이를 캐나다 동북 해안으로 옮기고 대서양으로 밀어 넣었다. 그 치명적인 충돌 이후 이 빙산은 남쪽으로 표류해 녹아버렸다.

오른쪽 이것이 타이태닉호를 침몰시킨 그 빙산일까? 이 사진은 1912년 4월 15일 타이태닉호가 마지막에 있었던 곳의 부근에서 촬영됐다.

밸러드의 비밀 임무

로버트 밸러드가 타이태닉호를 찾아보고자 결심했을 때 그는 미국 해군의 도움이 필요했다. 해군은 밸러드의 로봇 잠수정 기술에 대해 관심이 컸다. 해군은 그와 흥정을 했다. 그의 기술을 이용해 미군 잠수함 스레셔호와 스코피언호의 잔해를 탐사해줄 경우 이 임무에 배정된 시간이 남는다면 그가 하고자 하는 일에 해군의 자원을 사용할 수 있다는 것이었다. 스레셔호와 스코피언호는 1960년대에 침몰했는데, 해군은 그 원자로原子爐가 어떻게 됐는지 알고 싶어 했다. 밸러드가 두 잠수함의 잔해를 찾아내 조사를 마치고 나니 타이태닉호를 찾는 데 허용된 시간은 고작 12일뿐이었다. 그는 두 잠수함의 잔해가 해저의 넓은 지역에 퍼져 있음을 발견했고, 따라서 타이태닉호도 훨씬 넓은 파편의 벌판에 둘러싸여 있을 것이라고 추측했다. 그래서 그는 배 자체가 아니라 이런 것을 찾았다. 그리고 10일째 되는 날인 1985년 9월 1일 타이태닉호를 찾았다. 그는 곧바로 타이태닉호로 달려갔다.

아래쪽 타이태닉호의 뱃머리가 깊숙한 바다의 어둠 속에서 모습을 드러내고 있다. 부식된 쇠의 '녹 고드름'이 선체에 붙어 있다.

그들은 사태를 보고 겁에 질렸다. 방수 구획 다섯 개가 터져 물이 차고 있었다. 타이태닉호는 가라앉고 있었다.

조난 메시지를 보냈지만 가장 가까이에 있던 배 캘리포니안호는 밤에 무선실을 운영하지 않았기 때문에 받지 못했다. 타이태닉호에서 신호탄을 쏘아 올리는 것을 캘리포니안호는 봤지만 그것이 무슨 의미인지 몰라서 가만히 있었다. 반응을 보인 가장 가까운 배는 93킬로미터 떨어져 있던 카르파티아호였다. 이 배는 즉각 타이태닉호를 향해 나아갔다. 한편 타이태닉호의 간부들은 승객들을 구명정에 태우는 데 애를 먹고 있었다. 그들은 배가 정말로 가라앉고 있다는 것을 믿지 않았다. 일부 구명정은 절반만 태운 채 출발했다. 마침내 배의 운명이 누구에게나 분명해졌다. 뱃머리가 계속 가라앉으면서 배꼬리만 물 밖에 쳐들고 있었다. 그러다가 선체가 둘로 쪼개지고 물밑으로 미끄러져 들어갔다. 전형적인 선장이었던 스미스 선장은 배와 함께했다.

카르파티아호는 동이 튼 직후 도착해 구명정에서 705명을 구출했다. 캘리포니안호는 마침내 무슨 일이 생겼는지를 알았고, 그제야 현장으로 향했다. 그때 마운트 템플호도 도착했다. 그러나 1,500명이 넘는 나머지 승객과 승조원을 구조하기에는 너무 늦었다. 그들은 차가운 물속에서 이미 죽어 있었다. 그들은 수백 구의 시신을 수습해 노바스코샤주 핼리팩스로 옮겼다. 당국은 그 많은 시신을 옮기느라 곤욕을 치렀다. 친척들은 북아메리카 각지에서 핼리팩스로 모여들어 시신을 확인했다. 그 뒤 시신을 고향으로 가져가 장례를 치렀다. 사망자의 약 3분의 1은 신원이 밝혀지지 않아 핼리팩스에 묻혔다.

뒷이야기

이 재난에 대한 조사는 대서양 양쪽에서 이루어졌다. 그 결과가 국제해상인명안전협약SOLAS이다. 배에 실어야 하는 구명정 수, 로켓 신호탄을 이용한 재난 신호, 무선 장비의 24시간 운영 등 새로운 규정이 도입됐다. 이와 함께 국제유빙감시대IIP가 만들어져 해운에 위험을 초래할 수 있는

위쪽 타이태닉호의 침몰 소식은 모두에게 크나큰 슬픔을 자아냈다. 침몰 직후에는 배가 두 쪽이 나 가라앉았다는 사실이 잘 알려지지 않았다.

빙산을 감시하도록 했다.

1980년대 초 타이태닉호 잔해 수색에서는 아무것도 찾지 못했다. 1985년 로버트 밸러드가 이끈 원정대가 마침내 3,800미터 깊이의 해저에 흩어져 있는 타이태닉호의 잔해를 발견했다. 배의 두 주요 부분의 상태와 위치(600미터 떨어진 곳에 있었고, 주변에 수많은 파편 조각들이 있었다)는 타이태닉호가 표면 또는 거기서 가까운 곳에서 둘로 쪼개졌고, 그 후 배의 두 부분은 각각 해저로 떨어졌음을 시사하고 있었다.

타이태닉호의 자매선들은 운명이 엇갈렸다. 브리태닉호는 제1차 세계대전 동안 병원선으로 이용됐다. 이 배는 1916년 에게해의 케아해협을 지나다가 폭발이 일어나 수면 아래의 선체에 구멍이 났다. 배는 불과 55분 만에 가라앉았다. 폭발은 독일 잠수함이 설치한 기뢰 때문이었을 것으로 추측된다. 브리태닉호는 제1차 세계대전 때 침몰한 배 중에 가장 큰 것이었다. 올림픽호는 대서양에서 정기 여객선으로 장수를 누렸다. 이 배는 1935년 퇴역할 때까지 24년 동안 257회 왕복 운항을 했다. 43만 명의 여객을 실어 날랐고, 운항 거리는 290만 킬로미터였다.

U-21호

1914년 유럽에서 전쟁이 터졌을 때, 몇몇 국가의 해군은 해안 방어와 항구 보호를 위해 각기 최초의 잠수함을 운용하고 있었다. 독일이 보다 적극적이어서 장거리를 갈 수 있는 원양용 잠수함을 개발했다. 바로 U-보트로 알려진 운터제보트였다. U-보트를 치명적인 전쟁 무기로 만든 것은 그중에서도 U-21호였다. 제1차 세계대전에서 배를 침몰시킨 첫 U-보트였고, 자체 추진 어뢰로 배를 침몰시킨 첫 잠수함이었다.

유형 U-19형 잠수함
진수 독일 단치히(지금의 폴란드 그단스크), 1913년
길이 64.15미터
톤수 배수량 650톤(수면 위)/ 837톤(잠수 시)
건조 리벳 고정 강철
추진 두 개의 MAN 8기통 2행정 디젤기관과 두 개의 AEG 이중 전동 발전기

20세기 초, 세계의 강국이 되겠다는 독일의 야심을 막아선 것은 바로 영국이었다. 당시 영국은 세계 최강의 해군을 보유하고 있었다. 독일의 전함 건조 계획은 영국에 위협이었다. 독일은 영국 해군과 직접 부딪쳐서는 승산이 없었지만, 독일 함대가 어느 정도의 규모와 힘에 도달하면 영국이 보다 강력해진 독일과의 대결을 피하고 공존에 동의하리라고 생각했다. 그러나 영국이 북해를 봉쇄함으로써 독일 해군의 이동을 통제하고 제한하려 한다면 독일은 영국을 상대로 한 제한적인 해전을 해야 했다. 잠수함은 보다 강력한 영국 해군에 대한 독일의 강점이 될 수 있었다.

독일 국가해군청의 알프레트 폰 티르피츠(1849~1930) 대제독은 잠수함이 연안 바다 밖에서도 작전할 수 있다는 증거를 보지 않는 한 잠수함에 대한 막대한 정부 자금을 투입하기를 거부했다. 그 결과 독일은 재빨리 원양 항해에서 전쟁을 할 수 있는 대형 원양 잠수함을 개발했다.

U-21호는 1910년에서 1913년 사이에 건조된 네 척의 U-19형 잠수

오른쪽 1914년 2월 17일 독일 슐레스비히홀슈타인주 킬에 정박 중인 U-보트들. 전경에서 가장 오른쪽에 있는 것이 U-21호다.

잠수함의 성숙

1914년 7월 16일, 독일 잠수함 U-9호는 완전히 새로운 일을 해냈다. 그 승조원들은 잠수해 있는 동안 어뢰발사관을 재장전하는 데 성공했다. 이것은 잠수함을 실제적이고 효과적인 전쟁 무기로 발전시키는 데 결정적이었다. 그 함의는 1914년 9월에 분명해졌다. 이때 U-9호는 잉글랜드해협 동쪽 끝을 지키던 세 척의 영국 순양함 아부키르호, 호그호, 크레시호를 발견하고는 한 시간도 안 되어 모두 격침시켰다. 1,500명에 가까운 영국 수병이 죽었다. U-9호는 물 위로 올라오지 않고 물속에서 어뢰발사관을 재장전해 이런 성과를 거두었다. 잠수함이 신기한 것일 뿐 공해상 전투의 진지한 무기 체계가 아니라고 무시했던 각국의 해군은 이 사건으로 충격을 받았고, 잠수함이 정말로 얼마나 무서운지를 금세 깨달았다.

오른쪽 U-보트인 U-9호가 세 척의 영국 군함을 전멸시킨 뒤 항구로 돌아와 환영과 환호를 받고 있다.

함으로 디젤기관으로 동력을 얻는 최초의 독일 잠수함이었다. U-21호는 주항 거리가 1만 2,230킬로미터여서, 재급유 없이 대서양을 건너갔다가 독일로 돌아올 수 있었다. 적어도 이론상으로는 그랬다. U-21호는 자체 추진 어뢰로 배를 격침한 첫 잠수함이기도 했다. 앞뒤에 각각 두 개의 발사관에서 발사할 수 있는 네 발의 어뢰를 탑재했다. 그리고 물 위로 올라오면 승조원들이 88밀리미터의 갑판 포를 쏠 수도 있었다.

U-21호는 1914년 8월 여러 차례 도버해협과 스코틀랜드 북쪽으로 영국 선박을 사냥하러 나갔지만 허탕을 쳤다. 1914년 9월 5일, 잠수함은 스코틀랜드 동해안 앞바다의 메이섬 부근에서 물 위로 올라왔는데, 승조원들은 멀리서 연기가 나는 것을 발견했다. U-21호는 잠수해 공격하려 했지만 정찰순양함 패스파인더호는 달아났다. 잠수함의 승조원들은 목표물을 놓쳤다고 생각했는데, 그때 패스파인더호가 돌아서더니 그들을 향해 돌아왔다. U-21호의 함장 오토 헤르싱은 어뢰 한 발을 발사했고, 그것이 패스파인더호에 명중해 연료실 하나가 폭파했다. 배는 폭파되고

위쪽 빌리 슈퇴버(1864~1931)가 그린 그림으로 U-21호가 1915년 1월 30일 아일랜드해에서 대형 여객선 린다 블랑시호를 공격할 태세를 갖추고 있다. 이 그림에서는 린다 블랑시호를 과장되게 그렸는데, 실제로는 작은 연안 증기선이었다.

금세 가라앉았다. 일부 생존자가 구조됐지만 261명의 수병이 죽었다.

U-21호는 북해와 잉글랜드해협을 오르내리며 선박을 계속 격침하다가 1915년 4월 지중해로 배치되어 독일의 동맹국 오스만제국을 지원했다. 또한 겔리볼루반도 앞바다에서 영국 군함 트라이엄프호와 머제스틱호를 격침해, 연합국의 모든 주력함을 더 먼 곳에 있는 정박지로 내쫓았다. 독일 카이저는 U-21호 승조원들에게 철십자 훈장을 주었다.

이때 이탈리아는 오스트리아헝가리와 전쟁 중이었다. U-21호는 오스트리아헝가리 해군에 취역해 U-36호로 활동했고, 이는 이탈리아가 독일에 선전포고를 한 1916년 8월까지 지속됐다. 이 잠수함이 시칠리아 해안 앞바다에서 상선으로 보이는 것을 공격했는데, 그것은 위장한 무장

오른쪽 U-보트의 위협은 이런 포스터를 통해 영국의 자유공채를 판매하는 데 이용됐다. 공채는 전쟁 비용을 모으기 위해 대중에게 판매했다. 그것을 사는 것은 애국적 의무로 생각됐다.

146 세계사를 바꾼 50가지 배 이야기

선박 Q-보트였다. Q-보트가 발포하자 U-21호는 잠수했다.

U-21호는 1917년 북해로 돌아오라는 명령을 받았다. 독일이 정기 여객선 루시타니아호 격침(134쪽 참조) 후 2년 동안 중지했던 무제한 잠수함 작전을 재개하면서였다. 4월에만도 U-21호를 비롯한 U-보트들이 50만 톤의 영국 상선을 격침시켰다. 상선들은 군함들이 보호하는 호송대가 있다면 안전하겠지만, 영국은 호송 체계를 구축하기에 군함이 충분하지 않았다. 1917년 4월 미국이 독일에 전쟁을 선포해 미국 선박으로 호송대를 도입할 수 있었다. 그래도 헤르싱에게는 방법이 있었다. 한번은 그가 U-21호를 몰고 호송대 한가운데로 들어가 어뢰 두 발을 발사하고는 호송하던 구축함이 떨어뜨린 수중 폭뢰를 피했다. 그러나 전체적으로 보면 호송 체계와 수백 척의 대잠함對潛艦 조기 도입으로 U-보트의 위협은 극복됐다.

U-21호는 훈련선으로 이력을 마감했다. 전쟁이 끝난 뒤 영국에 인도하기로 되어 있어 북해를 건너 예인되던 중 침몰했다. 이 잠수함은 40척의 영국, 이탈리아, 네덜란드, 러시아, 프랑스, 노르웨이, 포르투갈, 스웨덴 선박을 침몰시켰다. 전쟁 중에 가라앉힌 톤수 기준으로 가장 성공적인 U-보트 중 하나였다. 전쟁이 끝날 때까지 독일은 33등급의 U-보트 375척을 건조해 잠수함이 얼마나 강력한 무기가 될 수 있는지를 보여주었다.

Q-보트

1916년 봄, U-9호는 비무장 상선처럼 보이는 선박을 공격했다. 그것은 Q-보트였다. 잠수함의 공격을 유도하려고 위장한 중무장 선박이다. Q-보트는 작은 비무장 화물선이나 어선처럼 보였다. U-보트가 근처 물 위로 올라와 배가 침몰될 것이라고 경고하면(국제조약에 의한 것이다) 승조원들은 모선을 떠나 작은 배로 옮겨 탄다. 그러면 U-보트는 버려진 것처럼 보이는 배에 접근해 갑판 포를 발사하려고 한다. U-보트가 접근하면 배에 숨어 있던 승조원들이 잠수함에 포를 쏜다. 처음에 Q-보트는 매우 성공적이었다. 영국과 프랑스는 그것을 수백 척 배치했지만, 시간이 지날수록 효율은 떨어졌다. U-보트는 그저 안전거리 밖에서 어뢰로 그 배들을 격침하는 것으로 대응했다. 게다가 무제한 잠수함 작전이 재개되자 U-보트는 배를 격침하기 전에 경고하는 것을 그만두었다.

아래쪽 1918년 신문에 실린 그림으로 승조원들이 배를 떠나고 있는데 요트를 공격할 태세인 U-보트의 모습을 보여준다. 기사는 이 요트가 Q-보트라고 한다. 따라서 위험에 처한 것은 U-보트다.

노르망디호

1921년 미국은 법을 개정하여 새로운 세대의 대서양 횡단 정기 여객선을 건조하는 길을 열었다. 그중에 가장 아름다운 것이 증기선 노르망디호였다. 이 배는 혁명적인 선형이었고, 최신의 터빈 전기 엔진을 갖췄다. 이 배는 대양 운송의 새로운 표준을 세웠다. 이후에 나온 모든 정기선은 노르망디호와 비교됐다.

유형 원양 정기선
진수 프랑스 생나제르, 1932년
길이 313.6미터
톤수 배수량 7만 1,300톤
건조 리벳 고정 강철
추진 네 개의 터빈 전기 엔진(11만 9,300킬로와트, 16만 마력)이 네 개의 스크루 프로펠러를 구동

마우레타니아호나 올림픽호 같은 대형 원양 정기선은 일등실의 화려함과 사치스러움으로 유명하지만, 이 배들은 유럽에서 미국으로 이민을 가는 수많은 가난한 삼등 승객을 운송했다. 1921년 미국 의회는 비상이민할당법을 통과시켜 대량 이민의 문호를 닫았다. 비상이민할당법이 통과된 이듬해 미국으로 들어가는 이민자 수는 50만 명이 줄었다. 선박 소유주들은 더 부유한 여행자들을 위한 새로운 정기선을 건조했다.

새로운 배들은 가장 아름답고 탐나는 환락의 공간을 갖춰서 설계하고자 했다. 큰손은 영국과 프랑스였다. 독일은 비껴나 있었다. 그들의 옛 정기선들이 제1차 세계대전이 끝나면서 전승국들에 몰수됐고, 새로운 배를 건조할 돈이 별로 없었기 때문이다. 전후 독일의 가장 유명한 정기선은 북독일로이드사 NDL가 건조한 브레멘호였다. 새로운 프랑스 정기

오른쪽 노르망디호의 상갑판에는 커다란 사교실과 휴게실이 있었고, 그 아래에는 커다란 일등객 식당이 있었다. 관광객 및 삼등객 시설은 뒤쪽에 있었다.

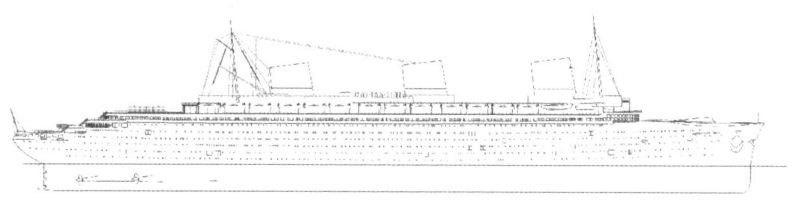

왼쪽 1935년 뉴욕으로 가는 첫 항해를 위해 르아브르를 떠나는 노르망디호를 보기 위해 5만 명의 구경꾼이 해변에 모여들었다.

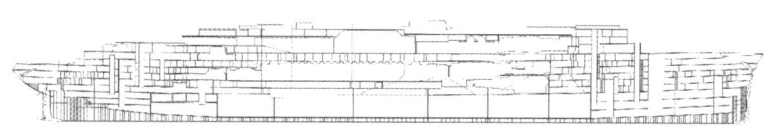

선의 첫 주자는 1927년 대서양기선회사 CGT('프랑스 정기선사'로도 알려져 있다)가 진수시킨 일 드 프랑스호였다. 내부를 아르데코 양식으로 설계하고 치장한 이 배는 해상의 설치미술과도 같았다. 이 배는 설계, 실내장식, 서비스, 음식 등에서 이후 등장하는 초대형 정기선의 새로운 표준을 세웠다. 프랑스의 다음 주자 노르망디호는 정기선의 설계와 스타일을 한층 더 끌어올렸다. 이 배는 숨이 멎을 듯 아름다웠다. 이 배의 우아하고 고상한 선체는 오목한 클리퍼형 뱃머리 위에서 완반한 상향 곡선을 그렸고, 세 개의 짧은 굴뚝은 맵시 있는 각도로 뒤로 젖혀져 있었다. 뱃머리에는 둥글납작한 각부脚部를 새로 만들어 선수파船首波를 차단하고 항력抗力을 줄였다.

힘든 시절

노르망디호는 소련의 조선 기사 블라디미르 유르케비치(1885~1964)가 설계했다. 건조는 1931년에 시작했지만, 이때는 조선업자들에게 월가 대폭락 이후의 어려운 시기였다. 몇몇 새 정기선 건조가 지연되거나 취소됐다. 노르망디호의 건조는 정부 지원을 받고서야 계속될 수 있었다. 각국 정부가 이런 근사한 배들의 건조 비용

블루리본상

배 한 척이 대서양을 횡단하자마자 다른 배가 더 빨리 건너가고자 했다. 그다음 배도 그랬다. 대형 원양 정기선들이 대서양을 건너는 사업을 하면서 그들은 가장 빠르게 횡단했다는 영예를 차지하기 위해 서로 경쟁했다. 이것은 블루리본Blue Riband으로 알려지게 된다. 경마에서 빌려온 용어다. 블루리본상을 받으려면 다른 어떤 정기선보다도 빠른 평균 속도로 서쪽으로 가는 정규 영업의 여객선이어야 했다. 처음에는 실제 상이 없다가 1935년 영국의 선주 해럴드 헤일스(1868~1942)가 트로피를 만들었다. 헤일스 트로피는 양방향 모두 가장 빠르게 횡단한 여객선에 주는 것이어서 블루리본상과 같은 것은 아니었다. 그동안 35척의 배가 블루리본상을 받았으며, 1952년 증기선 유나이티드 스테이츠호가 마지막으로 수여했다. 이 배 이후 기록을 경신한 배들은 정규 영업을 하는 여객선이 아니었기 때문에 블루리본상을 받지 못했다.

오른쪽 이 거대한 아르데코 문들과 칸막이가 흡연실을 커다란 사교실로부터 분리하고 있다. 노르망디호의 호화스러운 실내는 르네 랄리크, 장 뒤파, 에밀자크 륄만 같은 아르데코 거장들의 작품이었다.

을 지원한 것은 그것이 국가 자부심의 상징이었기 때문이다. 그리고 그것은 전시에 병력 수송에 사용할 수 있었다.

노르망디호는 해상 시험에서 32노트(시속 59킬로미터) 이상의 속도를 냈다. 유르케비치가 선체를 매끄럽게 설계하고 터빈 전기 엔진을 사용한 덕분이었다. 이 배의 터빈은 프로펠러를 직접 구동하지 않았다. 대신에 그것은 전동기에 동력을 공급하는 발전기를 구동했고, 전동기가 프로펠러를 구동했다. 이 방식은 배를 거꾸로 움직이는 데 필요한 보조 터빈이 필요 없게 했다. 노르망디호의 전동기는 터빈과 달리 어느 방향으로도 작동할 수 있었다. 이것이 막대한 양의 무게와 기계를 들여놓는 공간을 절약하게 했다. 정기선의 아르데코 실내에는 넓은 공용실이 있었다. 이런 넓은 실내 공간은 굴뚝용 도관을 나누어 배의 측면으로 내려 설치함

비행기의 충돌

노르망디호는 1936년 별난 사고를 당했다. 6월 22일, 영국 공군 조종사 가이 호시 중위는 영국 남해안 앞바다 솔런트해협에서 어뢰 훈련을 하고 있었다. 호시와 그 동료 조종사들은 블랙번 배핀 복엽기를 몰고 목표물에 다가가 불발 어뢰를 투하했다. 한편 노르망디호는 프랑스로 가기 전에 우편물과 승객을 내려주기 위해 솔런트해협으로 들어왔다. 호시는 목표물을 향해 내려와 어뢰를 투하한 뒤 노르망디호의 좌현 쪽으로 날아 내려왔다. 굴뚝 높이 이하였다. 엔진이 꺼져 그는 복엽기를 통제하지 못하고 자동차를 내리고 있던 기중기를 들이받은 뒤 노르망디호의 앞 갑판과 충돌했다. 호시는 충돌에도 불구하고 살아남았다. 배의 선장은 출발을 늦추지 않기로 결정했고, 부서진 복엽기 잔해는 그대로 갑판 위에 두었다. 영국 공군은 복엽기를 회수하기 위해 사람들을 프랑스에 보내야 했다.

으로써 중앙 부분이 비어 있기 때문에 만들 수 있었다. 대식당은 손님 700명이 넉넉하게 앉을 수 있을 정도로 컸다.

노르망디호는 첫 도전에서 블루리본상을 거머쥐었다. 1935년 5월 르아브르에서 뉴욕까지 가는 첫 항해는 4일 3시간 14분이 걸렸다. 이 배는 프랑스 최초로 신기록을 세웠지만 그 기록은 불과 1년 뒤에 막강한 경쟁자 큐나드의 퀸 메리호가 깼다. 노르망디호는 1937년 개조 이후 다시 신기록을 세웠으나, 이듬해 또 한 번 퀸 메리호에 의해 기록이 깨졌다.

노르망디호는 아름답고 빨랐지만 정원의 겨우 절반만 채우고 운항하는 일이 많았다. 이 배는 일등 승객에게 중점을 두고 너무 많은 공간을 배려했기 때문에 부자와 명사를 위한 배로 알려졌다. 일반 여행자들을 위한 배가 아니었다. 퀸 메리호를 타고 여행하려는 관광객이 점점 늘어갔다.

1939년 유럽에서 전쟁이 터졌을 때 노르망디호는 뉴욕에 있었고, 그곳에 있으라는 명령을 받았다. 1941년에는 병력 수송선으로 쓰이도록 미국 해군에 양도됐고, 이름이 라파예트호로 바뀌었다. 1942년 2월 9일 군용으로 개조 작업을 하던 중에 용접 토치에서 나온 불똥으로 불이 났다. 배의 방화 체계는 꺼져 있었기 때문에 불은 마구 확산됐다. 소방관들이 도착했을 때는 배가 활활 타고 있었다. 소방선들이 불을 끄려고 배에 물을 너무 많이 퍼부어 배가 기울기 시작하더니 점점 기울어지다 결국 뒤집혔다. 배는 1943년에 바로 세워지고 건선거로 예인됐다. 그러나 불로 손상되고 1년 이상 측면이 바닷물에 잠겨 있다 보니 상태가 악화된 데다 전시에 숙련된 노동자들이 부족해 수리가 어려웠다. 배는 전쟁이 끝날 때까지 뉴욕에 있다가 결국 고물로 팔렸다.

왼쪽 1930년대에 대형 정기선들은 이런 인상적인 그림의 포스터로 홍보하고 승객을 끌어모았다. 이것은 미술가 앙드레 윌킨(1899~2000)이 그린 노르망디호다.

비스마르크호

독일 전함 비스마르크호는 제2차 세계대전에서 가장 강력한 전함 중 하나였다. 너무도 위험했기 때문에 추적 당하고 파괴됐다. 이 배는 속도와 강력한 화력 그리고 중장갑에도 불구하고 이전 시대의 엉성한 '망태기(제2차 세계대전 때 영국 항공모함에서 사용하던 주요 뇌격기 중 하나인 페어리 소드피시Fairey Swordfish의 별명-옮긴이)' 복엽기에 당하고 말았다. 그것은 거대 전함의 시대가 저물고 있다는 조짐이었다.

유형 비스마르크급 전함
진수 독일 함부르크, 1939년
길이 251미터
톤수 배수량 4만 1,700톤
건조 용접한 강철
추진 세 개의 증기터빈(11만 450 킬로와트)이 세 개의 스크루 프로펠러를 구동

두 세계대전 사이에 주요 해군 강국들이 여러 조약과 협정을 맺어 군함 건조를 제한하려 했지만, 이는 1930년대에 금이 가기 시작했다. 1939년 전쟁이 터졌을 때 독일은 다가오는 대륙의 육상전이 끝나는 1940년대 말까지는 영국과 바다에서 싸울 것이라고 예상하지 않았다. 독일은 영국의 해군력과 균형을 맞추기 위한 '플랜 Z'를 가지고 있었다. 그러나 영국은 1939년 9월 3일 독일에 전쟁을 선포했다. 독일은 그때 운용 중인 현대적 전함이 샤른호르스트호와 그나이제나우호 두 척뿐이었다. 그러나 비스마르크호와 티르피츠호가 막 진수해 곧 취역할 예정이었다.

비스마르크호가 먼저 취역했다. 본래 설계는 주포로 33센티미터 포 8문을 탑재하려 했지만, 배가 건조될 무렵에 다른 나라들은 더 큰 38센티미터 포로 무장한 군함을 건조하고 있어서 독일 해군은 비스마르크호에 41센티미터 포를 탑재하려 했다. 그러려면 더 큰 선체, 배수량, 통풍창, 연료실이 필요했다. 건조 비용이 늘어났고, 준공도 지연됐다. 배수량에 대해 이미 동의를 얻었으므로 이 전함은 38센티미터 포 8문으로 무장하기로 했다. 쌍둥이 포탑에 4문, 앞뒤에 각각 2문씩이었다. 이 거대한 포들은 모두 소형 승용차만 한 무게의 포탄을 36킬로미터 이상의 거리까지 쏠

아래쪽 독일 전함 비스마르크호는 가공할 전쟁 기계였다. 이 전함은 진수하는 순간부터 연합국 해군과 상선에게 심각한 위협이었다.

위쪽 올라프 라하르트가 그린 「비스마르크호의 마지막 전투」라는 이 그림에는 전투 중인 비스마르크호가 나온다. 전함의 주포가 뿜은 섬광과 연기 너머로 이 전함을 쫓는 영국 군함에서 쏜 포탄이 물을 튀겨 올리는 것이 뚜렷하게 보인다.

수 있었다. 포의 크기를 절약한 무게로 더 두꺼운 장갑을 만들었다. 포탄이 장갑을 뚫을 경우에 대비해 선체는 22개의 방수 구획으로 나뉘었다.

비스마르크호 추적

1941년 대서양에서 전함 샤른호르스트호와 그나이제나우호가 상선을 성공적으로 공격한 뒤, 영국에 물자를 공급하는 상선들을 전멸시키는 것은 비스마르크호의 몫이 됐다. 그 자매함 티르피츠호가 합류해야 하는데, 이 배는 이미 진수하고 취역했지만 전투태세를 갖추지 못했다. 그 대신 비스마르크호는 '라인연습' 작전에 중순양함 프린츠 오이겐호와 함께 나갔다. 영국을 굶기고 봉쇄한다면 독일이 유럽의 패권을 차지하는 것이었다.

고텐하펜(이전의 폴란드 항구 그디니아)에 주둔했던 비스마르크호와 프린츠 오이겐호는 몰래 대서양으로 나가려고 했다. 5월 18일 프린츠 오이겐호가 먼저 출발했고, 비스마르크호는 그다음 날 빠져나갔다. 두 전함은 아르코나곶에서 만나 서쪽으로 향했다. 이들이 덴마크와 스웨덴 사이의 얕은 바다인 카테가트해협에 이르렀을 때 한 스웨덴 군함이 두 전함을 발견했다. 서쪽으로 계속 가다가 북쪽으로 틀어 노르웨이 해안을 지나던 중에 그들은 노르웨이 저항군에게 들켰다. 영국은 이제 연속적인 목격 정보를 받기 시작했다. 5월 21일, 두 전함은 낮 동안 베르겐 근처의 피오르에 숨어 어둠이 깔리기를 기다렸다가 이동했다. 프린츠 오이겐호는 재급유할 기회를 얻었다. 그곳에 있는 동안 영국 공군의 전투기 스피트파이어가 그들을 발견하고 사진을 찍었다. 그들이 어둠을 틈타 출발하고

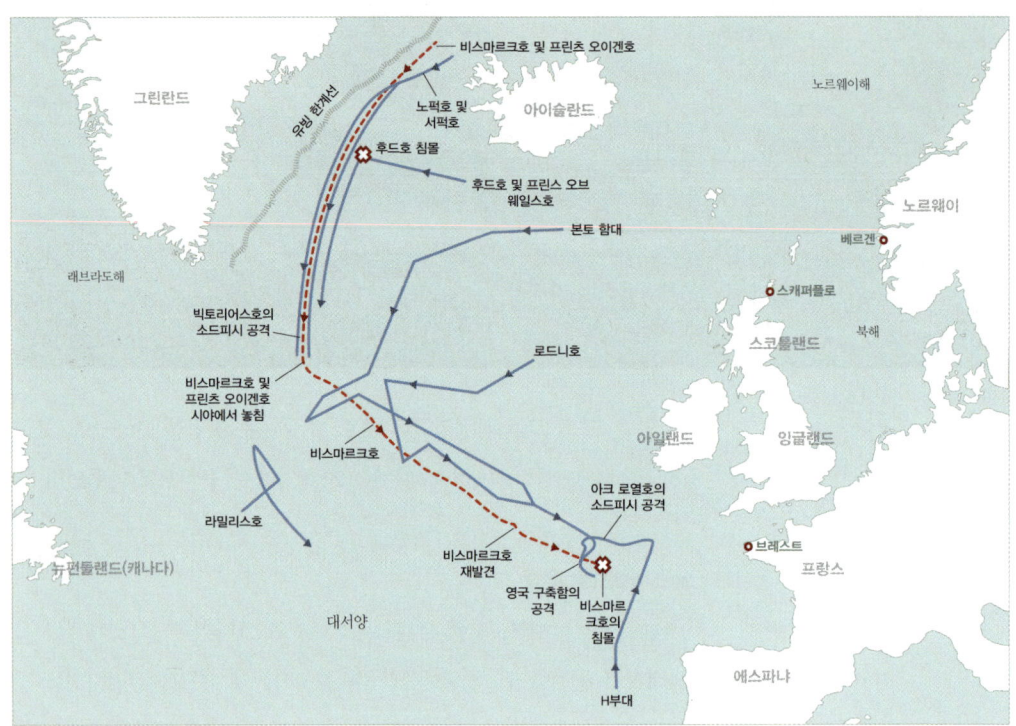

위쪽 비스마르크호는 영국 군함 후드호를 격침한 뒤 안전 해역으로 거의 되돌아왔으나, 비스마르크호의 위치가 드러나자 영국 군함들이 가까이 다가왔다. 여기서 청색 선은 영국 군함 또는 함대를 나타내고, 적색 점선은 비스마르크호의 항로를 보여준다.

> 우리는 포열이
> 시뻘겋게 불타고
> 포열에 마지막 포탄이
> 남을 때까지 발사할
> 것이다.
> – 귄터 뤼트옌스 제독(마지막 전투를 앞두고 비스마르크호 승조원들에게)

조금 뒤에 더 많은 영국 항공기들이 도착해 그들을 찾았으나 실패했다. 그때 두 전함은 공해로 나가 정북 쪽을 향해 속도를 내고 있었다.

영국의 한 전투단戰鬪團이 5월 22일 저녁 스코틀랜드 오크니제도의 스캐퍼플로를 떠나, 두 독일 전함의 마지막 지점에서부터 이들을 수색했다. 한편 비스마르크호와 프린츠 오이겐호는 서쪽으로 갔다. 그 함장들은 자기네가 발트해에서 떠난 것이 아직 발각되지 않았다고 생각했고, 영국 군함들이 수색하고 있는 것을 몰랐다. 두 독일 전함을 찾기 위해 영국으로 필수 물자와 수천 명의 병력을 실은 11척의 호송선이 대서양을 건너려고 준비 중이었다. 영국 해군의 서퍽호가 5월 23일 저녁 마침내 짙은 안개 속에서 두 독일 전함을 발견했다. 새 전함 프린스 오브 웨일스호와 오래된 순양전함 후드호를 비롯한 영국의 주력 전투단은 480킬로미터 밖에 있었다. 비스마르크호는 노퍽호를 발견하고 포문을 열었으나 노퍽호는 안개 속으로 사라졌다. 영국 군함들은 함대의 나머지 군함들이 도착하기를 기다리며 안전한 거리를 확보하고 두 독일 전함을 따라갔다.

위쪽 영국 공군 스피트파이어 조종사 마이클 서클링이 찍은 비스마르크호. 1941년 5월 21일 호위함과 함께 비스마르크호가 노르웨이 해역에 정박하고 있는 모습인데, 여기서부터 이 전함에 대한 영국의 추적이 시작됐다.

5월 24일 아침, 비스마르크호의 수중 청음기 담당자와 관측자들이 접근하고 있는 전함 두 척을 발견했다. 그중에 영국 후드호가 22.86킬로미터 거리에서 프린츠 오이겐호에 발포했다. 후드호는 매우 강력하고 중요한 전함이어서 '막강 후드호'나 '영국 해군의 자랑'이라고 했다. 잠시 후, 두 번째 영국 전함 프린스 오브 웨일스호가 발포했다. 두 독일 전함이 응사했지만, 이 첫 공격에서는 명중이 없다가 프린스 오브 웨일스호가 먼저 비스마르크호를 맞혔다. 양쪽 포수들은 사정거리를 확보했다. 후드호와 비스마르크호는 포탄을 또 맞았다. 그 뒤 비스마르크호가 발사한 포탄이 후드호의 장갑을 뚫었고, 연료실 중 하나를 맞혔다. 후드호가 폭발해 파편이 튀었고, 배는 둘로 쪼개졌다. 후드호는 3분도 되지 않아 침몰했다. 1,418명의 승조원 중 단 세 명만 살아남았다. 이 군함의 폭발 소식과 그것이 침몰하는 모습은 영국인들에게 큰 충격을 주었다.

이제 두 독일 전함으로부터 포격을 받은 프린스 오브 웨일스호는 계속 두들겨 맞아 공격을 중단했다. 비스마르크호 역시 라인연습 작전을 지속하기에는 너무 심하게 손상되어 수리를 하러 프랑스의 한 항구로 항했다. 영국의 모든 군함에 비스마르크호를 찾아 파괴하라는 명령이 내려졌다. 영국의 빅토리어스호는 소드피시 복엽기를 발진시켰다. 비스마르크호는 이들을 발견하자 갈지자로 움직였다. 소드피시 복엽기들이 떨어뜨린 어뢰 하나가 비스마르크호의 중간에 맞아 그 속도를 떨어뜨렸다. 심하게 손상된 프린스 오브 웨일스호는 비스마르크호를 따라잡을 수 있었고, 발포했다. 그러나 영국 군함들은 곧 비스마르크호를 다시 놓쳤다.

발견

비스마르크호는 1941년 침몰한 뒤 사라졌다가 타이태닉호의 잔해를 발견했던 로버트 밸러드가 1989년 프랑스 해안으로부터 965킬로미터 떨어진 4,791미터 해저에 수직으로 놓여 있는 것을 찾았다. 이 배는 침몰할 때 사화산 옆에 내려앉아 산사태를 일으켰다. 선체에는 여덟 군데 구멍이 났다. 배꼬리 일부는 부서져 나갔다. 주 포탑 네 개는 배기 헤지에 굴리떨어질 때 떨어져 나간 듯하다. 이와는 달리 선체는 비교적 양호했다. 침몰할 때 배에 물이 차서 안과 밖의 압력이 균형을 이루었음을 알 수 있었다. 이는 배가 적의 손에 넘기지 않으려고 자침시켰다는 승조원 일부의 주장이 맞을 수도 있음을 시사한다.

오른쪽 영국 군함 도싯셔호가 비스마르크호의 생존자들을 구조하기 시작했으나, U-보트가 나타났다는 소식을 듣고 독일 수병들을 물 위에 버려둔 채 현장을 떠났다.

마지막 교전

비스마르크호 승조원들은 U-보트들이 초계하는 해역에 다가가 독일 항공기의 항속 거리 안에 들어가면서 안전하다고 여겼다. 그러나 5월 26일 아침 한 카탈리나 비행정이 아일랜드 서해안 앞바다에서 이 전함을 발견했다. 비스마르크호는 프랑스 항구 브레스트에서 약 1,125킬로미터 떨어져 있었다. 영국 군함들은 지금 아주 멀리 있었기 때문에(방향을 잘못 잡고 나아갔다) 비스마르크호는 속도가 더 떨어지지만 않는다면 잡히지 않을 수 있었다. 영국 군함 아크 로열호에서 발진한 페어리 소드피시 복엽기가 어뢰를 발사했다. 그중에 하나가 비스마르크호 배꼬리에 맞아 방향타를 좌현 쪽으로 밀었다. 비스마르크호는 이제 통제할 수 없고 선회만 가능했다. U-보트들이 그 수역에 있었지만 바다가 너무 거칠어서 비스마르크호를 도울 수가 없었다. 이튿날 아침, 로드니호, 킹 조지 5세호, 도싯셔호 등 영국 군함들이 비스마르크호를 발견하고 발포했다. 비스마르크호는 포탄과 어뢰를 계속 얻어맞았다. 비스마르크호는 포탑이 하나씩 얻어맞아 공격력을 상실했고, 포격 속에서 수백 명의 수병이 죽었다. 영국은 후드호를 가라앉힌 이 전함을 부숴버리려고 3천 발에 가까운 포탄을 쏟아냈고, 최대 400발을 목표물에 맞혔다. 불길에 싸인 비스마르크호는 결국 뒤집혀 침몰했다. 도싯셔호는 물에서 생존자를 구조하려 했으나, 잠수함 잠망경이 보였다는 정보를 듣고 곧 떠났다. 독일 수병 수백 명이 아직 물 위에 있었다. 비스마르크호의 수병 2,200명 중 115명만이 살아남았다. 라인연습 작전 지휘관 귄터 뤼트옌스 제독과 비스마르크호의 유일한 부함장 오토 에른스트 린데만은 모두 배와 함께 물에 잠겼다.

독일 주력함들의 운명

비스마르크호의 자매함 티르피츠호는 북극 호송대에 심각한 위험이었다. 1944년 11월 12일, 영국 공군은 이 전함에 5.4톤의 '톨보이' 폭탄을 투하해 티르피츠호를 격침시켰다. 다른 독일 주력함들도 격침되거나 항구에 봉쇄됐다. 1942년 2월, 샤른호르스트호와 그나이제나우호, 프린츠 오이겐호는 프랑스 브레스트를 뚫고 나가 잉글랜드해협으로 들어간 뒤 독일의 모항에 이르는 데 성공했다. 그러나 그나이제나우호는 건선거에 있는 동안 폭탄을 맞아 다시는 바다에 나가지 못했다. 샤른호르스트호는 다시 전투에 참여했다. 영국과 독일 전함들 사이의 마지막 해전인 1943년 12월 노르카프 전투였다. 이 전함은 노르웨이 북해안 앞바다에서 한 호송대를 공격했지만, 그 호위함에 제압당해 격침됐다. 프린츠 오이겐호는 전쟁이 끝나도록 살아남아 미국 해군에 넘겨졌다. 이 전함은 태평양에서 있었던 두 차례 원자폭탄 실험에 사용됐다. 배 위에서 핵폭발의 효율을 관찰하는 것이었다. 프린츠 오이겐호는 버려져 상태가 악화됐고, 1946년 12월 마셜제도의 콰절레인 환초에서 수장됐다.

위쪽 프린츠 오이겐호가 1946년 두 차례의 핵무기 실험에서 그 효율을 측정하기 위해 비키니환초에 정박하고 있다. 두 실험의 암호명은 '에이블'과 '베이커'였다.

아래쪽 프린츠 오이겐호는 원자폭탄의 폭발점으로부터 1,100미터 지점에 계류했다. 배는 손상을 크게 입지는 않았으나 방사능 낙진에 심하게 오염됐다.

일러스트리어스호

항공모함은 잠수함과 마찬가지로 군사 전략가들이 회의적으로 바라보았던 개발품이었다. 그리고 잠수함과 마찬가지로 그것은 처음에는 단순한 지원 함선으로 사용됐다. 항공모함의 잠재력은 1940년 타란토 전투 이후 마침내 현실화됐다. 이것은 항공모함이 전함으로서 벌인 첫 전면 해상 공격이었다. 항공모함이 얼마나 강력한 무기가 될 수 있는지를 과시한 이 배는 영국 해군의 일러스트리어스호였다.

유형 일러스트리어스급 항공모함
진수 영국 배로인퍼니스, 1939년
길이 225.6미터
톤수 배수량 2만 3,369톤
건조 장갑 강철 선체
추진 세 개의 증기터빈(8만 3천 킬로와트, 11만 1천 마력)이 세 개의 스크루 프로펠러를 구동

이탈리아는 여섯 척의 전함에다 순양함과 구축함 들로 이루어진 강력한 함대를 이탈리아 남해안 타란토에 주둔시켰다. 지중해를 건너 북아프리카로 가는 보급선을 보호하기 위한 것이었다. 영국은 이 함대를 무력화해야 했다. 이탈리아의 보급선을 끊고 북아프리카에서의 연합군 군사작전에 대한 위협을 제거하기 위해서였다. 영국은 해군 항공기로 어뢰를 투하해 이탈리아 함대를 공격하기로 결정했고, 이 일에 영국 해군의 이글호가 선택됐다. 1918년에 옛 슈퍼드레드노트 전함을 개조한 것이었다. 그러나 이글호는 연료 계통에서 누출이 발견되어 긴급 수리를 해야 했고, 일러스트리어스호가 대타로 나서게 됐다.

제2차 세계대전이 시작되기 불과 몇 달 전에 진수한 일러스트리어스호는 조기 경보 레이더를 장착했다. 그래서 최대 약 100킬로미터 밖에 있는 항공기를 탐지할 수 있었다. 적기가 19킬로미터 이내로 들어오면 배에 있

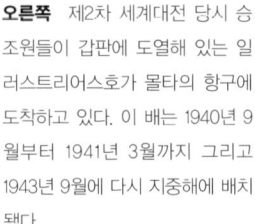

오른쪽 제2차 세계대전 당시 승조원들이 갑판에 도열해 있는 일러스트리어스호가 몰타의 항구에 도착하고 있다. 이 배는 1940년 9월부터 1941년 3월까지 그리고 1943년 9월에 다시 지중해에 배치됐다.

오른쪽 페어리 풀마 전투기 한 대가 영국 군함 일러스트리어스호에서 발진하고 있다. 일러스트리어스호는 지중해에서 활동할 때 15대의 페어리 풀마와 18대의 페어리 소드피시 복엽기를 탑재하고 있었다.

는 16문의 110밀리미터 포로 요격했다. 여덟 개의 쌍둥이 포탑(비행갑판 양쪽에 각각 네 개씩이다)에 늘어서 있는 포들이었다. 적기가 6.2킬로미터 이내로 들어오면 배의 '폼폼pom-pom' 속사포가 발사된다. 일러스트리어스호에는 이 포가 48문 장착됐는데, 포 여덟 문을 한 조組로 하여 여섯 개씩이 배열되어 있었다. 적기가 이 모든 것을 통과해 폭탄을 투하하면 배는 장갑 비행갑판(그 아래 장갑 항공기 격납고가 있다)으로 보호된다.

비판자들은 암호명 '저지먼트Judgement 작전'으로 불린 타란토 공격을 회의적으로 보고 통상적인 해상 전투를 주장했다. 타란토는 대공포, 기관포, 방공기구防空氣球로 겹겹이 보호되어 있었다. 또한 약간의 어뢰 방어망도 가동되고 있었다. 공중으로부터의 공격은 매우 어려워 보였다.

항공모함의 발명

배에서 비행기를 발진시키려는 첫 시도는 1903년 라이트 형제가 역사적인 첫 동력 비행을 한 뒤 불과 7년 만에 이루어졌다. 발진에 처음으로 성공한 것은 1910년 11월 14일 커티스 모델 D를 탄 미국 조종사 유진 버턴 일리(1886~1911, 사진)였다. 미국 군함 버밍엄호에서였는데, 잔잔한 바다에서 가만히 떠 있는 상태였다. 현실적인 방식이라면 비행기는 항해 중인 배의 상하좌우로 흔들리는 갑판에서 발진하고  그런 배로 다시 돌아와야 한다. 1912년 5월, 항해 중인 배에서 첫 발진이 이루어졌다. 영국 군함 히베르니아호에서 찰스 샘슨(1883~1931) 중령이 쇼트 개량 S.27 복엽기를 타고 날아올랐다. 비행기의 발진과 귀환이 함께 이루어진 것은 1917년 아르고스호에서였다. 초기 항공모함들은 군함이나 정기 여객선을 개조한 것이었다. 제 용도로 처음 만들어진 항공모함은 일본의 호쇼호鳳翔號였고, 1921년 진수했다.

아래쪽 영국 항공모함 일러스트리어스호에 탑재된 페어리 소드피시 복엽기는 어뢰 폭격기였다. 각기 어뢰 한 발씩을 탑재했다.

타란토 전투

1940년 11월 11일, 일러스트리어스호와 다른 여덟 척의 군함은 그리스 케팔로니아섬 앞바다의 한 지점으로 나아갔다. 타란토에서 약 310킬로미터 떨어진 곳이었다. 해가 진 뒤 어뢰를 탑재한 소드피시 복엽기 여섯 대와 폭탄을 실은 다른 여섯 대가 일러스트리어스호에서 발진했다. 그들에 이어 두 번째 무리 아홉 대가 출발했다. 그중에 한 대는 연료 문제로 돌아와야 했다. 그들은 공격을 위해 작은 무리로 나뉘었다. 첫 번째 무리는 해안의 저유소를 폭격했다. 다음 무리는 항구의 배들을 공격하기 시작했다. 배들은 하나씩 하나씩 어뢰나 폭탄에 맞았다.

전투 막바지에 전함 콘테 디 카보우르호가 침몰했고, 다른 전함 두 척과 두 척의 중순양함이 손상을 입었다. 콘테 디 카보우르호는 나중에 끌어 올렸지만 손상이 너무 심해 완전히 수리되지 못했다. 목표 지점에 온 항공기 20대 중 2대가 격추됐다. 한 항공기의 항공병 두 명은 죽었고, 다른 항공기의 두 명은 포로가 됐다. 이탈리아는 사망자 59명, 부상자 600명이었다. 타란토 공격은 성공이었다. 해군 항공부대만으로 적 함대

아래쪽 1860년대 이래 해군의 거점이었던 타란토는 양차 세계대전에서 모두 중요한 해군기지였다. 일러스트리어스호는 1940년 연합군의 운항에 대한 위협을 무력화시키기 위해 이 항구를 공격했다.

위쪽 일러스트리어스호는 1941년 12월 미국에서 영국으로 돌아오다가 폭풍우에 휘말려 영국 군함 포미더블호와 충돌했고, 뱃머리와 비행갑판에 손상을 입었다.

중요한 문제인 장갑

항공모함 설계는 제2차 세계대전 중에 영국과 미국에서 서로 다른 두 길을 걸었다. 미국은 장갑 없는 비행갑판을 선호했고, 영국은 장갑 비행갑판을 선택했다. 두 접근법은 각기 장단점이 있었다. 장갑 없는 비행갑판은 수리가 빠르고 쉬웠고, 절약된 무게는 격납고를 늘려 더 많은 항공기를 실을 수 있었다. 그러나 비행갑판이 폭격에 뚫리면 그 피해와 사상자가 엄청났다. 장갑 비행갑판에 장갑 격납고가 결합하면 매우 강한 구조가 만들어지지만, 갑판 장갑의 무게가 추가되어 격납고의 크기가 줄고 탑재할 수 있는 항공기 수가 줄게 된다. 미국은 전쟁 도중 경험을 토대로 1945년 미드웨이급 이후의 모든 항공모함은 장갑 비행갑판을 채택했다.

의 기능을 마비시킨 것은 처음이었다. 군사 전략가들은 항공모함의 항공기가 전함의 포보다 더 멀리까지 날아가 싸울 수 있음을 깨달았다. 이후 전함은 더 이상 건조되지 않았고, 항공모함이 지배적인 군함이 됐다.

일러스트리어스호의 항공기는 계속해서 지중해에서 적의 함대와 해안 진지, 항공기를 공격했다. 1941년 1월, 이 항공모함은 독일의 급강하폭격기 슈투카 한 무리의 공격을 받아 심하게 손상됐다. 그리고 몰타에서 수리하는 도중에 다시 폭격을 입었다. 만약 이 항공모함에 장갑 비행갑판이 없었다면 배는 파괴됐을 것이다.

1943년 이 항공모함은 개조하려고 영국으로 돌아왔다가 연합군의 살레르노 상륙을 지원하기 위해 다시 지중해로 갔다. 1944년에는 인도양에 배치됐고, 1945년에는 태평양으로 갔다가 그곳에서 일본군의 가미카제神風 공격을 당했다. 배는 심하게 부서져 수리를 하러 미국 버지니아주 포츠머스에 있는 노퍽 해군공창으로 갔다.

일러스트리어스호가 수리되는 동안 전쟁이 끝났고, 이후 배는 훈련선이 됐다. 이후 몇 년 동안은 더 해빌런드 뱀파이어, 슈퍼마린 어택커, 글로스터 미티어 같은 제트 전투기들이 발진하고 귀환하는 해상 시험에 참여했다. 이 항공모함은 1954년 12월 퇴역했고, 1957년 해체되어 폐기됐다.

일러스트리어스호는 취역 기간 동안 반복적으로 새로운 포를 탑재하고, 더 나은 레이더를 달고, 비행갑판을 확장했다. 이 항공모함은 복엽기에서 제트기까지 모든 기종의 해상 활주로 역할을 했다.

패트릭 헨리호

제2차 세계대전이 시작되자 막대한 양의 물자·식량·차량이 바다를 통해 수송되어야 했지만, 이를 모두 소화할 만한 배가 충분하지 못했다. 게다가 상선이 건조되는 족족 독일의 U-보트에 격침됐다. 많은 양의 새 상선이 필요했고, 이는 간단하고 단순한 디자인이어야 했다. 그래야 빠르고 저렴하게 만들 수 있었기 때문이다. 이 배들은 리버티선이라 불렸다. 패트릭 헨리호가 그 첫 주자였다.

유형 EC2 리버티선
진수 미국 메릴랜드주 볼티모어, 1941년
길이 134.6미터
톤수 배수량 1만 4,474톤
건조 강철 선체
추진 삼단 팽창 증기기관(1,900킬로와트, 2,500마력)이 한 개의 스크루 프로펠러를 구동

제1차 세계대전이 끝난 뒤 미국은 이전의 중립적이고 고립주의적인 자세로 돌아왔다. 단호하게 더 이상의 '대외 얽힘'을 피하고자 했다. 그것은 일본이 1941년 12월 진주만에서 미국의 태평양 함대를 공격하면서 바뀌게 된다. 그 이전까지 미국은 자기네가 얻을 수 있는 선박 건조 자원을 영국이 필요로 하는 상선을 만드는 데로 돌렸다. 동일한 배를 가능한 한 빠르게 많이 만든다는 계획이었다. 그 디자인은 1879년까지 거슬러 올라가는 영국 부정기 화물선의 한 유형을 바탕으로 했다. 오션급으로 알려진 이 유형의 배 60척이 미국의 메인주 포틀랜드 및 캘리포니아주 리치먼드의 조선소에서 건조됐다. 그 뒤에 디자인은 수정되고 개량됐다. 미국의 제조업 및 선박 건조 표준에 맞추고 전시의 일부 물자 부족에 대처하며 배를 좀 더 빠르고 값싸게 만들기 위해서였다. 그 결과로 나온 수정 디자인은 EC2로 불렸다. E는 비상emergency, C는 화물cargo, 2는 전시에 길이 120~140미터의 중간 크기 배를 가리킨다. 이들은 식품과 연료에서부터 무기와 탄약에 이르기까지 온갖 종류의 화물을 수송했다.

첫 번째 EC2는 EC2-S-C1이었다. S는 증기steam 동력의 배를 표시하

아래쪽 패트릭 헨리호 같은 리버티선은 디자인이 상당히 단순해 빠르고 값싸게 건조할 수 있었다. 선체는 다섯 개의 화물칸으로 나뉘었다.

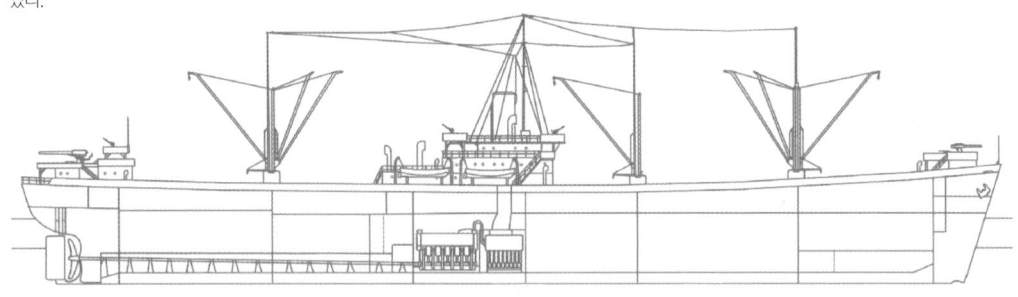

위쪽 배의 용골을 설치한 지 5개월도 되지 않아 말끔하게 칠해진 패트릭 헨리호가 조선대를 미끄러져 내려가 바다로 들어가고 있다.

는 것이었다. 구할 수 있는 모든 증기터빈 엔진은 해군에 배정됐고, 이에 따라 이들 초기 리버티선은 단순한 석유 연료의 왕복 증기기관으로 동력을 얻었다. EC2-S-C1은 18세기 미국 정치인의 이름을 따서 패트릭 헨리호라고 했다. 패트릭 헨리(1736~1799)는 1775년 버지니아에서 "내게 자유가 아니면 죽음을 달라"는 영국에 대한 군사적 저항을 옹호하는 연설로 유명한데, 프랭클린 루스벨트(1882~1945) 대통령은 패트릭 헨리호 진수식에서 이 연설을 언급하고 이 새로운 배들이 유럽에 자유liberty를 가져다주리라는 그의 희망을 피력했다. 따라서 이 배들은 리버티선으로 알려지게 됐다. 이들은 또한 덜 우호적으로는 '미운 오리 새끼'나 '바다소'로 알려졌다. 장식이 없는 외관에 속도가 느리기 때문이다. 그들은 역사 속에서 가장 매력적인 배라고는 할 수 없지만, 자기 역할을 매우 잘 해낸 배였다.

패트릭 헨리호 진수

패트릭 헨리호는 1941년 9월 27일 메릴랜드주 볼티모어의 베슬레헴 페어필드 조선소에서 진수했다. 다른 13척의 똑같은 리버티선과 함께였다. 패트릭 헨리의 자손 네 명을 비롯한 1천여 명의 구경꾼이 따스한 미풍이 부는 가운데 모여 배가 처음 바다로 들어가는 것을 지켜보았다. 이 배는 다섯 개의 화물칸과 갑판에 최대 1만 856톤의 화물을 운송할 수 있었다. 지프차 2,840대, 탱크 440대, 또는 2억 3천만 발의 소화기 탄약에 해당하는 양이었다.

리버티선은 초고속으로 만들기 위해 미리 준비해둔 일련의 구획과 부품을 조립했다. 자동차 산업의 생산 라인과 비슷한 이 과정은 미국의 기업가 헨리 J. 카이저(1882~1967)가 개발했다. 첫 기수의 리버티선들을 만드는 데는 각기 244일 정도가 걸렸으나, 2년이 되지 않아 42일로 줄었다. 떠들썩하게 홍보된 로버트 E. 피어리호라는 리버티선은 단 4일 만에 만들어졌다.

> 나는 이 배가 우리에게 많은 도움이 될 것이라고 생각합니다.
> —프랭클린 루스벨트(리버티선의 디자인에 대해 평하며)

오른쪽 새로 건조된 리버티선 아홉 척이 1943년 12월 로스앤젤레스의 캘리포니아 조선 회사에서 사용을 위해 대기 중이다.

> 내게 자유가 아니면
> 죽음을 달라.
> – 패트릭 헨리(1775)

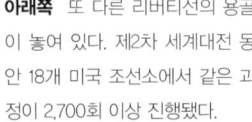

아래쪽 또 다른 리버티선의 용골이 놓여 있다. 제2차 세계대전 동안 18개 미국 조선소에서 같은 과정이 2,700회 이상 진행됐다.

무장은 아주 기본적이었고 배마다 모두 달랐다. 그러나 뱃머리에 75밀리미터 포 하나와 배꼬리에 100밀리미터 포 하나를 갖추거나, 둘 중 하나만 갖추기도 했다. 여기에 여러 작은 대공포를 갖췄다. 리버티선의 승조원이 되는 것은 위험한 일로 여겨졌다. 배들은 U-보트와 항공기에 의해 격침되거나 악천후에 실종될 수 있고, 아니면 구조상 고장이 날 수도 있었다. 그래서 리버티선의 또 다른 별명은 '카이저의 관'이었다.

전쟁 동안 패트릭 헨리호는 홍해, 소련 북극권의 무르만스크, 서인도제도, 남아프리카, 서아프리카, 이탈리아 등지를 다녔다. 이 배는 전쟁 이후까지 살아남아 민간 용도로 개조됐지만 1946년 플로리다 해안 앞바다에서 좌초해 큰 손상을 입었다. 배는 앨라배마주 모빌로 옮겨져 손상되고 퇴역한 다른 리버티선들과 함께 있었으나 수리는 되지 않았다. 결국 이 배는 볼티모어로 예인되어 1958년 건조된 바로 그 조선소에서 폐기됐다. 고철은 녹여 새로운 배를 만들기 위한 강판으로 바뀌었다.

빅토리선

1944년 리버티선 디자인이 개선됐다. 빅토리선으로 알려진 새 배들은 더 크고 U-보트보다도 속도가 더 빨랐다. 길이는 139미터, 배수량은 1만 5,440톤이었다. 리버티선의 단순한 증기기관 대신 빅토리선들은 증기터빈 엔진을 동력으로 삼았다. 일부는 디젤 동력이었다. 리버티선들은 선체가 부서지기 쉬웠고 때로는 격랑 속에서 두 조각이 났는데 이를 개선하기 위해 빅토리선은 선체 골조들의 간격을 더 벌려 선체가 더 유연해졌다. 깨지지 않고 좀 더 구부러질 수 있도록 한 것이다. 첫 번째 빅토리선은 1944년 1월 진수한 증기선 유나이티드 빅토리호였다. 빅토리선은 모두 534척이 건조됐다. 해스켈급 공격 수송선이라 불리는 한 부류는 117척인데, 1,500명의 병력을 수송하도록 설계됐으며 자체의 상륙정을 이용해 이들을 해안에 내려주었다. 이들 중 일부는 병원선으로 쓰였다. 해스켈급 선박 중 가장 오래 남아 있던 배는 2012년 폐기됐다.

리버티선들의 운명

전쟁이 끝날 때까지 3천 척 가까운 리버티선이 건조됐다. 리버티선은 대부분 유명한 애국자, 영웅, 정치가, 과학자, 탐험가의 이름을 따서 명명했다. 200척은 적의 공격, 악천후, 사고로 침몰했다. 상당수는 1960~1970년대까지 취역하다가 폐기됐다. 전쟁 동안 건조된 수천 척 중 단 세 척만이 오늘날까지 남아 있다. 증기선 제러마이아 오브라이언호(사진)는 샌프란시스코 베이 에어리어에서 크루즈 승객을 싣는다. 존 W. 브라운호는 볼티모어의 박물관 배이며, 또한 역사 크루즈 승객을 싣는다. 아서 M. 허델호는 나중에 헬라스 리버티호로 이름을 바꾸었는데, 그리스 피레아스의 붙박이 박물관 배다.

잊힌 영웅들

리버티선과 그 승조원들은 제2차 세계대전의 인정받지 못한 영웅들이다. 전쟁에서 활동한 그들의 기여는 값을 매길 수 없다. 전쟁 동안 연합국을 지원하기 위해 미국 항구를 떠난 모든 화물의 3분의 2는 리버티선으로 수송됐다. 리버티선들과 그 승조원들이 대서양을 건너 수송한 필수 물자들이 없었다면 U-보트가 영국을 봉쇄해 유럽에서 전쟁의 흐름을 바꿨을 것이다.

야마토호

일본은 제2차 세계대전 때 가장 크고 가장 무겁고 가장 강력하게 무장된 전함인 야마토호를 만들었다. 그러나 이 배는 잠수함이나 해상의 배, 항공기의 공격에서 효과적이지 못해서 이에 필적하는 규모의 전함은 다시 만들어지지 않았다. 이 배는 해군의 거대 전함 시대가 끝났음을 알려주는 전함이 됐다.

유형 야마토급 전함

진수 일본 구레吳 해군공창, 1940년

길이 263미터

톤수 배수량 6만 5,027톤

건조 용접한 강철 선체

추진 네 개의 증기터빈(11만 1855 킬로와트, 15만 마력)이 네 개의 스크루 프로펠러를 구동

태평양전쟁의 처음 몇 달은 일본에 유리하게 전개됐다. 일본군은 섬에서 섬으로 건너가며 점령했지만, 1942년 5월이 되자 미국의 반격이 먹히기 시작했다. 일본의 진군은 산호해 해전과 미드웨이 해전에서 막혔다. 그러자 미국군은 일본군을 다시 태평양을 건너 되돌아가도록 밀어냈다. 일본은 바다에서 반격을 계획하고 전함, 항공모함, 그 외의 함선으로 가공할 해군력을 집결시켰다. 그중 하나가 사상 최대의 전함 야마토호였다. 야마토급은 모두 다섯 척으로 계획됐지만, 야마토호와 무사시호武藏號만 완성됐다. 세 번째 배인 시나노호信濃號는 항공모함으로 개조됐다.

1930년대 초에 구상된 야마토호는 태평양에 있는 기존 군함보다 크고, 특히 미국이 파나마운하를 통해 태평양으로 가져올 수 있는 어떤 것보다 더 크게 설계됐다. 이 군함은 비밀리에 건조됐기 때문에 그것이 태평양에 등장했을 때 이는 놀라운 사건이었다. 그 장갑 갑판은 3천 미터 상공에서 투하하는 1천 킬로그램짜리 철갑鐵甲 폭탄이 직접 가격해도 견딜 수 있도록 설계됐다. 수선장갑대水線裝甲帶는 21킬로미터 거리에서 발사되는 45센티미터 포탄을 견뎌낼 수 있을 정도로 두꺼웠다. 그 주력 무장은 세 개의

오른쪽 일본의 초대형 전함 야마토호는 엄청난 공중 공격에도 견딜 수 있도록 설계됐다. 그 중앙 포탑은 수십 문의 대공포로 둘러싸여 있었다.

위쪽 완공 직전인 1941년 9월 20일 히로시마만 구레 해군기지에서 찍은 야마토호. 배경에 보이는 것은 보급선 마미야호間宮號다.

세쌍둥이 포탑에 설치된 9문의 460밀리미터 포였다. 이들은 배에 탑재된 함포로는 사상 최대였다. 포탑의 무게는 무려 2,516톤으로, 미국 구축함 한 척의 무게와 맞먹었다. 포들은 사거리가 44킬로미터였다. 이 군함은 일본이 진주만을 공격한 지 1주일이 조금 지난 1941년 말에 취역했다.

레이테만 해전

야마토호는 크고 가공할 힘을 가졌지만 다른 배에 그 주포를 발사한 것은 딱 한 번, 1944년 10월의 레이테만 해전에서였다. 이 전투는 제2차 세계대전에서 가장 큰 해전이었고, 역사상 가장 큰 해전이었을 것이다.

일본의 항공모함 거의 모두는 1944년 6월 필리핀해 해전에서 파괴됐다. 미국군 조종사들은 신참 조종사들이 모는 일본의 구식 항공기들을 격추하기가 너무 쉬워, 이를 '대마리아나 칠면조 사냥'이라 불렀다. 야마토호는 그곳에 있었지만 전투에는 참가하지 않았다. 그리고 10월 20일, 미국군은 필리핀의 레이테섬을 침공했다. 전투는 10월 23일에서 26일 사이에 네 개의 해전 즉 시부얀해 해전, 수리가오해협 전투, 엔가뇨곶 전투, 사마르 해전으로 벌어졌다. 일본은 미국의 상륙을 막기 위해 동원할 수 있는 거의 모든 군함을 레이테만으로 보냈다. 미국 잠수함들은 지나가는 일본 군함들을 발견하고 공격했으나, 야마토호는 무사히 피했다.

위쪽 야마토호의 교탑橋塔에는 배의 방공 레이더, 해상 레이더, 주포 거리계, 저각사격 통제지휘설비 등이 실려 있었다.

야마토호는 처음으로 참전한 시부얀해 해전에서 경상을 입었다. 미국 항공모함 에식스호의 항공기가 투하한 철갑폭탄에 맞은 것이다. 야마토호의 자매함 무사시호는 더 좋지 않았다. 여러 발의 폭탄과 어뢰를 맞고 침몰했다. 10월 24일, 일본군 일부가 레이테만을 떠나 상륙을 지원하던 미국 전함 몇 척을 공격했다. 이 교전은 사마르 해전으로 알려져 있고, 야마토호가 해상의 다른 전함들과 교전한 유일한 전투다. 야마토호의 포가 몇몇 미국 전함들에 명중했으나 단호하고 강력한 반격에 밀려 야마토호는 그곳을 떠났다. 야마토호는 수리를 위해 구레 해군기지로 돌아왔다.

덴고 작전

1945년 4월 1일, 연합군은 오키나와神繩를 침공했다. 이는 일본 본토 침공의 서막이었고, 태평양전쟁 최대의 상륙 공격이 수반됐다. 일본 해군은 덴노天皇의 고집에 따라 암호명 '덴고天號 작전'을 펼쳤다. 야마토호와 여덟 척의 구축함, 한 척의 순양함이 연합군을 공격하기 위해 오키나와로 갔다. 관계자 모두는 이것이 마지막인 자살 작전임을 알고 있었다. 배들의 연료는 편도 항해에 필요한 만큼만 주입했다. 그들은 오키나와에 도착하면 스스로 해안에 올라 해안 포대 역할을 하며 연합군을 향해 포격하다가 파괴당할 계획이었다. 그때가 되면 승조원들은 배를 버리고 육지에서 싸우도록 되어 있었다.

일본 쪽에서는 몰랐지만 연합군은 덴고 작전에 대한 무선 통신을 가로채 이 작전을 알고서 대비했다. 잠수함들은 일본 군함들의 위치를 보고했다. 연합군 항공기는 4월 7일 아침 접근하고 있는 일본군을 만났다. 수백 대의 연합군 항공기는 엄호할 일본 공군이 없었기 때문에 일본 군함들을 실컷 공격할 수 있었다. 공격은 야마토호로 집중됐다. 곧 폭탄과

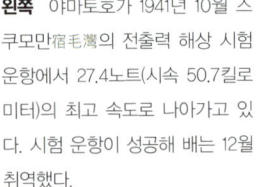

왼쪽 야마토호가 1941년 10월 스쿠모만宿毛灣의 전출력 해상 시험 운항에서 27.4노트(시속 50.7킬로미터)의 최고 속도로 나아가고 있다. 시험 운항이 성공해 배는 12월 취역했다.

오른쪽 야마토호가 1944년 10월 24일 레이테만 해전의 네 해전 중 하나인 시부얀해 해전에서 퇴각하고 있을 때 전방 포탑 부근의 갑판에 폭탄이 하나 떨어져 폭발했다.

어뢰가 목표물에 명중했다. 공격 막바지에 야마토호는 기울어지고 일부 침수됐으며 포 일부는 망가졌다. 대응 침수(배의 반대편을 고의로 침수시키는 것)로 기울어짐은 완화됐다. 승조원들이 거의 쉴 틈도 없이 오후에 두 번째 공격이 시작됐다. 폭격과 침수가 계속되자 야마토호는 좌현 쪽으로 점점 기울어졌다. 그러나 더 이상 대응 침수를 할 수는 없었다. 그 뒤 곧 세 번째이자 마지막 공격이 가해져 손상과 기울어짐이 커졌다. 오후 2시가 막 지나서 조타가 불가능해졌으며, 심하게 기울어지고 맹렬한 공격 속에 침몰이 임박하자 승조원들에게 배에서 탈출하라는 명령을 했다. 20분 후, 대부분의 승조원들이 배 안에 있는데 야마토호가 뒤집어졌다. 배가 뒤집히면서 연료실 하나가 폭발해 배가 침몰했다. 약 2,500명의 승조원이 배와 함께 수장됐다. 미국의 인명 피해는 12명이었다. 야마토호의 잔해는 40년쯤 뒤 규슈九州 서남쪽 290킬로미터 지점의 해저 340미터에서 발견됐다. 야마토호는 연료실 폭발로 인해 둘로 쪼개졌음이 드러났다.

일본군은 패배가 불가피한 순간에도 항복을 거부했고, 가미카제 공습이나 덴고 작전 같은 무용한 작전에 숱한 국민들을 희생시킬 용의가 있었으며, 본토를 지키기 위한 200만 병력이 있었다. 이 모든 요소가 미국으로 하여금 전쟁을 끝내기 위해서는 핵무기를 사용해야 한다는 결정을 내리도록 했다. 미국이 노르망디에서와 같은 통상적인 상륙을 통해 일본을 공격한다면 사상자가 100만 명이 생길 것으로 예상됐다. 야마토호가 침몰한 지 넉 달 뒤인 8월 6일, 히로시마廣島에 첫 원자폭탄을 떨어뜨리고 사흘 뒤 나가사키長崎에 두 번째 원자폭탄을 투하했다. 일본은 8월 15일 항복하고 제2차 세계대전은 끝났다. 거대 전함의 시대도 끝이 났다.

칼립소호

1960년대 말과 1970년대 초에 프랑스의 해저 탐험가 자크이브 쿠스토(1910~1997)는 시리즈로 '자크 쿠스토의 해저 세계'라는 다큐멘터리를 만들었다. 이 다큐멘터리의 스타 중 하나가 쿠스토와 그 동료 탐험가들을 태웠던 해양조사선이었다. 이 배의 활약으로 전 세계 시청자들은 해저 탐험과 환경에 대한 관심을 키웠고, 이 다큐멘터리는 새로운 유형의 대중적인 과학 방송의 선구가 됐다.

유형 해양조사선(이전에는 소해정)
진수 미국 워싱턴주 시애틀, 1942년
길이 42미터
톤수 배수량 366톤
건조 미송 선체
추진 두 개의 8기통 GM 디젤기관(430킬로와트, 580마력)이 두 개의 스크루를 구동

자크이브 쿠스토는 전직 프랑스 해군 장교이자, 스쿠버다이빙을 가능케 한 '애퀄렁Aqua-Lung'이라는 현대적인 수중 호흡기의 발명자다(에밀 가냥(1900~1984)과 공동 발명). 1951년 그는 40년 넘게 해상 연구 기지로 사용하게 될 배를 찾았다. 이 배는 이전에 영국 해군 소해정掃海艇이었던 J-826호였다. 이 배는 미국에서 만들어져 전시 무기 대여 제도에 따라 영국에 대여됐다. 선체는 자기기뢰磁氣機雷를 터뜨리는 일을 줄이기 위해 미송으로 만들어졌다. 이 배는 1942년 3월 21일 미국 워싱턴주 시애틀의 밸러드 마린 레일로드 야드에서 진수했다. 조선소 현장 감독의 딸인 이소벨 프렌티스에 의해서였다. 영국 역내 소해정BYMS으로 알려진 J-826호 같은 배들은 이름 없이 숫자를 붙여 구별했다.

J-826호와 30명의 승조원은 지중해의 제153 소해정대掃海艇隊에 소속

위쪽 1970~1980년대 텔레비전 시청자들은 자크이브 쿠스토를 금세 알아보았다(그가 예순두 살이던 1972년 한 학회에서 찍은 사진이다). 인기가 높았던 그의 해양 탐사 다큐멘터리 덕분이었다.

되어 일했다. 이 배는 1943년 이후 몰타에 주둔했다. 그해에 이 배는 연합군의 시칠리아 침공인 '허스키 작전'에 참여했다. 1944년에는 BYMS-2026호로 재지정되고 이탈리아 타란토에 주둔했다. 전쟁이 끝나고 취역이 해제되어 몰타에 가 있다가 그곳에서 민간인에게 팔려 차량 도선渡船으로 개조됐다. 칼립소 G호로 개명한 이 배는 몰타섬과 고조섬 사이에서 최대 11량의 차와 400명의 승객을 실어 날랐다. 배는 1950년에 다시 팔렸다. 이번에는 기네스 맥주 가문의 부자가 사서 매년 단돈 1프랑을 받고 쿠스토에게 임대했다.

쿠스토는 이제 칼립소호라고 불리는 이 배를 프랑스 남부 앙티브의 한 조선소로 옮겨 해양조사선으로 개조했다. 필요 장비의 상당수는 사기업과 프랑스 해군에서 기부했다. 배의 내부는 과학 실험실, 사진 현상소, 승조원 28명의 주거 공간 등을 갖추었다. 새로 추가된 참신한 것으로는 수중관측실이 있었다. 보조 선수부船首部 안에 만들어진 이 방은 한 사람이 들어가 유리로 된 관측 현창舷窓을 통해 수면 아래 약 3미터 정도의 수중 세계를 내다볼 수 있었다.

1951년 11월, 칼립소호는 첫 원정에 나섰다. 배는 홍해를 지나며 승조원들이 홍해의 산호에 대해 연구할 수 있도록 했다. 이 원정에서는 몇몇 새로운 식물 및 동물 종을 발견했다. 이는 사람들이 바다를 가장 잘 이해할 수 있는 방법은 직접 가서 탐험해보는 것이라는 쿠스토의 믿음을 확인해주었다. 칼립소호는 1952년 7월 프랑스 남해안 앞바다의 작은 그랑콩글루에섬에 갔는데, 쿠스토 일행은 그곳에서 기원전 2세기 화물선의 잔해를 연구했다. 칼립소호의 잠수부들은 수천 점의 암포라와 항아리 조각들을 물 위로 가지고 나와 현지 박물관들에 기증했다.

침묵의 세계

쿠스토는 자신의 작업을 알리고 자금을 모으기 위해 『침묵의 세계 The Silent World』라는 책을 썼다. 그것은 나중에 다큐멘터리 영화로 만들어져 아카데미상을 받았다. 이는 쿠스토와 칼립소호의 모험과 원정에 대해 더 많은 것을 알고 싶어 하는 전 세계 사람들에게 그들을 소개했다. 상을 받

왼쪽 칼립소호가 1980년 8월 30일 몬트리올에 도착하고 있다. 배의 헬리콥터 발착장發着場에는 헬리콥터가 있고, 그 뒤 갑판에는 잠수 원반이 있다.

위쪽 1972년 칼립소호는 남극대륙에 가서 그 헬리콥터와 열기구, 잠수부들을 동원해 얼음 위와 아래의 남극대륙을 탐험했다. 잠수부들은 처음으로 위험한 빙산과 빙붕冰棚 아래로 갔다.

는 다큐멘터리는 더 이어졌다. 그리고 1968년에는 그를 유명하게 한 다큐멘터리 시리즈가 시작됐다. '자크 쿠스토의 해저 세계'라는 시리즈다. 이 시리즈는 1975년까지 이어졌다. 쿠스토와 그의 잠수부들은 칼립소호를 타고 대양을 돌아다니며 파도 아래의 세계를 탐험했고, 이는 36개의 다큐멘터리로 만들어졌다. 이 작은 배는 명물이 됐다. 배는 인도양에서 남극대륙까지, 아미존강에서 홍해까지 폭넓게 여행했다.

쿠스토가 만든 다큐멘터리들은 일반 텔레비전 시청자들에게 과학을 오락적으로 제공하는 현대적인 방식의 선구가 됐다. 또한 쿠스토와 칼립소호는 떠오르는 환경 운동의 전 세계적 상징이 됐다. 이 배는 너무도 유명해져서, 1970년대의 가장 성공적인 음반 예술가 가운데 가수 겸 작사가인 존 덴버(1943~1997)가 이 배에 관한 노래를 짓기도 했다. 「칼립소」라는 이 노래는 미국 '빌보드 핫 100' 순위표에서 2위까지 올랐다. 그리고 한 수중 카메라 제조사는 이 배 이름을 따서 '칼립소'로 이름을 지었다.

쿠스토는 칼립소호에 여러 가지 실험적인 수상 장비들을 갖추었다. 잠수 원반(비행접시처럼 생긴 소형 잠수함)과 수중 스쿠터 같은 것들이다. 작은 헬리콥터를 위한 발착장도 설치했다. 헬리콥터 발착장 뒤에는 잠수 원반과 기타 소형 잠수함들을 올리고 내리기 위해서 3톤짜리 수압식 기중기가 설치됐다. 칼립소호는 온갖 종류의 수중 기술의 현장 시험대가 됐다.

> 바다는 한번 마법을 걸면 인간을 영원히 그 불가사의의 그물 안에 가둔다.
> —자크이브 쿠스토

마지막 장?

1996년 1월 8일 오후, 칼립소호는 싱가포르 항구에 정박해 있었는데, 바지선 하나가 다가와 부딪혀 선체 흘수선 높이에 구멍을 냈다. 배에 물이 들어오고 기울어져 수면 약 5미터 아래로 가라앉았다. 당시 배에 타고 있던 선장과 기술자는 가라앉는 배에서 빠져나올 수 있었다. 배는 우현 쪽을 아래로 해서 놓여 있었고, 함교와 돛대, 헬리콥터 발착장이 물 위로 나와 있었다. 칼립소호는 17일 동안 흙탕물에 처박혀 있다가 건져져 수리를 하러 다시 프랑스로 보내졌다. 쿠스토는 얼마 전부터 이 낡은 배를 바꾸려 했는데, 그는 이 사고로 서두르게 됐다. 그러나 그는 칼립소호를 타고 수중 탐험을 재개하지도, 그것을 새 배로 바꾸지도 못했다. 그는 이듬해인 1997년 여든일곱 살에 파리에 있는 집에서 죽었다.

칼립소호의 소유주들은 이 배를 쿠스토의 기구인 쿠스토 소사이어티에 팔았다. 법적인 다툼과 재정 문제로 몇 년이 지연된 끝에 2007년 배의 복원 작업이 시작됐다. 프랑스 해양과 하천 헤리티지 재단은 칼립소호를 '유산 가치가 있는 배'로 지명해 이 배의 중요성을 인정했다. 복원 작업은 추가적인 차질과 어려움으로 방해를 받았다. 2016년 쿠스토 소사이어티는 칼립소호가 새 엔진으로 교체하여 다시 운항할 수 있을 것 같다고 발표했다. 그러나 2017년 튀르키예 이스탄불 근처 조선소에서 화재가 발생해 칼립소호의 새로운 목재 부품이 손상됐다. 칼립소호는 재설치 작업이 진행 중이다.

오른쪽 2007년 프랑스 브르타뉴주 콩카르노의 한 조선소에 있는 칼립소호. 복원을 기다리며 녹슬어가고 있다. 수중관측실이 있는 보조 선수부가 분명하게 보인다.

미주리호

미주리호는 미국 해군의 마지막 전함이었다. 이 배가 다른 세 척의 아이오와급 전함과 함께 건조 중일 때, 전함이 어뢰와 항공기로부터의 공격에 취약하다는 것이 드러나 더 이상 건조되지 않았다. 미주리호는 한국전쟁과 걸프 전쟁 때 미국의 이라크 바그다드 공습 작전이었던 '사막의 폭풍' 작전에서 활약한 뒤 1992년 세계 최후의 전함으로서 퇴역했다. 이 배는 또한 20세기의 가장 중요한 역사적 사건 중 하나가 치러진 곳이기도 했다. 제2차 세계대전을 끝낸 의식이었다.

유형 아이오와급 전함
진수 미국 뉴욕 브루클린 해군공창, 1944년
길이 270미터
톤수 배수량 4만 5,720톤
건조 용접한 강철
추진 네 개의 십자 복식 증기터빈 (15만 8천 킬로와트, 21만 2천 마력)이 네 개의 스크루 프로펠러를 구동

위쪽 1948년 무렵 찍은 미국 해군의 미주리호. 해군사관학교 생도를 가득 실은 모터보트 위로 미주리호가 우뚝 솟아 있다. 미주리호와 다른 아이오와급 전함들은 역사상 가장 빠른 전함들이었다.

'마이티 모Mighty Mo'로도 알려진 미주리호는 1940년대에 건조된 네 척의 아이오와급 전함 중 하나였다. 다른 세 척은 아이오와호, 위스콘신호, 뉴저지호다. 이들은 항공모함, 특히 당시 건조되고 있던 에식스급 항공모함들을 호송하고 보호하기 위해 빠른 전함으로 설계됐다. 주포는 세 개의 세쌍둥이 포탑에 탑재한 9문의 406밀리미터 포였다. 각각의 포는 높이 올릴 수 있고 독자적으로 발포할 수 있었다.

미주리호는 제2차 세계대전의 마지막 몇 달 동안 활약할 수 있는 시기에 건조됐다. 첫 활동은 1945년 2월 일본 공습에 나서는 기동부대를 보호하는 일이었다. 며칠 뒤 이 배의 거대한 주포들은 이오섬硫黃島에 상륙하는 병사들을 지원했다. 3월에는 일본의 군사시설 공습과 침공 준비로

운하 통과하기

미주리호는 대서양과 태평양 사이의 파나마운하를 통과할 수 있도록 설계됐지만, 실제로는 겨우 빠져나왔다. 파나마운하를 통과하는 배들은 배를 해수면 위 26미터의 운하 높이로 들어올리고 다시 해수면 높이로 내리는 갑문들을 지나야 한다. 당초 갑문은 폭이 28.5미터로 설계됐다. 미국 해군은 군함들이 양쪽으로 충분한 여유를 두고 지나갈 수 있도록 이를 최소 36미터로 늘리도록 요구했다. 결국 타협이 이루어져 갑문은 33.53미터 폭으로 건설됐다. 미주리호의 선폭은 33미터였다.

위쪽 미주리호가 1945년 10월 13일 파나마운하의 미라플로레스 갑문을 겨우 통과하고 있다. 양쪽으로 간격이 수십 센티미터에 불과하다.

서 오키나와 해안의 포대砲臺 폭격에 나서는 또 다른 항공모함 기동부대에 배속됐다. 가미카제 특공대 하나가 이 배에 뛰어들어 경상을 입었다. 그 일본 조종사는 미국 수병들이 바다에 최고의 군 장례軍葬禮를 지내주었다.

미주리호는 5월과 6월에 일본 해안에 대한 또 다른 공격에 참여한 뒤 필리핀의 레이테섬으로 떠났다. 그곳에서 이 전함은 제3함대에 합류했다가 다시 일본으로 돌아가 다른 공업 시설들을 공격하고 공습에 나서는 항공모함들을 보호했다. 이 연합 작전은 일본이 자국 해상에서 군함을 운용할 수 있는 능력을 제거했다.

8월 초순 히로시마와 나가사키에 원폭을 투하한 후 미주리호는 도쿄만東京灣으로 갔다. 그곳에서 연합군 최고사령관 더글러스 맥아더 장군 같은 군 지도자들이 승선했다. 외무대신 시게미쓰 마모루重光葵를 비롯한 일본 대표단도 승선해 항복 문서에 서명했다. 이로써 제2차 세계대전이 끝났다.

아래쪽 체스터 니미츠(1885~1966) 제독이 미주리호 갑판에 앉아 제2차 세계대전을 종결한다는 항복 문서에 서명하고 있다.

> 이제 세계에 평화가 회복되고 신께서 그것을 영원히 보전해주시도록 기도합시다. 이 절차는 종결됐습니다!
> —더글러스 맥아더 장군(1945년 9월 2일 도쿄만의 미군 전함 미주리호에 승선해 연설하며)

제2차 세계대전 이후

항복 의식이 거행된 뒤 미주리호는 진주만으로 갔다가 정밀 검사를 하러 뉴욕으로 갔다. 1946년 5월, 대서양에서 종전 이후 처음으로 대규모 해상 기동훈련에 참가했다. 이듬해에는 몇 차례의 훈련과 의식 업무를 하다가 뉴욕으로 가서 다시 정밀 검사를 받았다. 미주리호는 훈련과 해상 연습을 하던 중이었는데 1950년 한국전쟁이 일어났다. 이때는 다른 아이오와급 전함 세 척의 취역이 해제된 상태였지만, 전쟁에 참여하도록 재취역됐다. 미주리호는 가장 먼저 한국으로 달려간 전함이었고, 그곳에서 거포로 연합군의 상륙을 지원했다. 미주리호는 해안을 포격하고 항공모함을 보호하다가 1951년 3월 버지니아주 노퍽으로 가 정밀 검사와 훈련을 마치고 1952년 10월 한국으로 돌아가 1953년 3월까지 해안을 포격했다. 이 전함은 지휘관이 심장마비로 사망한 뒤 미국으로 돌아갔고, 곧 대대적인 정밀 검사를 시작해 1954년 4월에 마쳤다. 그 뒤 다른 세 척의 아이오와급 전함과 서유럽으로 훈련 순항을 떠났다. 네 전함이 함께 움직인 것은 처음이었다. 1955

위쪽 1945년 9월 2일 도쿄만의 항복 의식 도중 미국 해군 항공기들이 편대를 지어 날아가고 있다. 미주리호 포탑 중 하나의 꼭대기에서 찍은 것이다.

예비함대

1955년 '마이티 모'가 처음 취역이 해제됐을 때 이 배는 '예비함대Mothball Fleet'로도 알려진 미국 해군 예비함대reserve fleets에 들어가 있었다. 미국 해군은 큰 전쟁에서 필요한 만큼의 군함들을 상시 유지할 필요가 없었다. 평화 시에는 더 적은 군함이 필요했지만, 해군은 비상시에 여분의 군함들을 빠르게 불러낼 수 있도록 대비해야 했다. 전시에 만들어진 여분의 군함들은 몇 개의 예비함대에 편제되어 필요할 때 신속하게 현역으로 복귀할 수 있도록 항해 가능한 상태를 유지했다. 그러나 대부분의 경우 군함들은 점차 노후화하고 갈수록 구식이 되어 결국 폐물로 팔린다. 샌프란시스코 해안 앞바다의 이런 예비함대 중 하나에는 한때 300척 이상의 군함이 있었다.

년 2월에는 퓨젓사운드 해군공창에 도착해 취역 이력을 마감하고 태평양 예비함대에 위탁됐다. 미주리호는 육지 가까이에 정박해 일본이 항복 서명을 한 갑판을 보고 싶어 하는 수많은 구경꾼들을 불러 모았다.

재취역

미주리호는 취역이 해제된 지 30년 만에 재취역해 현역으로 복귀했다. 로널드 레이건(1911~2004) 대통령의 해군 증강 계획의 일환이었다. 이때는 대부분 구식이었던 이 전함의 제2차 세계대전 시절 장비들이 제거되고 최신의 레이더, 전자 전투 장비, 무기(토마호크 순항미사일 같은)로 대체됐다. 그런 뒤 세계 여행에 나섰고, 그것은 미국 전함이 80년 만에 처음으로 세계를 일주하는 여행이 됐다.

이란과 갈등하던 1980년대 말에 미주리호는 호르무즈해협에서 유조선을 호송했다. 1991년 걸프 전쟁 동안에 이 전함은 이라크의 쿠웨이트 침공을 격퇴하기 위한 '사막의 폭풍 작전' 지원으로 이라크의 목표물에 수십 발의 순항미사일을 발사하고 해안 진지를 포격했다. 페르시아만에서 기뢰를 제거하기도 했다. 미주리호는 1991년 4월 미국으로 돌아왔다. 1992년 퇴역했고, 다시 퓨젓사운드 예비함대에 배속됐다. 1998년에는 하와이의 진주만으로 옮겨졌고, 1년 뒤 박물관 배가 됐다.

각국 해군은 '마이티 모' 같은 거대 전함의 시대 이후 바뀌었다. 무력을 해외에 펼칠 수 있는 항공모함으로 옮겨졌으며, 전함을 무력화한 어뢰와 공습의 위협을 포기했다. '마이티 모'는 그런 유형의 마지막 전함이었다.

오른쪽 미주리호의 포들이 불을 뿜고 있다. 1987년 하와이 작전구역에서 기동훈련을 하면서 가공할 38센티미터 현측포를 발사하는 모습이다.

콘티키호

노르웨이 탐험가 토르 헤위에르달(1914~2002)은 인류의 태평양 이주에 관해 기존 생각과 달랐다. 그는 자기 이론이 비판을 받자 고대 페루의 배를 복원해 태평양을 직접 건너가 이를 검증하려 했다. 그는 그의 항해와 그가 만든 뗏목 '콘티키호'로 유명해졌으나, 그의 이론은 유전자 분석이 발명된 뒤에야 증명됐다.

유형 뗏목
진수 페루 카야오, 1947년
길이 14미터
톤수 미상
건조 발사, 소나무, 맹그로브 나무, 전나무, 대나무
추진 돛

아래쪽 콘티키호는 해류의 도움을 받아 태평양을 건넜다. 토르 헤위에르달은 수천 년 전 남아메리카의 고대인들이 같은 항해를 했을 것이라고 생각했다.

인류가 태평양을 건너 이주한 일에 대해 1940년대에 받아들여지던 이론은 약 5천 년 전 남아시아 사람들이 동쪽으로 태평양으로 이주하고 서쪽으로 인도양으로 이주했다는 것이었다. 노르웨이 탐험가 토르 헤위에르달은 폴리네시아인이 아시아에서 동쪽으로 간 것이 아니라 남아메리카에서 서쪽으로 간 것이 아닌지 의문을 품었다. 수천 년 전 남아메리카에서 얻을 수 있는 자재와 기술로 그렇게 긴 항해가 가능했을지는 알 수 없었다. 헤위에르달은 직접 항해해서 자신의 이론을 검증하기로 했다.

헤위에르달과 다섯 명의 동료는 발사 통나무와 소나무 판자로 뗏목을 만들었다. 삼밧줄로 묶었다. 크기는 길이 14미터, 폭 7.5미터였다. 그들은 이 뗏목을 잉카인들이 태양신에 붙인 이름인 '콘티키'호라 불렀다. 발사 통나무는 대나무 갑판으로 덮였고, 그 위에는 대나무로 만든 선실이 있었다. 지붕은 바나나 잎이었다. 9미터 높이의 돛대에 돛을 달았고, 돛대는 A자 모양의 맹그로브 나무틀로 지지했다. 큰 돛 위에 작은 윗돛을

오른쪽 콘티키호가 조류를 타고 바람을 받아 나아가는 동안 한 승조원이 낚시질을 하고 있다. 그들은 날치, 황다랑어, 만새기, 가다랑어, 상어 등을 낚았다.

달 수 있었고, 배꼬리에는 작은 세로돛을 달 수 있었다. 맹그로브 나무와 전나무로 만든 5.8미터짜리 키잡이 노가 배꼬리에 고정됐다. 조타는 또한 소나무 판자로 만들어 발사 통나무들 사이로 물에 내려놓은 수하용골 垂下龍骨의 도움을 받았다.

승조원들이 가져간 보급품은 식수 1,040리터에, 코코넛과 고구마 수백 개 그리고 약간의 미국 육군 휴대 식량이었다. 승조원들은 물고기도 잡아먹었다. 무전 송신기 몇 개도 가지고 가 승조원들이 뗏목의 진행 상황을 보고하고 부근의 배들에게 자기네가 있음을 알려 충돌을 피했다.

헤위에르달은 항해에 나서기 직전에 몇몇 경험 많은 선원들에게 뗏목의 설계를 보여주었다. 그들의 견해는 이 일이 실패로 끝나리라는 것이었다. 그들은 나무 뗏목이, 헤위에르달이 추산했던 최소 항해 지속 기간인 석 달 안팎 동안 유지되지 못하리라고 생각했다. 그들은 뗏목의 폭이 넓고 뱃머리가 뭉툭한데 돛이 작아 비현실적이며, 뗏목을 한데 묶은 밧줄은 금세 풀리거나 썩어 뗏목이 해체될 것이라고 생각했다. 다른 비판자들은 뗏목이 재료로 삼은 나무들에 금세 물이 배어 가라앉을 것이라고 확신했다. 헤위에르달은 선사시대에 남아메리카인들이 해안을 따라 콘티키호 같은 뗏목을 타고 먼 거리를 이동했음을 알았지만, 콘티키호가 망망대해에서 먼 거리를 가는 동안 견뎌낼 수 있을지는 알 수 없었다.

> 콘티키호 원정을 통해 나는 바다가 진정 무엇인지에 대해 눈을 떴다. 바다는 고립시키는 자가 아니라 운반하는 자다.
>
> —토르 헤위에르달(『콘티키호』 35주년 판, 워싱턴 스퀘어 프레스, 1984, 서문에서)

이론 검증

1947년 4월 28일, 페루 해군 예인선 한 척이 콘티키호를 페루 카야오에서 대양으로 예인했다. 연안 운송 선박이 없는 곳까지였다. 거기서는 페루해류가 뗏목을 서쪽으로 옮겨 태평양 한가운데로 들어갔다. 101일 뒤, 뗏목은 투아모투제도 라로이아환초의 한 모래톱에 올려졌다. 뗏목은 7,964킬로미터를 항해했으며, 평균 속도는 1.5노트(시속 2.8킬로미터)였다. 뗏목은 해체되지도 물이 배어 가라앉지도 않았다.

선사시대에 남아메리카인들이 폴리네시아로 항해해 '갈 수 있었음'을 헤위에르달이 보여주었지만, 대부분의 학자들은 이를 인정하지 않았다. 여러 해 뒤에 과학자들은 유전자 분석을 통해 어떤 사람들의 조상이 정확히 어디서 왔는지를 입증할 수 있게 됐다. 폴리네시아인들을 조사해봤더니 그들의 DNA 일부가 정말로 남아메리카에 뿌리를 두고 있었다. 헤위에르달은 이스터(라파누이)섬의 모아이moai라는 조각 석상과 페루에서 나온 콜럼버스 이전의 조각상들이 비슷하다는 것을 알아차렸다. 라파누이섬 사람들의 DNA 표본을 분석해보니 그중 일부에 역시 남아메리카 원주민들에게서도 발견된 유전자가 있었다. 유전자 검사는 대부분의 폴리네시아인들이 아시아에 뿌리를 두고 있음을 보여주었지만, 일부는 남아메리카인의 후예인 것으로 나타났다. 헤위에르달의 이론처럼 선사시대에 남아메리카인들이 폴리네시아로 항해해왔을 수도 있고, 일부 폴리네시아인들이 남아메리카에 갔다가 다시 고향으로 돌아왔을 수도 있다. 폴리네시아인의 DNA만 가진 고대의 두개골이 브라질에서 발견됐기 때문에 일부 폴리네시아인들이 남아메리카에 갔다는 사실은 알려져 있다.

아래쪽 이스터섬의 모아이 석상(위)은 남아메리카 본토에서 발견된 조각상들(아래의 볼리비아에서 발견된 것과 같은)과 유사하다. 이는 만든 사람들 사이의 연결 가능성을 시사한다.

이어진 항해들

1954년부터 2011년 사이에 있었던 여섯 번의 콘티키호 원정은 성공적이었다. 1960년대에는 비슷한 뗏목이 남아메리카에서 오스트레일리아까지 1만 8천 킬로미터를 항해했다. 뗏목 탕가로아호는 토르 헤위에르달의 손자가 승조원으로 참여했는데, 콘티키호가 출발한 지 59년째 되는 날 (2006년 4월 28일) 출발해 70일 뒤 라로이아환초에 도착했다. 콘티키호보다

오른쪽 토르 헤위에르달과 그 승조원들이 또 하나의 원정에 나설 준비를 하고 있다. 이번에는 '라'호라 불린 파피루스 배를 타고서다.

한 달 빨랐다. 2011년에는 안티키호(그 승조원의 나이 때문이었다!) 플라스틱 뗏목이 대서양을 횡단했다. 카나리아제도에서 바하마제도까지 4,800킬로미터였다. 이 모든 원정은 고대 세계에서 아주 긴 대양 항해가 가능했다는 토르 헤위에르달의 주장을 확인해주었다. 2010년에는 콘티키호를 흉내 내 특이하게도 요트 플라스티키호가 샌프란시스코에서 오스트레일리아 시드니까지 태평양 횡단 항해에 나섰다. 환경에 대한 관심과 플라스틱 공해, 플라스틱 재활용을 강조하기 위해서 이 12톤짜리 배는 1만 2,500개의 재생 플라스틱 병과 재활용 플라스틱 쓰레기 등으로 만들어졌다.

헤위에르날은 계속해서 원시의 놋배를 본떠 만든 배를 타고 장거리 여행을 떠났다. 1969년에 그는 파피루스 갈대로 만든 라Ra호를 타고 모로코의 사피를 출발해 대서양 횡단을 시도했다. 항해 중에 갈대에 물이 배어 기울어지더니 결국 배가 부서졌다. 그러나 배는 6,440킬로미터를 항해했고, 카리브해의 육지 도착을 약 160킬로미터 남겨놓고 있었다. 이듬해 헤위에르달은 라 2호를 타고 다시 항해하여 바베이도스에 도착했다.

1977년 그는 갈대 배 티그리스호를 만들어 메소포타미아, 이집트, 인더스강 유역의 세 고대 대문명이 바다를 통해 접촉할 수 있었음을 입증하고자 했다. 이 18미터짜리 배는 이라크에서 페르시아만을 통해 인도양으로 나아갔고 이어 파키스탄의 인더스강 유역으로 갔다. 거기서 인도양을 건너 '아프리카의 뿔'로 갔다. 배는 다섯 달 동안 6,800킬로미터를 항해한 끝에 마침내 지부티에 도착했다. 배는 충분히 항해할 만하고 홍해로 들어가 이집트까지 항해를 계속할 수 있었지만 헤위에르달은 이 지역에서 벌어지고 있던 전쟁에 대한 항의의 표시로 배를 불태워버렸다.

아이디얼 X호

1950년대에 미국 북캘리포니아의 한 사업가는 상선에서 짐을 싣고 내리는 전통적인 방식이 느려서 참을 수가 없었다. 그의 해법은 세계 무역에 혁명을 일으켰다. 오늘날 국제 화물의 대부분을 취급하는 거대한 컨테이너 항구와 컨테이너선 그리고 선적 컨테이너는 모두 아이디얼 X호라는 한 작은 배에서 시작된다.

유형 T-2 유조선을 컨테이너선으로 개조

진수 미국 캘리포니아주 소살리토, 1944년; 볼티모어, 1955년 개조

길이 160미터

톤수 등록톤수 1만 6,460톤

건조 용접한 강판

추진 증기터빈 전기 추진

세계 무역의 약 90퍼센트는 배로 운송된다. 오늘날 전 세계의 상선 수는 약 5만 척에 달한다. 모든 상선에서는 항해를 시작할 때 짐을 싣고, 마쳤을 때 내려야 한다. 이런 세계 규모의 운송을 가능케 한 현대 화물 도착장의 속도와 효율성은 맬컴 매클레인(1913~2001) 덕분이다.

1930년대에 매클레인은 북캘리포니아에서 트럭 운송 회사를 경영하고 있었다. 그의 트럭들이 수송하는 상품과 물자 중에는 일부 구간을 배로 날라야 했는데, 매클레인은 화물을 배에 싣고 내리는 데 시간이 너무 많이 걸려 좌절스러웠다. 석유, 자동차, 석탄 같은 화물을 처리하기 위해서는 특수 용도 선박이 만들어졌지만, 그 외의 거의 모든 것은 자루, 통, 상자, 가마니, 바구니 등 갖가지 용기에 담아 범용 화물선으로 수송했다. 이는 '개품個品 화물'이라 했다. 배가 항구에 도착하면 항만 노동자 무리가 몰려가서 화물을 내린다. 어떤 물건들은 개별적으로 다루어야 하고, 어떤 것은 화물 운반대에 올리거나 그물에 넣어야 한다. 그런 뒤에 배는 같은 방식으로 새로운 화물을 싣는다. 이 모든 과정은 매우 오래 걸리기 때문에 배는 몇 주씩 항구에 머물게 된다. 어떨 때는 바다에 있는 기간에 맞먹는 시간을 항구에서 보낸다.

더 나은 방법 찾기

1937년 추수감사절 기간에 매클레인은 화물로 면화를 가지고 뉴욕으로 가서 그것이 튀르키예 이스탄불행 선박에 싣는 과정을 지켜보았다. 날짜가 지나가면서 그는 좌절감을 느꼈다. 지연 때문이었다. 해운 회사들은 이 과정이 얼마나 오래 걸릴지 그리고 따라서 배가 정확히 언제 항구를 떠나 다음 항구에 도착할지 예측할 수 없었기 때문에 화물이 배에

> 화물을 하나씩 하나씩 배에 올려 싣는 것보다 나은 방식이 있어야 했다.
> – 맬컴 매클레인

위 맬컴 매클레인은 세계 화물 운송의 혁명을 일으켰다. 이 사진은 자신이 선적 컨테이너를 운송하도록 개조한 배들 중 하나를 타고 찍은 것이었다.

아래쪽 아이디얼 X호는 유조선을 컨테이너선으로 개조한 것이다. 컨테이너를 놓기 위해 기존 갑판 위에 경갑판(경상갑판輕上甲板)을 설치한 것이다.

실려야 하는 날보다 며칠 또는 심지어 몇 주 앞서서 항만 시설에 화물을 넘겨야 했다. 이러면 화물 중 일부가 분실되고 손상되거나 도둑맞을 가능성이 높아졌다. 항구에 상품을 보관하려면 창고가 많이 필요했고, 과정이 매우 노동집약적이어서 매우 비싸지기도 했다.

매클레인은 더 나은 방법을 찾자고 결심했다. 그가 처음 생각한 것은 화물을 실은 트럭 트레일러를 통째로 배에 싣는 것이었다. 그러면 트레일러는 목적지에 내려져 끌고 갈 수 있다. 그는 이 문제를 계속 생각한 끝에 마침내 근본적인 해법을 찾아냈다. 운송 회사들이 온갖 종류의 서로 다른 상품을 똑같은 상자(선적 컨테이너)에 넣는다면 컨테이너는 매우 빠르게 배에 올리고 내릴 수 있다.

매클레인은 자신의 생각을 검증하기 위해 표준 모형의 T2 유조선 하나를 사서 강철 상자인 선적 컨테이너를 운송할 수 있도록 개조했다. T2는 제2차 세계대전 기간에 수백 척이 만들어졌다. 매클레인의 배는 캘리포니아주 소살리토의 마린십 조선회사가 1944년 12월 30일 포트레로 힐스호라는 이름으로 진수했다. 매클레인은 배의 기존 갑판 위에 경갑판輕甲板이라는 새로운 갑판을 설치했다. 그는 자신의 생각을 키스 탠틀링거(1919~2011)라는 공학자에게 설명했고, 그는 포개 쌓을 수 있는 선적 컨테이너를 설계했다. 컨테이너는 바다에서 움직이지 않도록 경갑판에 고정시킬 수 있었다. 배 이름도 아이디얼 X호로 바꿨다.

뉴저지주 포트뉴어크의 24호 정박지에서 기중기가 새로 만든 경갑판 위에 58개의 컨테이너를 한 층으로 실었다. 컨테이너 하나를 싣는 데 7분이 걸렸다. 8시간 안에 마무리됐는데, 전에 비하면 눈 깜짝할 사이였다.

아이디얼 X호는 1956년 4월 26일 출발해 엿새 뒤에 텍사스주 휴스턴에 도착했다. 컨테이너는 금세 내려져 대기 중이던 매클레인의 트럭들에 실려 갔다. 제2차 세계대전 때의 별것 아닌 유조선이 혁명을 시작했다.

다음 단계

이듬해 매클레인은 한 발 더 나아갔다. 첫 번째 컨테이너들은 개별적으로 배의 갑판에 고정해야 했다. 매클레인은 새로운 배를 개조했다. 제2차 세계대전 때의 C-2급 화물선인 게이트웨이 시티호인데, 컨테이너들을 선반 안에 위아래로 겹쳐 실을 수 있도록 했다. 이 137미터짜리 배는 226개의 컨테이너를 실을 수 있었다. 아이디얼 X호의 거의 네 배다. 이 배는 또한 컨테이너를 들어 올릴 수 있는 자체 기중기도 설비했다.

매클레인은 자신의 선단에 더 많은 컨테이너선을 추가했고, 기존 화물선을 개조하는 것이 아니라 처음부터 컨테이너선으로 설계하는 데까지 나아갔다. 그러나 그가 시작한 화물 운송의 혁명이 이륙하는 데는 시간이 걸렸다. 처음에는 대부분의 해운 회사와 항구 관계자들이 복합 화물 수송(그런 이름으로 알려져 있다)의 매력이 제한적이라고 생각했으며, 따라서 업계에서 이를 받아들이는 속도가 느렸다. 컨테이너선이 처음으로 대서양을 건넌 것은 1966년에야 이루어졌다.

결국 극적인 비용 절감은 매클레인의 선적 컨테이너를 외면할 수 없게 했다. 1956년 그는 전통적인 방식의 선적 비용이 1톤에 5.86달러인 데 비해 그의 선적 컨테이너는 1톤에 16센트에 불과하다는 계산을 내놓았

왼쪽 매클레인의 첫 컨테이너선 아이디얼 X호는 전 세계 약 5천 척의 컨테이너선을 낳았다. 전체 상선의 약 10퍼센트에 해당한다.

오른쪽 컨테이너 화물 수송의 발달은 전 세계에 걸쳐 거대한 컨테이너 항구 설치로 이어졌다.

다. 컨테이너는 또한 손실, 손상, 도난과 관련된 비용도 줄였다.

컨테이너 수송은 베트남전쟁으로 인해 예기치 않게 호황을 맞았다. 미국군에게 보낼 상품과 물자를 기존의 화물선으로 보낼 때는 미국과 베트남 양쪽 항구의 부둣가에서 도난당할 위험이 컸다. 선적 컨테이너를 사용함으로써 군용 화물을 도둑맞는 일이 극적으로 줄었다.

점차로, 불가피한 일이 일어났다. 전통적인 옛 항구와 부두가 폐쇄되고, 수많은 부두 노동자들이 일자리를 잃었다. 그리고 전적으로 선적 컨테이너만을 취급하는 컨테이너 항구가 전 세계에 우후죽순처럼 생겨났다. 선박 역시 알아볼 수 없을 정도로 변화했다. 자그마한 아이디얼 X호에 비하면 현대의 컨테이너선들은 거인이다. 가장 큰 것은 컨테이너 1만 9천 개 이상을 실을 수 있다. 매클레인의 당초 컨테이너는 길이가 10미터를 조금 넘었다. 그것이 미국의 표준 트럭 트레일러 크기였기 때문이다. 그것은 곧 국제적 요구에 부응하기 위해 표준화됐다. 현대의 컨테이너는 길이가 6미터 또는 12미터다.

아이디얼 X호는 컨테이너 화물 수송의 개념을 입증한 뒤 팔려서 엘레미르호로 이름이 바뀌었다. 이 배는 1964년 2월 8일 악천후로 심한 손상을 입고 같은 해 10월 20일 일본에서 폐기됐다.

처음은 누구?

아이디얼 X호는 첫 컨테이너선이 아니었다. 아이디얼 X호가 첫 출항을 하기 1년 전 1955년, 브리티시 유콘 원양 운송British Yukon Ocean Services이 클리퍼드 J. 로저스호라는 화물선을 진수시켰다. 캐나다 비커스가 건조한 이 배는 캐나다 뱅쿠버와 미국 알래스카주 스캐그웨이를 오가며 화물을 실어 날랐다. 화물은 일반 화물과 광석이었는데, '케이슨'이라는 컨테이너 168개로 운송했다. 그러나 화물 운송의 혁명을 전 세계로 확산시킨 것은 맬컴 매클레인과 아이디얼 X호였다.

노틸러스호

잠수함은 20세기 전반기에 매우 효과적인 전쟁 도구가 됐지만, 그것은 정말로 잠시 물속에 숨을 수 있는 수상 선박에 지나지 않았다. 그러다가 1950년대에 기술이 발전해 잠수함을 완전히 더 치명적인 무기로 탈바꿈시켰다. 노틸러스호는 이 새로운 잠수함의 첫 주자였다.

유형 원자력 잠수함
진수 미국 코네티컷주 그로턴, 1954년
길이 98미터
톤수 배수량 3,590톤(수면 위)/ 4,160톤(잠수 시)
건조 용접한 강철
추진 원자력 증기터빈(10메가와트, 1만 3,400마력)이 두 개의 스크루 프로펠러를 구동

1954년까지 잠수함은 바다 표면에 떠 있어야 했다. 배터리의 성능과 지속 시간 때문이었다. 잠수함은 배터리 동력에 의해 짧은 시간(기껏해야 몇 시간) 동안 잠수할 수 있었고, 다시 물 위로 올라와 디젤기관을 켜고 배터리를 재충전해야 했다. 그러나 1951년 미국은 세계 최초의 원자력 잠수함을 건조하기 시작했다. 바로 노틸러스호다.

노틸러스호는 18개월의 건조 작업 끝에 코네티컷주 그로턴의 템스강에 진수했다. 8개월 후 이 잠수함은 원자력선으로서 취역했다. 이 배는 1955년 1월 17일 원자력으로 처음 항해에 나섰으며, 곧바로 잠수함의 모든 잠수 시간 및 속도 등의 기록을 갈아치웠다. 5월 10일, 이 잠수함은 푸에르토리코까지 2,222킬로미터를 내내 잠수한 채 90시간 이내로 주파했다. 가장 긴 잠수 순항이었고, 1시간 유지 속도로 그때까지의 잠수함 중 최고 속도를 냈다. 잠수 상태의 최고 속도는 아마도 20노트(시속 37킬로미터) 이상이었을 것으로 보이지만, 정확한 수치는 군사기밀이었다.

오른쪽 1954년 1월 21일, 미국 대통령 부인 메이미 아이젠하워(1896~1979)가 세계 최초의 원자력 잠수함 노틸러스호SSN-571 진수식에서 샴페인 세례를 했다. 잠시 뒤 이 잠수함은 조선대를 미끄러져 내려가 처음으로 물로 들어갔다.

위쪽 지금은 좀 구식이 됐지만 노틸러스호는 1950년대 잠수함 기술로서 최신의 것이었다. 이것은 이 잠수함의 발사 통제 장치인데, 한때는 1급 비밀이었지만 지금은 아니다.

그 차이를 만들어낸 설계 요소는 물론 원자로였다. 그것은 잠수함 용도로 특별히 만들어졌는데, 그 연료의 방사성 붕괴에서 나오는 자연열을 이용해 물을 데우고 터빈을 돌리는 증기를 만들어낸다. 그런 뒤에 증기는 냉각시키고 농축해 다시 물로 만든 뒤 재사용한다. 연료를 전통적인 방식으로 연소시키는 것이 아니기 때문에 산소를 소모하지 않고 유독 배기가스를 배출하지 않는다. 이것들은 대개의 잠수함이 수중에서 배터리 동력을 사용할 수밖에 없었던 이유였다. 그 결과로 원자력 잠수함은 더 오래 잠수할 수 있었다. 몇 달도 가능했다.

가파른 학습곡선

해상의 함선들에게는 아군의 원자력 잠수함과 어떻게 작전하고 적의 잠수함과 어떻게 싸워야 하는지를 아는 것이 필수적이다. 그래서 노틸러스호는 2년 넘게 해군과 함께 어뢰 시험 발사, 로드아일랜드주 내러갠세트만 및 버뮤다 앞바다에서 대잠수함 공격 부대와의 훈련 같은 여러 차례의 시험과 훈련을 받았다. 디젤 전기 잠수함을 물리치기 위해 항공기와 레이더를 이용했던 제2차 세계대전 때의 기법은 더 깊이 잠수하고 더 오래 물속에 머물며 이전의 어느 잠수함보다 빠르게 수색 지역을 떠날 수 있는 잠수함에게는 완전히 비효율적임이 드러났다. 노틸러스호는 기존의 모든 대잠수함 전투 기법을 한 방에 무용지물로 만들어버렸다.

1957년 2월, 계기판에 11만 1,100킬로미터를 찍은 노틸러스호는 자신이 만들어졌던 조선소로 원자로 노심爐心을 교체하기 위해 돌아왔다. 이것은 원자력의 모든 해군 함정으로서 받는 첫 정밀 검사였다. 5월에 이 잠수함은 태평양으로 이동해 태평양 함대와 몇 차례 시험과 훈련을 했다. 8월에는 처음으로 극지 얼음 아래에서 이동했다. 잠수함은 길을 잃거나 갇힐까 봐 얼음을 피했다. 북극에 접근하면 자기 나침반이 매우 부정확해지고, 얼음 아래에서는 별을 볼 수도 없기 때문이다. 잠수함이 경로에서 벗어나 실종되기가 매우 쉬웠다. 노틸러스호는 장기간 잠수할 수 있었기 때문에 얼음 아래서 길을 잃은 동안 동력이 떨어질 위험이 없었다. 극지 얼음 아래를 항행할 수 있다는 것은 군사적으로 특별한 이점이 있었다. 한

> **원자력으로 항행 중.**
> -노틸러스호가 보낸 신호(1955년 1월 17일)

오른쪽 노틸러스호가 지난 경로는 하와이와 알래스카 해안에서 스피츠베르겐섬 부근의 그린란드해의 한 지점을 거쳐 영국의 포틀랜드섬까지 이어졌다. 극지 빙관 冰冠 아래를 지나는 이 2,945킬로미터의 이동에는 4일이 걸렸다.

쪽의 극지 얼음 아래에서 다른 쪽의 극지 얼음 아래로 갈 수 있다면 미국 잠수함으로서는 소련 영해로 가는 새로운 경로를 얻는 것이다.

북극 아래서

1958년 노틸러스호는 가장 유명한 임무에 착수했다. 암호명 '선샤인 작전'이었다. 이 잠수함은 6월 9일 시애틀을 떠나 열흘 뒤 베링해협 북쪽 축치해로 들어갔으나, 얕은 바다에서 깊이 박힌 얼음을 만나 되돌아와야 했다. 노틸러스호는 진주만에서 대기하며 얼음이 풀리기를 기다렸다. 7월 23일, 노틸러스호는 북쪽을 향해 다시 시도해보기로 했다. 지휘관인 윌리엄 R. 앤더슨은 얼음 아래에서 북극을 향해 '직진'하기로 계획을 세웠다. 그러나 빙괴가 평소보다 더 남쪽으로 밀려 와 있었다. 그는 최선의 경로를 탐색하여 알래스카 북해안의 배로해곡이라는 깊은 해저 협곡으로 들어가는 길을 발견했다. 노틸러스호가 만년설 아래의 지도에도 없는 물속을 미끄러지듯 지나는 동안 선체에 설치된 비디오 카메라들은 승조원들에게 얼음 위를 촬영한 사진을 보여주었다.

> ### 화물 잠수함
>
> 노틸러스호가 극지 얼음 아래서 역사적인 항행을 하자 당시 평론가들은 이로써 원자력 화물 잠수함이 이 새로운 수중 항로로 왕래하는 새로운 시대가 열릴 것이라고 생각했다. 영국 런던에서 일본 도쿄까지의 거리는 파나마운하를 거치면 약 2만 740킬로미터. 그것은 북극 아래를 거치면 1만 1,670킬로미터에 불과하다. 절반을 약간 웃돌 뿐이다. 화물 잠수함에게는 또한 해상에서 만날 수 있는 악천후도 없다. 그러나 원자력 화물 잠수함은 나오지 않았다.

노틸러스호는 얼음 속으로 사라진 지 불과 이틀 만인 8월 3일, 지리적 북극에 도달한 첫 잠수함이 됐다. 거기서 노틸러스호가 측정한 수심은 4,090미터였는데, 생각보다 상당히 깊었다. 노틸러스호는 또한 해저 산맥도 발견했다. 노틸러스호는 96시간 동안 얼음 아래 있다가 그린란드 동북쪽에서 물 위로 올라왔다. 그들은 관성항법장치(순항미사일용으로 설계된 장치를 개조한 것)를 이용함으로써 물속에서 오랜 시간 항해할 수 있었다.

노틸러스호는 역사적인 항해를 마치고 돌아와 평가와 훈련을 했다. 또한 1962년 미사일 위기 때 쿠바 해상 봉쇄에도 참여했다. 1966년 군함에 대한 모의 공격 도중 항공모함 에식스호와 충돌해 전망탑에 손상을 입었다. 수리 후 원자력 잠수함의 사용 및 탐지를 위한 새로운 기술을 개발하고, 새로운 센서, 무기 및 기타 장비를 시험하기 위해 설계된 작전에 계속 참여했다. 노틸러스호로부터 배운 교훈을 바탕으로 개발된 더 많은 현대적 원자력 잠수함들이 취역해 노틸러스호와 함께 활약했다.

1978년 12월에 노틸러스호는 원자력으로 총 80만 4,627킬로미터를 항해했다. 그러나 이제 활동을 접을 시기였다. 1979년 5월, 이 잠수함은 캘리포니아주 발레이오의 메어아일랜드 해군공창에 도착해 전역했다. 1982년에는 미국 국가역사기념물로 지정됐고, 코네티컷주 그로턴으로 옮겨져 대중에게 전시됐다.

오른쪽 2008년 7월 1일, 미국의 고속 공격 잠수함 프로비던스호가 북극에서 얼음을 깨고 물밑에서 위로 올라와 노틸러스호의 역사적인 극지 통과 50주년을 축하하고 있다.

레인보 워리어호

레인보 워리어호는 30년에 걸쳐 세계를 돌며 환경을 해치는 행위에 대해 항의 시위를 하고 야생 생물에 위험이 되는 일을 강하게 비판했다. 전 세계 그린피스 활동에서 이 배가 담당했던 매우 대중적인 역할은 가장 이례적이고 폭력적인 방식으로 갑작스럽게 끝이 났다. 이것은 첩보와 폭탄과 정부의 비밀과 관련되어 있었다.

유형 저인망 어선
진수 스코틀랜드 애버딘, 1955년
길이 40미터
톤수 총톤수 418톤
건조 용접한 강철
추진 디젤 전기 기관이 한 개의 스크루 프로펠러를 구동: 1985년 이후 620제곱미터의 돛 추가

세계적으로 유명한 환경 운동의 상징이 되는 이 배는 별 볼 일 없는 어선이었다. 1955년 윌리엄 하디호라는 저인망 어선으로 진수했고, 영국 배로서는 처음으로 디젤 전기 추진을 채용했다. 이 배는 정부의 한 부처인 농수산식품부에서 소유하여 해양조사선으로 운용했다. 1977년에는 더 이상 쓸모가 없어져 정부는 이를 팔려고 내놓았다.

환경 운동 조직인 그린피스 영국 지부는 판매 사양을 파악한 뒤 이 배가 매우 유용할 것이라고 생각했다. 그들이 구매를 위한 10퍼센트의 계약금을 마련하는 데는 여덟 달이 걸렸다. 잔금은 그로부터 60일 이내에 치러야 했다. 그들은 자금이 부족해 배를 놓치는 것이 아닌가 싶었는데, 세계야생생물기금 네덜란드 지부에서 고래 보호 운동의 자금을 지원하겠다고 하여 배를 살 수 있었다. 1977년 넉 달 동안 개조한 끝에 이 배는 레인보 워리어호로 재탄생해 1978년 5월 2일 재진수했다. 승조원 24명은 10개 나라 출신으로 이루어졌다.

디젤 전기 추진

레인보 워리어호가 채택한 디젤 전기 추진 장치는 1903년 러시아에서 건조된 반달Vandal호라는 석유 바지선으로 거슬러 올라간다. 이 배는 볼가강과 볼가발트 수로에서 석유를 운송하기 위해 만들어졌다. 디젤기관이 선택된 이유는 배가 강력한 증기기관을 수용하기에는 너무 작았기 때문이다. 그 엔진은 발전기 하나를 구동하며, 발전기는 전기 추진 발동기에 동력을 공급했다. 디젤 전기 추진 장치의 가장 큰 이점은 그때나 지금이나 엔진이 선체 어디에나 놓일 수 있다는 것이다. 디젤기관과 프로펠러 사이에 기계적인 연결이 필요치 않기 때문이다. 반달호는 많은 관심을 불러일으켰고, 곧바로 세계 최초의 디젤 전기를 채용한 원양 선박 건조로 이어졌다. 1908년에 만들어진 미슬호라는 유조선이다.

위쪽 1982년 3월 레인보 워리어호를 타고 온 시위자들이 캐나다 세인트로런스만의 얼음 위에 내렸다. 이곳에서 해마다 벌어지는 바다표범 사냥에 대해 항의 시위를 하러 왔다.

공해상의 시위

레인보 워리어호가 세계 무대에 처음 등장한 것은 아이슬란드의 고래잡이 시위 때였다. 돈과 연료와 장비가 부족해 심각하게 어려웠음에도 이 작은 배는 잘 해냈다. 1981년에는 배의 디젤 진기 기관이 수명을 다해 새로운 동력장치로 대체해야 했다. 개조 작업을 할 때 기술자들은 배의 원래 유압장치가 윤활유로 고래기름을 사용하도록 설계됐다는 것을 발견했다! 고래잡이 국가들에 대한 계속된 항의와 끈질긴 압박으로 결국 1982년에 상업적인 고래잡이가 중단됐다.

1985년 프랑스는 태평양의 모루로아환초에서 다음번 핵무기 실험을 계획하고 있었다. 이해 7월에 레인보 워리어호는 실험에 항의하고 그것을 무산시키려고 모루로아환초에 가는 도중에 뉴질랜드에 도착했다. 배를 보다 환경 친화적으로 만들기 위해 몇 개의 돛을 설비해 세계 최대의 케치 범장 돛배가 됐다. 프랑스 핵무기 실험에 대한 이전 시위 때는 프랑스 특전대원들이 배에 올라탔기 때문에 그린피스는 약간의 방해가 있을 것으로 예상했다. 그러나 다음번에는 무슨 일이 일어날지 몰랐다.

> 세계는 병들어 죽어가고 있으니, 사람들이 무지개 전사들 Warriors of the Rainbow 처럼 봉기할 것이다.
>
> -레인보 워리어호라는 이름을 따온 윌리엄 윌로야와 빈슨 브라운이 지은 『무지개 전사들』(네이처그래피, 1962)에 나오는 구절

왼쪽 1985년 뉴질랜드에서 선체에 큰 구멍이 난 레인보 워리어호. 프랑스 첩보기관 요원이 설치한 폭탄이 폭발해 구멍이 생겼다.

레인보 워리어호 공격

7월 10일 자정 직전, 11명의 승조원이 탑승한 레인보 워리어호가 갑자기 어둠에 싸였다. 거의 동시에 커다란 폭음이 들리고 갑자기 물이 배 안으로 세차게 쏟아져 들어왔다. 승조원들은 다른 배에 들이받혔다고 생각했다. 그리고 두 번째의, 더 큰 폭음이 들렸다. 승조원들은 다투어 배에서 빠져나와 부둣가로 갔다. 몇 분 사이에, 물이 찬 배가 기울어지기 시작했다. 그때 승조원들은 일행 중 한 명이 없음을 알아차렸다. 그가 배 안에 있었는지 아닌지에 대해 알 수 없었다. 비통하게도 그린피스의 사진가 페르난두 페레이라(1950~1985)가 그날 밤 배에 있었고, 익사했다.

레인보 워리어호가 다른 배에 들이받히지 않았다는 것은 금세 드러났다. 승조원들은 파괴 공작을 의심했다. 배 안에는 두 차례의 폭발(그것이 배를 침몰시켰다)을 일으킬 수 있는 것이 없었다. 잠수부들이 가서 보니 흘수선 아래에 폭 2.4미터, 높이 1.8미터의 뻥 뚫린 구멍이 있었다. 그들은 부착 폭탄의 부품들을 찾아냈는데, 그것은 뉴질랜드산이 아니었다. 이는 레인보 워리어호가 의도적으로 폭력적인 공격의 목표물이 됐다는 증거였다. 누가 이런 짓을 했을까? 프랑스가 의심의 대상이 됐다.

스위스 관광객이라고 주장하는 두 사람이 체포됐다. 그들은 프랑스 비밀 요원 알랭 마파르 소령과 도미니크 프리외르 대위였다. 프랑스는 처음에는 부인했지만, 결국 프랑스 총리는 두 사람이 프랑스의 해외 정보기관인 대외안보총국DGSE 요원이며 '이들이 상부의 명령으로 행동했음을 인정했다. 법정은 프랑스에게 배상금으로 800만 달러를 그린피스에 지급하라고 명령했다. 비밀 요원들도 재판에 넘겨져 각기 10년 형과 7년 형을 선고받았다. 그들은 프랑스령 폴리네시아의 프랑스 군사기지에 인도되어 복역했다. 그러나 프랑스는 2년도 되지 않아 그들을 석방했고, 다시 국제적인 비난을 받았다. 공격 직전에 그린피스의 뉴질랜드 오클랜드 사무소에 잠입한 것으로 알려진 프랑스 첩보원 한 명과 폭파에 참여한 잠수병 한 명은 사건 이후 사라졌다. 그러나 추적되지 않았다.

레인보 워리어호는 한 달 뒤 인양됐지만, 너무 심하게 손상되어 수리할 수 없었다. 배는 1987년 뉴질랜드 앞바다 마타우리만과 카발리제도 사이에서 자침되어 해양 생물과 잠수부들이 즐길 인공어초人工魚礁가 됐다.

새로운 전사들

그린피스는 환경 운동을 계속하기 위해 1989년에 레인보 워리어 2호, 2011년에 레인보 워리어 3호를 더 샀다. 레인보 워리어 2호는 본래 1957년 건조된 심해 어선의 선체를 바탕으로 한 스쿠너였다. 그린피스는 이 개조한 배를 첫 레인보 워리어호가 침몰한 지 4년 뒤에 진수시켰다. 이 배는 2011년 퇴역하고 같은 해 레인보 워리어 3호가 이를 대신했다. 이것은 애초부터 그 용도로 만들었으며, 발동기를 보조로 사용하는 돛배였다. 이 배를 사기 위한 자금은 인터넷에서 대중 모금을 해서 마련했다. 전 세계에서 10만 명 이상이 기부했다.

아래쪽 첫 레인보 워리어호의 임무를 이어받은 레인보 워리어 2호. 2008년 아슈켈론에 석탄 화력발전소를 건설하려는 이스라엘의 계획에 반대하는 시위에 참여하고 있다.

레닌호

1950년대에 첫 원자력 잠수함들이 진수하자 이는 해상 운송의 새 시대를 여는 것처럼 보였다. 그리고 이는 소련이 첫 원자력 민간 선박을 건조하자 확인되는 듯했다. 그것은 온갖 종류의 수많은 원자력선의 첫 번째가 될 것으로 기대됐다.

유형 원자력 쇄빙선
진수 소련 레닌그라드(지금의 러시아 상트페테르부르크), 1957년
길이 134미터
톤수 배수량 1만 6천 톤
건조 용접한 강철
추진 세 개의 OK-150 원자로(1970년 이후에는 두 개의 OK-900 원자로)가 터빈 발전기와 전동기에 동력을 공급해 세 개의 스크루 프로펠러를 구동

위쪽 레닌호는 세계 최초의 원자력 쇄빙선으로 30년 동안 활동한 뒤 영구히 무르만스크 부두에 정박해 박물관 배가 됐다.

> 우리의 원자력 쇄빙선 레닌호는 대양의 얼음을 헤치고 나아갈 뿐만 아니라 냉전의 얼음도 깰 것이다.
> -니키타 흐루쇼프 소련 공산당 서기장
> (1959년 미국 방문에서)

소련의 북쪽 연안 바다는 이 나라의 동쪽과 서쪽을 오가는 최단 경로다. 그러나 겨울이 되면 얼어붙기 때문에 이 '북방 항로'를 열어두기 위해서는 쇄빙선이 필요하다. 쇄빙선이 두꺼운 얼음을 깨려면 엄청난 양의 동력이 소비된다. 통상의 디젤기관으로 동력을 공급하는 쇄빙선은 한 시간에 몇 톤의 연료를 태워야 하기 때문에 연료 보충을 하러 자주 항구를 들락거려야 한다. 반면에 원자력 쇄빙선은 연료 보충 없이도 한 번에 몇 달씩 바다에 머물 수 있다. 소련은 1953년 원자력 쇄빙선을 건조한다는 결정을 내렸다. 레닌호로 불린 이 배는 4년 뒤 진수했다. 그리고 1959년 첫 항해에 나섰다.

레닌호의 동력은 세 개의 OK-150 가압수형加壓水型 원자로에 의해 공급된다. 두 개의 원자로가 쓰이고, 세번째 원자로가 예비용이다. 각 원자로에는 219개의 연료 소자에 장착된 8천 개에 가까운 농축 우라늄 연료핀으로 이루어진

원자력선

소련(과 나중의 러시아)은 모두 열 척의 원자력 민간 선박을 건조했다. 쇄빙선 아홉 척과 셉모르푸티호라는 컨테이너선 한 척이다. 건조는 더 이어질 듯하다. 쇄빙선은 대부분 아르크티카급이다. 이 2만 3천 톤짜리 배들은 모두 바다에서 7개월 이상 보낼 수 있으며, 4년마다 한 번씩만 연료를 주입하면 된다. 인공위성이 얼음을 체크하고 승조원들이 최적의 경로를 설계하도록 돕는다. 배가 감당하기 어려울 정도로 지나치게 두꺼운 얼음 쪽으로 향하지 않게 하는 것이다. 얼어붙은 해로를 뚫는 것 외에, 일부 배들은 관광객들을 북극으로 데려다주는 데 사용되기도 했다. 소련(및 러시아)의 배 외에 다른 나라의 원자력 민간 선박은 세 척뿐이다. 일본의 무쓰호陸奥號, 독일의 오토 한호, 미국의 서배너호다. 세 척 모두 퇴역했고, 현재 원자력 민간 선박을 운용하고 있는 나라는 러시아가 유일하다.

노심이 있다. 그것은 높이 1.6미터, 폭 1미터의 매우 압축적인 장치다.

물이 노심의 도관을 따라 흐르며 연료를 냉각시키고 열을 흡수한다. 냉각수는 섭씨 248도의 온도로 원자로에 들어갔다가 825도로 나온다. 그것은 약 28기압의 높은 압력 아래 있어 비등이 방지된다. 이 과열되고 가압된 물은 다시 두 번째 회로에 있는 물을 가열해 배의 터빈을 위한 증기를 만들어낸다. 터빈은 발전기에 동력을 공급해 발동기를 위한 전기를 만들어내고 그 발동기가 프로펠러를 돌린다.

원자로가 제공한 동력은 레닌호가 최대 2.5미터 두께의 얼음을 뚫고 길을 낼 수 있도록 한다. 그리고 이것은 시간당 몇 톤

아래쪽 세계 최대의 쇄빙선은 '50년의 승리'라는 뜻을 가진 러시아의 50렛 포베디 Let Pobedy호다. 아르크티카급의 거대한 원자력선이다.

원자력의 평화적 이용

원자력선 서배너호는 세계 최초의 원자력 상선이었다. 이 배는 레닌호보다 2년 늦은 1959년 진수했다. 이 배는 미국 대통령 드와이트 D. 아이젠하워가 발의한 것이었고, 원자력의 평화적 이용을 촉진하기 위해 건조됐다. 아이젠하워의 '원자력의 평화적 이용' 프로그램의 일환이었다. 이 배는 상업적으로 수익을 내도록 의도되거나 요구되지 않았다. 원자력의 평화적 이용을 홍보하는 데 더 가치가 있었다. 실제 운용에 들어갈 때 이 배는 매우 매력적인 배로 생각됐지만, 디젤 동력의 배에 비해 운영에 더 많은 비용이 들었다. 승조원도 더 많이 필요했고, 화물 적재량도 적었으며 짐을 싣고 내리는 것도 더 어려웠다. 이 배는 승객과 화물을 함께 싣다가 화물 전용으로 바뀌었으며, 1971년 가동을 중단했다. 서배너호는 72만 킬로미터를 여행했고, 국내외 87개 항구에 정박했으며, 140만 명이 승선했다.

의 디젤유를 태우는 대신에 하루에 고작 45그램의 우라늄 연료만을 소비했다.

레닌호는 내부에 243명의 승조원을 위한 안락한 공간 즉 증기탕, 도서관, 영화관, 흡연실 그리고 대형 피아노를 갖춘 음악실 등이 있었다고 한다.

핵사고

레닌호는 한 번의(어쩌면 두 번의) 핵사고를 겪었다. 냉전 동안 소련의 비밀주의적 속성(심지어 비군사적인 일에 대해서도) 때문에 상세한 내용은 별로 알려지지 않았다. 1965년 연료를 보충하는 과정에서 세 원자로 중 하나의 연료 소자 일부가 깨지고 변형됐음이 드러났다. 조사해보니 원자로

위쪽 레닌호는 이 정도의 얇은 얼음은 금세 해치웠다. 이 배는 최대 1.6미터 두께의 얼음을 부술 만큼 강력했다. 50렛 푸베디호 같은 이후의 쇄빙선들은 그 두 배 두께의 얼음도 파쇄했다.

왼쪽 서배너호의 제어실은 원자력 발전소의 제어실과 비슷하다. 같은 장치와 제어기가 많다.

노심에 연료가 남아 있는데 냉각수가 제거됐던 것이다. 냉각수가 없으니 연료가 과열되어 소자가 뒤틀리고 심지어는 녹아버리기도 했다. 연료 소자 중 94개만이 제거됐다. 나머지 125개는 원자로에 달라붙어 뽑아낼 수 없었다. 노심 전체를 빼내 바다에서 처리했다.

두 번째 사고는 1967년에 일어난 듯하며, 역시 냉각수가 빠진 것과 관련이 있다. 물론 이번에는 첫 번째와는 아주 다른 이야기이긴 하지만 말이다. 한 원자로의 냉각수 배관 어딘가가 새기 시작했다. 새는 곳을 찾아내기 위해 원자로의 생체차폐生體遮蔽를 열어야 했다. 콘크리트와 금속 부스러기를 섞어 만든 이 차폐물은 대형 쇠망치로 부숴 열었는데, 그 통에 노심이 심하게 망가져 고칠 수 없었다. 증기발생기와 펌프를 포함한 원자로 구성 전체를 배에서 떼어냈다.

그 뒤에 레닌호는 소련 북부 세베로드빈스크의 즈베스노치카 조선소로 예인되어 1970년 새로운 원자로 세트를 설치했다. 이전의 OK-150 원자로 세 개 대신 개선되고 더 강력한 OK-900 두 개가 설치됐다. 이 배는 이 원자로들로 동력을 공급받다가 1989년 은퇴했다. 레닌호는 30년 동안 쇄빙 작업을 하면서 곳곳이 닳아 얇아졌기 때문에 사용이 중지됐다. 이 배의 운항 거리는 92만 5천 킬로미터를 넘었으며, 그렇게 북극해의 얼음을 치운 길로 3,741척의 배가 왕래했다. 소모된 연료는 1990년 원자로에서 제거됐고, 배는 무르만스크의 아톰플로트 원자력 쇄빙선 기지로 옮겨졌으며 그곳에서 항구에 정박했다. 2000년 레닌호를 박물관 배로 바꾼다는 결정이 내려졌고, 2009년 대중에게 공개됐다.

다른 나라들도 원자력 민간 선박을 실험했지만, 이 배들이 비용이 많이 들고 원자로와 관련한 사고로 파멸적인 결과를 가져올 수 있는 데다 이용을 마친 후 안전하게 퇴역시키는 비용도 들어 대부분의 경우 비경제적인 것으로 드러났다. 원자력 군함들(특히 항공모함과 잠수함)은 더 건조됐지만, 민간 원자력선의 새로운 시대는 도래하지 않았다.

레닌호

토리 캐니언호

1967년 3월 18일, 토리 캐니언호가 좌초했는데, 이는 역사적 사건이 됐다. 이 사고는 전 세계에 대서특필됐다. 토리 캐니언호가 석유를 가득 실은 초대형 유조선이었기 때문이다. 당시에 토리 캐니언호는 사상 최대의 난파선이었다. 바다에 석유가 대량으로 유출된 것은 이것이 처음이었다.

유형 LR2 수에즈맥스급 유조선
진수 미국 버지니아주 뉴포트뉴스, 1959년
길이 297미터
톤수 등록톤수 6만 1,263톤
건조 용접한 강철
추진 증기터빈이 한 개의 스크루 프로펠러를 구동

1967년 2월 19일, 토리 캐니언호는 쿠웨이트에서 10만 1천 톤이 넘는 원유를 가득 싣고 카나리아제도를 향해 출발했다. 배는 3월 14일 도착했고, 선장 파스트렝고 루자티는 배의 목적지가 웨일스의 밀퍼드헤이븐이라고 전달받았다. 관행상 목적지를 가능한 늦게 확정해서 배가 미국으로 갈 수도 있고 지중해 항구나 서유럽으로 갈 수도 있도록 했다. 석유 시장 상황에 달린 것이었다. 선장이 받은 지시는 늦어도 3월 18일 오후 11시까지는 목적지에 도착해야 한다는 것이었다. 그러지 못할 경우 배가 항

오른쪽 강풍으로 인한 거센 파도가 좌초한 토리 캐니언호를 덮쳤고, 그것은 배가 감당하기에 너무 벅찬 것임이 금세 드러났다. 토리 캐니언호는 쪼개지고 화물이었던 석유가 바다로 쏟아졌다.

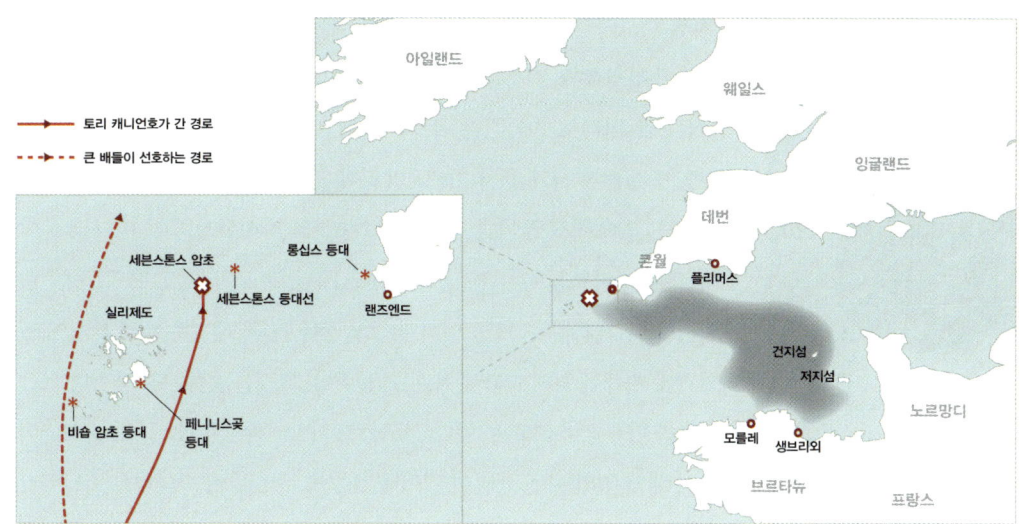

위쪽 토리 캐니언호는 세븐스톤스 등대선 같은 표지가 현지에 있었는데도 좌초했다. 조종 잘못과 지휘 혼란으로 배가 폴라드 암초(영국 서남단 앞바다 세븐스톤스 암초 중의 하나)와 부딪칠 곳으로 나아갔기 때문이나.

구로 들어갈 수 있을 정도로 다시 조수가 높아지려면 1주일을 더 기다려야 했다. 선장은 늦지 않아야 한다는 압박을 받았다.

3월 17일, 배는 밤이 되어서 자동 조종 장치를 가동했다. 아침이 되자 루자티는 우현 앞쪽으로 실리제도가 보일 것이라고 생각했시만, 실제로는 좌현 쪽에 있었다. 강한 해류에 밀려 밤사이 토리 캐니언호의 진로가 바뀐 것이다. 배는 실리제도와 영국 본토 콘월의 서남쪽 끝 사이를 향해 가고 있었다. 불행하게도 그 사이에는 세븐스톤스라는 암초가 있었다. 수위가 높아지면 물속으로 사라지는 이 암초에 걸려 난파한 배들이 많았다.

사이 뚫고 나가기

선장은 그 사이를 계속 지나가기로 결정해 실리제도와 세븐스톤스 암초 사이의 수심 깊은 안전 수로로 조종해 나아가고자 했다. 그러나 그때 간부들은 위치 계산이 잘못됐다는 것을 알았다. 배는 실제로 그들이 생각했던 것보다 암초 쪽에 훨씬 가까이 있었다. 조타수는 북쪽으로 급히전을 하라는 명령을 받았지만, 배는 반응하지 않았다. 선장은 무언가가 작동되지 않는다고 생각해 퓨즈와 유압계를 점검했지만 이상이 없었다. 그러다가 선교루船橋樓의 조종간이 빠져 있음을 발견했다. 타륜과 키의 연결이 끊어진 것이다. 그는 조종간을 다시 끼우고 좌현 쪽으로 급회전하라고 명

위쪽 토리 캐니언호 같은 유조선이 석유를 바다에 쏟아내면 바닷새가 그곳에 내려앉았다가 석유를 뒤집어쓴다. 새들은 날개를 씻으려다가 기름을 삼킨다. 토리 캐니언호의 석유 유출로 약 2만 5천 마리의 새가 죽었다.

령했다. 그러나 너무 늦었다. 배는 세븐스톤스 암초 중에 폴라드 암석에 거세게 부딪혔다. 삐죽삐죽한 바위는 배의 밑창을 뜯어버렸다.

석유가 바다로 쏟아졌다. 이전에 이런 큰 규모의 사고가 일어난 적이 없었기 때문에 사고를 처리하는 계획이나 절차는 없었다. 예인선을 부르고 배를 암초에서 끌어낼 준비를 했다. 화물인 석유 일부가 바다로 쏟아져 배는 가벼워졌으나, 곧바로 바다에 10킬로미터 길이로 유막(油膜)이 덮이더니 이튿날에는 30킬로미터 이상 뻗쳤다. 인근 해변은 오염 위험이 있었기에 배를 동원해 기름에 용제(溶劑)를 뿌려 그것을 분해시키려 했다.

배를 다시 띄우려고 두 가지 시도를 했지만 모두 실패했다. 다섯 사람이 아직 배에 있었지만, 폭발이 일어나 그중에 두 사람이 바닷속으로 날아가고 한 사람이 죽었다. 며칠 뒤, 석유가 영국 해안에까지 밀려왔다. 배를 암초에서 끌어내리는 시도들이 더 있었지만 실패했다. 배는 암초에서 떨어지지 않았고, 금세 쪼개지기 시작해 더 많은 석유를 바다로 쏟아냈다.

배와 거기서 쏟아져 나온 기름에 불을 붙이기 위해 폭탄을 터뜨리기로 했다. 영국 해군 버커니어 제트기 여덟 대가 42발의 폭탄을 투하했고, 영국 공군 제트기가 항공연료와 네이팜을 투하해 보기 힘든 장관을 펼쳐 보였다. 배는 불길에 싸였으나 바다 위의 기름에는 불이 붙지 않았다. 그것이 계속 해안으로 밀려드는 것을 저지할 방법이 없었다. 이후 5개월 동안 영국과 프랑스 해안을 오염시켰다. 영국 남부와 프랑스 사이의 거의 모든 해양 생물이 죽었고, 새도 최대 2만 5천 마리가 죽었다.

애틀랜틱 엠프레스호

선박의 최대 석유 유출은 1979년 7월 19일 발생했다. 증기선 애틀랜틱 엠프레스호가 서인도제도 토바고섬 동쪽에서 또 다른 유조선 에게언 캡틴호와 충돌하면서다. 즉시 두 배는 모두 불길에 싸였다. 양쪽 배에 탔던 승조원 중 27명이 죽었고, 다른 사람들은 부상을 당했다. 에게언 캡틴호의 불길은 잡혔고 그 화물은 내려졌지만, 애틀랜틱 엠프레스호의 불은 걷잡을 수 없었다. 이 배는 먼바다로 예인됐고, 그곳에서 폭발이 몇 번 있은 뒤 가라앉았다. 유출된 석유는 28만 7천 톤이었다.

악명 높은 석유 유출

가장 유명한 두 건의 석유 유출은 엑손 발데스호와 아모코 카디즈호의 사고에서 일어났다. 1978년 프랑스 해안 앞바다 포르살 암초에서 좌초한 아모코 카디즈호는 초대형 유조선VLCC이었다. 이 배는 토리 캐니언호에 비해 거의 두 배 가까운 양의 석유를 실었고, 전량이 바다에 쏟아졌다. 아모코 카디즈호의 자매선인 헤이븐호 역시 1991년 이탈리아 해안 앞바다에서 불이 나 침몰하면서 화물이던 석유를 유출했다. 1989년 3월 24일 유조선 엑손 발데스호는 알래스카 프린스윌리엄해협의 블라이 암초에 부딪혀 적어도 4,100만 리터의 석유를 바다에 쏟아냈다. 일부에서는 그 두 배로 추산하기도 한다. 외딴곳이어서 사고를 처리하기가 매우 어려웠다. 해안 2천 킬로미터 이상과 바다 2만 8천 제곱킬로미터가 오염됐다.

위쪽 1978년 유조선 아모코 카디즈호가 브르타뉴 앞바다에서 좌초했을 때. 이 배는 당시까지 가장 많은 해양 석유 오염을 만들어냈다.

얻는 교훈들

토리 캐니언호 재난은 세계 최초의 대형 석유 유출이었다. 구조와 인양 조치들을 재검토해보니 모든 것이 너무 늦었고, 너무 적었고, 아니면 실제로 사태를 악화시켰다. 석유에 용제를 뿌린 것은 특히 역효과를 냈다. 이전에 소규모 석유 유출은 이런 방식으로 처리됐다. 그러나 토리 캐니언호 때에는 거대한 유막에 용제를 뿌리니 그것이 석유를 더 녹기 쉽게 만들었다. 그러면 그것은 바닷물에 더 잘 녹아들고, 이에 따라 해양 생물이 그것을 흡수할 가능성이 높아지는 것이다. 용제는 접시를 닦는 액체 비누인 것 같지만, 맹독성 화학물질이 섞여 있어 해양 생물에 해로웠다.

토리 캐니언호 사고는 미래의 재난을 처리하는 사람들에게 귀중한 교훈을 주었다. 그것은 또한 앞으로의 사고를 줄이고 만약에 사고가 생기더라도 그것을 더 잘 처리하도록 새로운 국제 규정과 법을 만드는 일로 이어졌다. 만약이라고 했지만 그런 일은 다시 일어났다. 토리 캐니언호 사고 이후 바다에서 적어도 10건 이상의 초대형 유조선 사고가 있었다.

엔터프라이즈호

CVN-65는 엔터프라이즈호라는 이름을 가진 미국 해군의 여덟 번째 군함이었다. 이 배는 또한 원자력의 초대형 항공모함이라는 새로운 세대 선박의 첫 주자이기도 했다. 이 배는 1960년대의 쿠바 미사일 위기부터 2000년대 초 이라크 전쟁 및 아프가니스탄 전쟁까지 50여 년 동안 미국 해군의 작전에 참여했다.

유형 엔터프라이즈급 항공모함
진수 미국 버지니아주 뉴포트뉴스, 1960년
길이 342미터
톤수 배수량 9만 4,781톤
건조 용접한 강철
추진 여덟 개의 웨스팅하우스 A2W 원자로(210메가와트, 28만 마력), 네 개의 증기터빈이 네 개의 스크루 프로펠러를 구동

엔터프라이즈호의 설계는 매우 야심 찼는데, 이는 경험을 바탕으로 한 것이었다. 이 배는 웨스팅하우스가 만든 여덟 개의 가압수형 원자로에서 동력을 얻었다. 원자로가 두 개씩 짝을 지어 배의 네 증기터빈 하나씩을 구동했다. 원자로는 이렇게 두 개를 한데 묶은 적이 없었기 때문에 추진 장치를 설계한 공학자들은 이것이 얼마나 잘 작동할지 확신할 수 없었다. 그것은 대성공이었다. 이 거대한 배의 성능을 검증하기 위해 오래 계속된 여러 차례의 해상 시험 과정에서 이 배는 최고 속도 30노트(시속 55킬로미터) 이상을 기록했다. 이 배는 세계의 대양 어디에나 갖다 놓을 수 있는 해상 비행장이었다. 그 배와 딸린 항공기 승조원을 합치면 소도시 인구와 맞먹을 정도로 컸다. 완전한 전투 준비 상태에서 이 항공모함은 배의 승조원 3,200명에다 비행단 인원이 2,480명이었다.

이 배는 초기에는 1962년 2월 존 글렌에 의한 미국 최초의 유인 궤도 우주 비행의 관측소 역할을 했다. 몇 달 뒤에 처음으로 국제 비상사태에

오른쪽 엔터프라이즈호CVN-65가 2003년 '이라크 해방 작전'을 지원하기 위해 인도양을 거쳐 아라비아만으로 나아가고 있다.

오른쪽 하늘에서 본 엔터프라이즈호의 사령탑. 본래는 레이더와 다른 안테나들이 있는 돔 형태였다. 1979년에서 1982년 사이 이 배가 전면 정밀 검사를 받을 때 이 사령탑을 키티호크급 항공모함과 비슷한 모습으로 바꿨다.

파견됐다. 쿠바 미사일 위기였다. 소련은 미국 해안에서 불과 145킬로미터 떨어진 쿠바에 핵미사일을 배치했다. 미국은 소련의 추가적인 미사일 반입을 막기 위해 쿠바를 봉쇄하고 기존 미사일 철수를 요구했다. 두 초강대국은 13일 동안 대치했고, 그동안 세계는 금방이라도 핵전쟁이 날 듯 불안했다. 재앙은 소련이 모든 미사일 제거에 동의하면서 피할 수 있었다. 대신에 케네디(1917~1963) 대통령은 쿠바를 침공하지 않겠다는 약속을 했다. 케네디는 또한 비밀리에 튀르키예에서 미국 미사일을 제거하는 데도 동의했다.

장점과 단점

원자력 항공모함은 원자력을 쓰지 않는 항공모함에 비해 장점도 있고 단점도 있다. 가장 중요한 단점은 경제적인 것이다. 원자력 항공모함은 건조하고 운용하고 유지하는 데 돈이 더 많이 들며, 핵을 다룰 수 있는 유지 보수 시설이 필요하다. 그러나 이점은 이를 능가한다. 원자력 항공모함은 사실상 무제한으로 고속에 견딜 수 있으며, 연료를 자주 보충할 필요가 없고, 탑재한 장치들에 더 많은 전력을 공급할 수 있고, 항공기와 그 연료를 실을 공간을 더 확보할 수 있으며, 현 위치를 노출하는 연기와 배기가스가 없다.

참전

엔터프라이즈호는 지중해에 배치됐다가 베트남으로 보내졌다. 그곳에서 이 배는 원자력선으로는 처음 참전한 것이었다. 1965년 11월 베트콩을 상대로 공습에 나선 것이다. 1967년 6월 베트남을 떠날 때까지 그 조종사들은 1만 3,400회 이상의 출격을 기록했다. 배는 정밀 검사와 승조원 훈련을 마치고 1968년 1월 한국 해

위쪽 F/A-18A 호닛기 한 대가 엔터프라이즈호 비행갑판으로 들어오고 있다. 엔터프라이즈호는 보통 60대 정도의 항공기를 수용하고 있으나, 최대 90대까지 수용할 수 있다.

> 우리가 노다지를 찾은 것 같습니다.
> ─미국 해군 참모총장 조지 W. 앤더슨 제독(엔터프라이즈호 해상 시험 때 그 성능을 평가하며)

역으로 갔다. 북한이 미국 해군의 정보 수집선 푸에블로호를 나포한 데 대한 무력시위였다.

엔터프라이즈호는 심각한 화재로 초래된 손상을 수선한 뒤 1969년 다시 한국으로 파견됐다. 이번에는 북한이 동해 상공에서 미국 해군 정찰 항공기를 격추한 뒤였다. 같은 해, 배는 뉴포트뉴스로 돌아와 원자로 노심을 새로 설치했다. 10년을 버티기에 충분한 연료도 주입했다. 원자력 잠수함으로 오랫동안 취역하는 동안 항공 기술이 변함에 따라 엔터프라이즈호는 처음 설계될 때에는 없었던 종류의 항공기들도 보유하게 됐다. 1973년 다시 한 번 베트남에 배치된 뒤 엔터프라이즈호는 새로운 해군 항공기인 가변익可變翼 초음속 F-14 톰캣이 이착륙할 수 있도록 개조됐다.

평화 시에 군함은 때로 자연재해 수습을 돕기 위해 파견된다. 항공모함의 거대한 규모와 공중 수송 능력은 특히 유용하다. 바닷물로 깨끗하고 안전한 음용수를 만들 수 있는 배의 능력 또한 마찬가지다. 1975년 엔터프라이즈호는 태풍 제르베즈로 파괴된 모리셔스에 도움을 주었고, 이어 베트남으로 돌아가 새로운 긴급 사태를 처리했다. 배는 '프리퀀트 윈드 작전'에 참여해 북베트남의 남베트남 침공 이후 사이공에서 사람들을 피난시켰다. 1980년대에는 리비아와 페르시아만에 배치됐다. 배는 1990년대 초 다시 개조한 뒤 보스니아와 이라크에서 작전을 지원했다. 2011년 9월 11일 미국이 공격당하자 엔터프라이즈호는 아프가니스탄의

오른쪽 미국 군함 칼빈슨호는 미국의 현세대 원자력 항공모함인 니미츠급 선박이다. 엔터프라이즈호를 건조하고 운용하면서 얻은 교훈이 이들 거대 함정 설계에 기여했다.

알카에다 공습에 나섰다. 또한 2003~2004년 이라크 침공과 이어 이라크 및 아프가니스탄을 상대로 한 후속 작전 동안 공중 지원을 했다.

가장 먼저 퇴역하다

마침내 2012년 엔터프라이즈호는 세계 여러 항구를 돈 뒤 자신이 건조됐던 도시인 뉴포트뉴스로 돌아왔다. 퇴역하기 위해서였다. 원자력 항공모함으로는 가장 먼저 퇴역한 것이며, 미국 해군에서 가장 오랜 기간(51년) 취역한 기록을 남겼다. 배는 2025년까지 폐기될 예정이다.

엔터프라이즈호는 여섯 척의 같은 등급 함정 중 첫 번째 배였는데, 예상보다 많은 돈이 들어가자 나머지 배들은 건조되지 않았다. 말 그대로 혼자서 한 등급을 이룬 것이다. 대신에 이 배는 새로운, 개선된 등급의 원자력 항공모함인 니미츠급의 탄생으로 이어졌다. 엔터프라이즈호의 원자로가 여덟 개였는데 니미츠급 배는 두 개뿐이었다. 니미츠급 항공모함은 열 척이 건조되어 모두가 현재까지 활동하고 있다.

그 뒤를 잇는 제럴드 R. 포드급의 첫 배는 이미 진수했다. 이 등급의 원자력 거함 아홉 척이 더 건조될 예정이다. 엔터프라이즈라는 이름은 제럴드 R. 포드급의 세 번째 항공모함 CVN-80에 인계되어 2023년 진수하고 2025년 취역할 예정이다.

해상 사고

엔터프라이즈호만큼 큰 배들은 안전하게 기동하기 위해서 많은 공간이 필요하다. 이들은 보통 위험한 장애물들과는 멀찌감치 거리를 둔다. 그러지 않을 경우 수백만 달러의 수리비가 든다. 엔터프라이즈호는 모래톱과 물속의 암초에 몇 번 부딪혀 비싼 대가를 치렀다. 항공모함의 비행갑판 역시 위험한 곳이다. 무장한 항공기가 비교적 좁은 같은 공간 안에서 뜨고 내리고 격납된다. 엔터프라이즈호는 두 차례의 심각한 비행갑판 사고를 겪었다. 1969년 1월 14일 베트남으로 가는 도중에, 갑판에 격납된 팬텀 제트기에 탑재한 Mk 32 주니 로켓이 과열되어 폭발했다. 이를 시작으로 잇달아 화재가 발생했고, 비행갑판 일대에서 다른 폭발들이 일어나 항공기 15대가 파손됐다. 불길은 금세 잡혔지만 승조원 27명이 죽고 수백 명이 부상당했다. 그리고 1998년 11월 8일, EA-6B 프라울러 항공기가 착륙 도중 비행갑판에 있던 S-3 바이킹 한 대를 들이받아 프라울러 항공기의 승조원 네 명이 죽었다.

왼쪽 1969년 엔터프라이즈호의 비행갑판에서 심각한 사고가 발생해서 미국 해군의 구축함 로저스호가 달려와서 도움을 주고 있다.

앨빈호

해양은 지구상에서 아직 탐험할 곳이 남아 있는 마지막 지역이다. 그것은 지구 표면의 거의 4분의 3을 차지하지만, 그 95퍼센트 이상이 탐사되지 않았다. 앨빈호라는 작은 잠수정submersible이 해양 탐사에 혁명을 일으켰다. 그것은 50여 년 동안 최고의 심해 유인 탐사선이었다.

유형 심해 잠수정
진수 바하마, 1964년
길이 7미터
톤수 배수량 20.4톤
건조 강철 구체(1973년 이후 티타늄 구체)
추진 일곱 개의 배터리 동력 전기 추진 엔진

위쪽 미국 해군은 1964년에 이 앨빈호 사진을 공개했다. 그 이후 이 작은 잠수정은 거듭 개선되고 갱신되어 훨씬 깊은 곳에까지 들어갈 수 있게 됐다.

오른쪽 앨빈호는 1970년 하버드대학교 연구 사업에 쓰일 플랑크톤을 채집하기 위해 잠수할 때 미세 그물을 가지고 갔다.

앨빈호는 미국 해군 소유이고, 매사추세츠 해안에 있는 우즈홀해양연구소WHOI에서 운영한다. 이 연구소는 챌린저호 탐험 완료로 현대 해양학이 시작된 지 불과 54년 만인 1930년 설립됐다. 20여 년 동안 해양 표면을 연구한 뒤에 연구소의 일부 과학자들은 연구자들이 수중 세계로 들어가 직접 눈으로 볼 수 있는 새로운 배를 만들자는 생각을 했다. 그 결과가 앨빈호였다. 이 이름은 연구소의 과학자 중 이 잠수정을 만드는 데 중요한 역할을 한 앨린 바인(1914~1994)의 이름에서 땄다.

앨빈호의 승조원 세 명(조종사 하나와 과학자 둘)은 바깥의 본체로 둘러싸인 내압耐壓 구체球體 안에 들어가 앉는다. 본체에는 공기통, 배터리, 유리 기포氣泡 강화플라스틱이라는 부력재浮力材도 들어 있다. 승조원들은 로봇 팔을 움직여 표본을 집어 잠수정 앞에 고정시킨 바구니에 넣을 수 있

첫 심해 잠수

첫 심해 탐사는 1930년대에 속이 빈 금속 공을 긴 줄 끝에 매달고 물속으로 늘어뜨리는 방식으로 했다. 이 공은 잠수구潛水球(bathysphere)라 했다. 해양생물학자 윌리엄 비비(1877~1962)와 잠수구 발명자 오티스 바턴(1899~1992)이 구체 안에 앉아 작고 두꺼운 창을 통해 밖을 내다보았다. 그들은 1930년에서 1934년 사이에 30여 차례 잠수했고, 가장 깊이 내려간 것은 923미터 깊이까지였다. 줄이 끊겼다면 그들을 구조할 방법이 없었을 것이다. 이런 잠수는 사람들이 자연환경 속의 심해 생물을 눈으로 볼 첫 기회였다.

오른쪽 윌리엄 비비가 심해 탐사용 잠수구의 열린 출입구를 통해 밖을 내다보고 있다. 잠수구의 둥그런 모양은 심해에서 매우 큰 압력을 견딜 수 있게 했다.

다. 본래 승조원용 구체는 강철로 만들었으나, 1973년 더 강한 티타늄 구체로 대체됐다. 이로 인해 앨빈호의 잠수 깊이는 두 배로 늘어 3,660미터까지 내려갈 수 있었다. 1976년 시험을 통해 이 깊이는 4천 미터가 됐다. 2011~2012년에 앨빈호는 완전히 해체되어 대대적인 개선을 해서 성능과 잠수 깊이를 상당히 끌어올렸다. 더 크고 더 두꺼운 새 티타늄 구체가 설치되어 앨빈호는 4,500미터까지 잠수할 수 있게 됐다. 이 개선 작업의 두 번째 단계는 잠수 깊이를 6,500미터까지 확대할 예정이며, 그렇게 되면 세계 해저의 98퍼센트를 탐사할 수 있게 된다.

승조원들이 밖을 내다볼 수 있는 창은 세 개에서 다섯 개로 늘렸다. 전등과 카메라는 최신 LED 전등과 고화질 카메라 설비로 바뀠다. 추진 엔진, 기계 팔, 배터리, 표본 바구니는 모두 탈착식으로 만들어 그것들이 수중에서 무언가에 뒤얽혀 잠수정이 갇히는 경우 떼어버릴 수 있게 했다. 앨빈호는 새로운 잠수정으로 다시 태어났다.

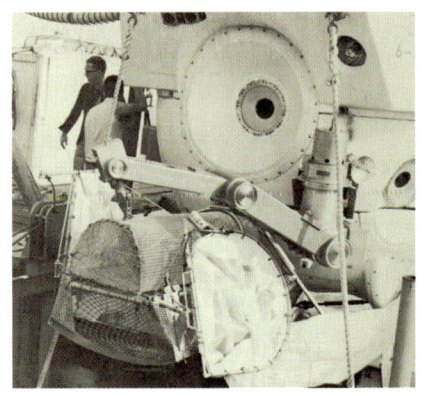

폭탄과 난파선

앨빈호는 잠수 중 사라진 수소폭탄을 찾은 일과 타이태닉호 잔해를 본 것으로 유명하다. 1966년 1월 17일, 미국 공군 B-52 폭격기가 보잉 KC-135 급유기와 충돌했다. 에스파냐의 지중해 해안 상공에서 비행 중 연료 보충을 할 때였다. 두 비행기는 모두 부서져 추락했다. B-52는 네 발의 수소폭탄을 싣고 있었다. 세 발은 팔로마레스 마을 부근에 떨어졌고, 폭탄 안의 비핵非核 고성능 폭약이 폭발해 주변 지역을 플루토늄으로 오염시켰다. 네 번째 폭탄은 바다에 떨어진 것으로 여겨졌는데, 해상과 수중의 배들이 광범위하게 수색한 끝에 앨빈호가 3월 17일 폭탄을 찾았다. 그것을 건지기 위해 CURV-III(미국 해군의 케이블 제어 해저 복구 차량 III—옮긴이)라는 무인 잠수정을 보냈다.

아래쪽 앨빈호는 1977년 갈라파고스열곡裂谷을 조사했다. 이곳은 수중 화산 열점熱點으로, 태평양 해저 균열을 통해 뜨거운 물이 솟아 나오는 곳이다.

1977년 앨빈호는 열수분출공熱水噴出孔 탐사를 위한 초기 잠수를 몇 차례 했다. 열수분출공은 대양 바닥에서 뜨거운 화학물질이 풍부한 물이 쏟아져 나오는 곳이다. 때로는 높은 굴뚝 같은 바위 구조물을 이루어 '블랙 스모커Black Smokers'라고 한다. 앨빈호 승조원들은 이 구멍 주위에 있는 해양 생물들을 관찰했다. 1986년에는 타이태닉호 잔해가 있는 곳에 열두 차례 내려갔다. 앨빈호 승조원들은 잔해의 사진을 찍고 제이슨이라는 시제품 로봇을 이용해 그것을 조사했다.

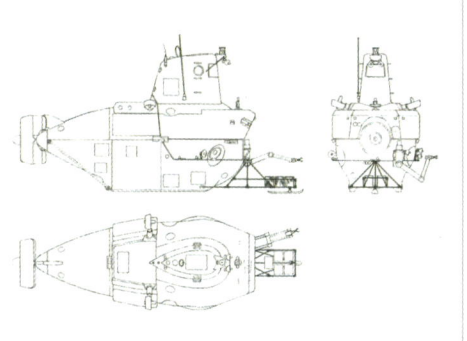

위쪽 앨빈호의 이 세 방향 도면은 배의 뒤쪽 추진 엔진, 승조원용 구체 위의 전망탑, 크고 둥근 앞쪽 관찰구, 맨 앞의 표본 바구니를 보여준다.

사고와 성난 물고기

앨빈호는 잠수함처럼 독자적으로 움직이기에는 너무 작고 느렸다. 그래서 잠수정이라 불렸다. 이것은 모선母船 애틀랜티스호가 잠수 지점까지 싣고 가서 내려주고 다시 끌어올렸다. 모선의 꼬리에 기중기가 있어 앨빈호를 바다에 내려주고 잠수를 마치면 다시 올려주었다.

앨빈호는 거칠고 위험한 환경에서 일했지만 사고가 매우 적었다.

1967년 9월, 엉성하게 끌어올려지면서 기계 팔을 잃었다. 팔은 나중에 발견해 수리하고 다시 끼웠다. 앨빈호에게 가장 심각한 사고는 1968년 10월에 일어났다. 진수시키는 과정에서 그것을 잡고 있던 줄이 끊어졌다. 앨빈호는 모선에서 미끄러지면서 바다로 떨어져 1,500미터 아래로 가라앉았다. 당시 안에 있던 키잡이 에드 블랜드는 앨빈호가 물속으로 빠지기 전에 재빨리 빠져나왔다. 이 잠수정은 거의 1년 뒤에 발견되어 인양됐다. 놀랍게도 그것은 별로 손상을 입지 않았다. 구체 안에 있던 승조원의 샌드위치도 그대로 먹을 만했다고 한다!

앨빈호는 여러 차례 잠수하며 온갖 종류의 해양 생물들과 마주쳤다. 1967년 바하마에서 잠수할 때는 황새치의 공격을 받았다. 황새치는 앨빈호 바닥의 외각에 걸려들어 그대로 물 위로 올려져 저녁상에 올랐다!

앨빈호는 50년의 활동 기간 동안 4,700여 차례 잠수해 1만 3천 명의 과학자·공학자·관찰자가 대양 바닥을 탐사했다. 잠수는 대개 두 시간 동안 내려가고, 두 시간 동안 심해에서 작업하고, 두 시간 동안 물 위로 올라왔다. 앨빈호는 잠수해 최장 10시간을, 비상시에는 72시간까지 물속에 머물 수 있었다. 잠수해서는 박테리아에서부터 거대한 바다 동물까지 이전에 알지 못했던 생물 종들을 수백 가지나 찾아냈다. 앨빈호는 정기적으로 갱신하고 개조하기 때문에 앞으로도 해저 탐험의 선도자 노릇을 계속할 것으로 보인다.

스킨다이버

잠수구는 새로운 유형의 잠수정 개발로 이어졌다. 바티스카프bathyscaphe(심해 관측용 잠수정)라 불리는 것이다. 윌리엄 비비의 구체와 달리 바티스카프는 물 위의 배에 줄로 묶여 있지 않다. 그 승조원용 구체는 석유가 가득 든 커다란 부대浮袋 밑에 위치한다. 이것은 바닷물을 통으로 흘러들어오게 해서 무겁게 한 뒤 아래로 내려간다. 물 위로 올라갈 때는 무게를 빼 버려 가볍게 한다. 작은 프로펠러 엔진이 제한적인 조종을 가능케 한다. 첫 번째 바티스카프는 1948년에 나온 FNRS-2호였지만, 가장 유명한 것은 왼쪽 사진의 트리에스테호다. 1960년 1월 23일, 자크 피카르(1922~2008)와 돈 월시(1931~2023)는 트리에스테호를 타고 지구에서 가장 깊은 곳으로 알려진 챌린저해연으로 1만 916미터 아래까지 첫 번째 유인 잠수를 했다.

글로마 익스플로러호

1974년 글로마 익스플로러호라는 시추선이 태평양의 한 지점으로 향했다. 태평양 바닥에 있는 것으로 알려진 망간 단괴團塊라는 감자 크기의 금속 덩어리를 긁어오기 위해서였다. 적어도 그것이 언론에 공개된 내용이었다. 그러나 실제로 글로마 익스플로러호는 미국 중앙정보국CIA을 위해 소련으로부터 군사기밀을 훔쳐오는 대담한 비밀 임무를 수행하기 위해 특별히 건조된 것이었다.

유형 시추선
진수 미국 펜실베이니아주 체스터, 1972년
길이 189미터
톤수 배수량 5만 1,310톤
건조 용접한 강철
추진 다섯 개의 노드버그 16기통 디젤기관이 발전기를 돌리고 그것이 여섯 개의 1.6메가와트(2,200마력) 전동기를 돌려서 두 개의 추진축을 구동

1968년 3월 8일, 소련의 탄도미사일 잠수함 K-129호가 하와이 서북쪽 약 2,510킬로미터 지점에서 침몰했다. 침몰의 원인은 알려지지 않았다. 소련 해군이 이 잠수함을 수색했으나 발견하지 못했고, 미국 해군이 찾아냈다. 그들의 비밀 수중 음향 장비가 그 잠수함이 침몰할 때 있었던 한 '내파內破 사건'의 음색을 잡아냈다. 그것은 이 잠수함이 심해에서 부서지는 소리와 아주 비슷하게 들렸다. 이에 따라 그들은 사건이 일어난 대략적인 위치를 추정할 수 있었다. 그리고 미국 잠수함 핼리벗호가 수중 음파 탐지 장치와 카메라로 해저를 뒤지다가 이 소련 잠수함을 찾아냈다. 약 5천 미터 깊이의 해저에 있는 것을 사진으로 찍었다.

미국이 그 잠수함을 손에 넣을 수 있다면 소련의 군사기밀과는 비교할 수 없는 소득이었다. K-129호를 건져와 보자는 결정이 내려졌다. 이 계획은 리처드 닉슨 대통령이 직접 재가했다. 첫 번째 장애물은 기존의 선박(군함이든 민간 선박이든) 중 그만큼 깊은 곳에서 난파선을 인양할 수 있는 것은 없다는 점이었다. 그래서 중앙정보국은 배 한 척을 만들기로 했다. 이것이 또 다른 문제를 낳았다. 소련이 자기네 잠수함을 미국이 낚아채려

오른쪽 글로마 익스플로러호가 비밀리에 건져오려 했던 K-129호 잠수함은 이 배와 비슷한 소련의 629A형(골프 2급) 잠수함이었다.

위쪽 글로마 익스플로러호가 1974년 미국 캘리포니아주 롱비치에 있는 자신의 독dock으로 돌아가고 있다. 해저에서 소련 잠수함을 인양하려는 시도를 한 뒤였다.

한다는 사실을 알면 그 일을 방해하려 할 것이므로 표면적으로는 이 새로운 배가 평범한 시추선으로 귀중한 망간 단괴를 가져오기 위한 것처럼 꾸며야 했다. 이 금속이 풍부한 덩어리들은 일부 대양의 깊숙한 바닥에 널려 있었다. 망간 외에도 철, 구리, 코발트, 니켈도 함유하고 있었다. 이 임무는 '프로젝트 아조리안'이라는 암호명이 붙었다.

익스플로러호 건조

K-129호의 무게는 수중에서 2,743톤이었다. 이 정도로 무거운 무언가를 인양하려면 큰 배가 필요했다. 그리고 이 배가 정말로 무슨 일을 하는지를 비밀에 부쳐야 했다. 잠수함을 지나가는 비행기나 배의 정탐에 걸리지 않고 어떻게 건져 올릴 수 있을까? 그 해법은 배의 혁신적인 설계에 있었다. 선체 바닥의 문을 열어 숨겨진 짐칸으로 잠수함을 끌어올릴 수 있게 한 것이다. 잠수함을 올린 다음에는 문을 닫고 배가 떠나면 된다. 제임스 본드 유의 이 작업은 눈에 띄지 않는 수중에서 이루어진다.

글로마 익스플로러호는 1974년 7월 4일 인양 장소에 도착했다. 배는 석유 굴착 장치와 비슷한 대형 크레인을 싣고 있었다. 18미터 길이의 강철 파이프가 갑판 위에 있었다. 크레인이 각 파이프를 수직으로 들어 올려 그 아래 파이프 끝에 나사로 고정한 다음 바닷속으로 내려뜨렸다. 이것은 드릴 파이프가 K-129호 잠수함에 닿을 때까지 이어졌다. 드릴 파이프의 맨 아래에는 '캡처 비히클capture vehicle'이라는 커다란 틀을 붙였다. 승조원들은 이를 '클레멘타인'이라는 별명으로 불렀다. 이는 비밀리에 만들어졌고, 정찰기와 인공위성이 사진을 찍지 못하도록 위장을 했다. 그런 뒤 이는 잠수한 바지선을 이용해 아래에서 '문풀moon pool'이라는 배의 숨겨진 짐칸에 설치했다.

클레멘타인은 잠수함 위에 둔 뒤 유압식 집게를 오므려 잠수함을 움켜잡았다. 카메라들이 배의 승조원들에게 계속 사진을 찍어 보냈다. 이때까지는 모든 것이 계획대로 진행됐다. 소련 배들이 글로마 익스플로러호 주위를 돌았으나(심지어 한 척은 헬리콥터를 띄워 더 가까이서 살펴보고 사진을 찍고자 했다) 이 배가 시추선이라는 것 외에는 알아챌 수 없었다.

소련은 어찌어찌 비밀 작전이 펼쳐지려 한다는 것을 알았으나 이깃이 그 비밀 작전인지는 알지 못했다. 그들은 잃어버린 K-129호가 어디에 있는지 몰랐기 때문에 글로마 익스플로러호가 그 위에 있는지도 알 수 없었다. 소련군의 공학자들은 미국 배가 자기네 잠수함 위에 있다 하더라도 그렇게 깊은 곳에서 그것을 인양하는 것은 불가능하다고 여겼다.

그런데 무언가가 틀어졌다. 잠수함을 들어 수면까지 가는 도중 3분의 1쯤 되는 지점에 왔을 때 유압식 집게에 이상이 생겼다. 잠수함의 받쳐지지 않은 부분이 떨어져 나가 다시 해저로 떨어졌다. 잠수함의 앞부분 11미터만이 성공적으로 들어 올려져 배의 '문풀'로 들어왔다. 거기에는 승조원 여섯 명의 유해도 있었는데, 최고의 군 장례로 바다에 장사지냈다(나중에 그 동영상을 소련에 넘겨주었다). 잠수함에서 중앙정보국이 가장 큰 관심을 가졌던 미사일실, 조종실, 기관실, 통신 장비는 잃어버렸다. 소련은 미국 중앙정보국이 핵탄두를 탑재한 어뢰 두 발을 가져간 것으로 생각했는데, 이는 글로마 익스플로러호 승조원이 측정한 것으로 보고된 방

오른쪽 글로마 익스플로러호에서 잠수함 쪽으로 '클레멘타인'을 내려보내 잠수함을 움켜쥔 뒤 들어 올려 배의 선체에 낸 문을 통해 비밀 공간에 넣는다.

글로마 챌린저호

글로마 익스플로러호는 종종 심해 조사 및 시추선 글로마 챌린저호와 혼동된다. 19세기 해양 조사선이었던 영국 해군의 챌린저호에서 이름을 딴 글로마 챌린저호는 1960년대 말부터 1980년대 초까지 15년 동안 대서양·태평양·인도양과 지중해·홍해에서 거의 2만 군데를 굴착해 고갱이 시료를 수집했다. 대서양에서 굴착해낸 고갱이들은 해저 확장설, 판구조론, 대륙이동설 등의 증거가 됐다.

위쪽 종종 글로마 익스플로러호와 혼동되는 글로마 챌린저호는 첩보 임무와 상관없는 진정한 과학 시추선이었다.

사능 수준과 일치하는 것으로 보인다.

비밀이 샜다

'프로젝트 아조리안'은 오래 비밀을 유지하지 못했다. 일이 시작되기 직전에 휴스 재벌의 하나인 수마Summa기업 사무실에 외부인의 침입이 있었다. 훔쳐간 문서 중 일부가 비행사이자 사업가인 하워드 휴스를 중앙정보국 및 글로마 익스플로러호와 연결시키고 있었다. 이 도난 사고에 매우 당황한 중앙정보국은 연방수사국을 끌어들였고, 그들은 로스앤젤레스 경찰에 조사를 요청했다. 중앙정보국이 언론에 이를 보도하지 말아달라고 했음에도 『로스앤젤레스 타임스』는 1975년 2월 18일 자에 기사를 실었다. 그들은 이를 '프로젝트 제니퍼'라 불렀다. 텔레비전 기자들도 이 보도를 인용해 그 내용을 방송했다. 글로마 익스플로러호의 가면이 벗겨지자 잠수함의 나머지 부분을 회수하려던 후속 작업은 취소됐다.

해군은 이후 20년 동안 글로마 익스플로러호를 방치했다. 1990년대 후반에 이 배는 진짜 심해 시추선으로 개조되어 글로벌 머린 시추회사에 임대됐다. 글로벌 머린 시추회사는 몇 차례의 합병과 인수 끝에 트랜스오션 기업이 됐는데, 이 회사는 글로마 익스플로러호를 샀다. 2015년 4월 그들은 이름이 GSF 익스플로러호로 바뀐 이 배를 폐기할 것이라고 발표했고, 이 배는 6월 5일 중국 저우산舟山의 선박 해체소에 도착했다.

얼루어 오브 더 시스호

19세기와 20세기를 거치면서 원양 정기선은 갈수록 몸집이 커졌다. 21세기 초에 새로운 배 하나가 이전의 크기 기록을 모두 갈아치웠다. 얼루어 오브 더 시스Allure of the Seas호는 이제까지 건조된 여객선 중 가장 크다. 그것은 길이와 무게에서 가장 큰 원자력 항공모함에 맞먹으며, 곧추세워 놓으면 파리의 에펠탑보다 38미터 더 높다.

유형 오아시스급 유람선
진수 핀란드 투르쿠, 2009년
길이 362미터
톤수 총톤수 22만 5,282톤
건조 용접한 강철
추진 세 개의 바르질라(1만 3,860킬로와트, 1만 8,590마력)와 12V46D 디젤기관과 세 개의 바르질라 16V46D 디젤기관(1만 8,480킬로와트, 2만 4,780마력)이 발전기를 돌려 세 개의 아지포드 추진 장치와 네 개의 뱃머리 프로펠러를 구동

원양 정기선을 통한 해외여행은 1960년대에 제트 비행기가 나오면서 쇠퇴기에 접어들었다. 그러나 승객들이 특정 지점에서 다른 지점으로 가는 여행에서 배를 이용하는 것은 줄었어도, 배를 타고 돌아다니며 즐기는 크루즈 여행은 인기가 높아지고 있다. 옛 정기선들은 대부분 크루즈에 적합하지 않았다. 크루즈 유람선은 흘수(수면 아래로 들어가는 선체의 깊이)가 얕아야 했다. 그래야 작은 항만에도 들어갈 수 있기 때문이다. 그리고 일반적인 정기선에 비해 바다 풍경이 보이는 선실을 더 둘 필요가 있다. 새로운 세대의 유람선 설계는 오락과 쾌적함에 더 중점을 두었다. 유

오른쪽 얼루어 오브 더 시스호는 어마어마한 규모여서 배의 한가운데에 '센트럴 파크'가 있고, 여기에는 수천 그루의 나무와 다양한 식물이 자란다.

위쪽 미국 플로리다주 포트로더데일에 있는 모항 포트에버글레이즈 항구의 얼루어 오브 더 시스호. 이런 거대 유람선은 해상의 아파트 단지와 같다. 이 배는 최대한 많은 선실에서 바다를 내다볼 수 있도록 설계됐다.

람선은 단순히 한 곳에서 다른 곳으로 이동하는 수단이 아니라 그 자체로 하나의 휴가 경험이 됐다. 수상 리조트다.

2015년 이전에 건조된 가장 큰 여객선은 오아시스급 유람선들이다. 오아시스 오브 더 시스Oasis of the Seas호와 얼루어 오브 더 시스호에 이어 2016년에 세 번째인 하모니 오브 더 시스Harmony of the Seas호가 나오는 등 현재까지 다섯 척이 만들어졌으며, 지금 여섯 번째이자 마지막 배가 건조 중이다. 이들의 배수량은 10만 톤 정도로, 대략 세계 최대급 군함에 비견된다. 처음 두 척은 같은 설계로 만들어졌지만 얼루어 오브 더 시스호가 50밀리미터 더 길었는데, 이후의 것은 이들보다 1~2미터 더 길다. 얼루어 오브 더 시스호는 2008~2009년 핀란드 투르쿠에서 건조되어 2009년 11월 20일 진수했다. 이듬해 이 배는 첫 항해에 나섰다.

해적 문제

얼루어 오브 더 시스호는 카리브해 관광 전문이다. 거의 400년 전에 카리브해 일대는 해적의 온상이었다. '검은 수염' 에드워드 티치(1680~1718)와 윌리엄 키드(1654~1701) 선장 같은 해적들은 금과 은 등의 화물을 나르는 에스파냐, 프랑스, 잉글랜드 배들을 노렸다. 카리브해의 해적은 1830년대에 근절됐지만, 세계의 다른 지역에서는 아직도 현실적인 위험이다. 현대의 해적들은 유람선을 공격하는 경우는 드물며, 값비싼 화물을 싣고 승조원이 적은 화물선을 주로 노린다. 자동화기로 무장한 그들은 작고 빠른 배로 접근해 목표하는 배에 올라탄다. 그들은 승조원·배·화물을 잡고 몸값을 요구한다. 소말리아 해안, 믈라카해협, 남중국해 등은 매우 위험한 지역이다. 해상 초계와 상선들 스스로 취하는 해적 대응 조치들이 있지만 해적은 몇몇 지역에서는 계속 위험할 것이다.

위쪽 2010년 덴마크 스토레벨트 다리 아래를 지나는 얼루어 오브 더 시스호. 배가 다리보다 7미터나 높다!

자세 낮추기

이 배는 발트해를 떠나 대서양을 건너 모항인 미국 플로리다주 포트에버글레이즈 항구로 가려면 덴마크의 스토레벨트 다리를 빠져나가야 했다. 이 다리 아래 교각 사이로 배가 지나갈 수 있는 여유 공간은 65미터였다. 불행하게도 얼루어 오브 더 시스호는 수면으로부터 배의 굴뚝 꼭대기까지가 72미터였다. 이 일은 불가능해 보였다. 배를 만든 사람들이 치명적인 실수를 한 것일까?

얼루어 오브 더 시스호가 다리로 향하면서 선장이 세 가지 명령을 내렸다. 첫째, 그는 오므릴 수 있는 배의 굴뚝을 낮추게 했다. 둘째, 그는 바닥짐 수조에 수천 톤의 물을 받아들여 배를 물에 더 잠기게 했다. 마지막으로 그는 배를 20노트(시속 37킬로미터)로 가속시켰다. 얕은 물에서 이는 '침하 효과squat effect'를 일으킨다. 배와 해저 사이를 흐르는 물은 틈새를 빠져나가기 위해 속도가 빨라져야 한다. 이것이 수압을 낮추고 배를 아래로 빨아들인다. 그 결과 다리 아래를 안전하게 지날 수 있었다.

아지포드에 의한 추진

얼루어 오브 더 시스호 같은 배의 추진 장치는 예전 원양 정기선의 것과는 완전히 다르다. 전에는 엔진 또는 전동기가 축을 돌리고 그것이 선체를 관통해 끝에 있는 프로펠러를 돌렸다. 조종은 방향타에 의존했다. 얼루어 오브 더 시스호 같은 현대의 배들은 아지포드Azipod라는 장치에 의해 추진되고 조종된다. 이 포드pod들은 배꼬리 아래에 장착된다. 각 포드에는 전동기가 하나씩 들어 있고 그것이 프로펠러를 구동한다. 포드를 모두 돌리면 배가

미래의 배들

이따금씩 얼루어 오브 더 시스호보다 훨씬 더 큰 배를 만들려는 계획이 있었다. 심지어 사람들이 영구히 사는 떠다니는 도시까지 구상했다. 그러나 아직 건설된 것은 없다. 얼루어 오브 더 시스호나 다른 오아시스급 배들보다 훨씬 큰 것은 상상하기 어렵다. 더 큰 것을 만들면 유람선들이 보통 들르는 항구에는 못 들어갈 수도 있다. 군함 역시 규모의 한계에 다다른 듯하다. 미국의 니미츠급과 제럴드 F. 포드급 항공모함이 오늘날 운용되는 군함들 중 가장 크다. 더 큰 군함을 보게 될 것 같지는 않다. 큰 배는 큰 표적이 되기 때문이다. 어뢰와 유도미사일 발명은 아주 큰 배라도 아주 작은 무기에 의해 파괴될 수 있음을 보여준다. 따라서 군함의 크기가 생존을 보장하지는 않는다. 우리가 이미 본 것이 역사상 가장 큰 배들일 것이다.

오른쪽 방향타가 빠지고 아지포드가 들어갔다. 얼루어 오브 더 시스호는 회전하는 아지포드들로 추진하고 조종한다.

아래쪽 얼루어 오브 더 시스호의 애콰 시어터 Aqua Theatre는 낮에는 물놀이장이고 밤에는 공연장으로, 하이다이빙과 수중 곡예 등 수중 공연이 펼쳐진다.

조종되므로 방향타가 필요 없다. 얼루어 오브 더 시스호는 아지포드가 세 개이며, 각기 6미터짜리 프로펠러가 달려 있다.

대개 배의 프로펠러는 배를 앞으로 미는 데 반해 아지포드의 프로펠러는 보통 포드의 앞에 있어서 물속에서 배를 끈다. 통상적인 구조에서는 물이 배의 추진축과 그 틀 주위로 흘러 프로펠러에 도달한다. 그 경로상의 장애물들이 물의 매끄러운 흐름을 방해한다. 그러나 아지포드 프로펠러는 그 앞에 물의 흐름을 방해할 것이 전혀 없다. 이것이 프로펠러의 효율을 5퍼센트 또는 그 이상 높인다. 얼루어 오브 더 시스호에는 또 네 개의 뱃머리 프로펠러가 있어 작은 항구의 제한된 공간에서 배를 조종할 때 도움을 준다. 그 프로펠러 하나는 최상급 경주용 자동차보다 열 배 이상 강력하다.

이 거대한 배는 갑판이 18개다. 16개는 배의 승객 5,492명을 위한 것이고, 두 개는 승조원 2,384명을 위한 것이다. 얼루어 오브 더 시스호의 승객을 위한 시설은 식당이 10여 개, 수영장 네 개, 거품 목욕탕 여러 개, 플로 라이더(파도타기 기계) 두 개, 가게, 공연장, 스포츠센터, 체육관, 나무가 늘어선 공원 그리고 유람선 사상 최초로 설치된 집라인 zipline(와이어를 타는 야외 스포츠-옮긴이) 등이 있다.

얼루어 오브 더 시스호는 배들 중 최고 거인이었지만, 2016년 세 번째 오아시스급 배인 하모니 오브 더 시스호가 이 선단에 합류하면서 세계 최대 여객선에서 벗어났다. 하모니 오브 더 시스호가 2미터 남짓 더 길다.

더 읽어볼 책

일반 도서

Alexander, Caroline. *The Bounty: The True Story of the Mutiny on the Bounty*. Harper Perennial, 2004.

Ballard, Robert D. *The Discovery of the Titanic*. Hodder & Stoughton, 1987.

_____. *Exploring the Lusitania: Probing the Mysteries of the Sinking that Changed History*. Weidenfeld and Nicolson, 1995.

_____. *The Lost Wreck of the Isis*. Madison Press, 1990.

Bergreen, Laurence. *Columbus: The Four Voyages 1492~1504*. Penguin, 2013.

Cawthorne, Nigel. *Shipwrecks: Disasters of the Deep Seas*. Arcturus, 2013.

Frame, Chris, and Cross, Rachelle. *The Evolution of the Transatlantic Liner*. History Press, 2013.

Giggal, Kenneth (illus. Cornelis de Vries). *Great Classic Sailing Ships*. Webb & Bower, 1988.

Griffiths, Denis; Lambert, Andrew; Walker, Fred. *Brunel's Ships*. Chatham Publishing, 1999.

Hough, Richard. *Captain James Cook: A Biography*. Coronet, 2003.

Ireland, Bernard. *The Hamlyn History of Ships*. Hamlyn, 1999.

Jefferson, Sam. *Clipper Ships and the Golden Age of Sail: Races and Rivalries on the Nineteenth Century High Seas*. Adlard Coles, 2014.

Kentley, Eric. *Cutty Sark: The Last of the Tea Clippers*. Conway, 2014.

Lavery, Brian. *The Conquest of the Ocean: The Illustrated History of Seafaring*. Dorling Kindersley, 2013.

_____. *Ship: 5,000 Years of Maritime Adventure*. Dorling Kindersley, 2004.

Payne, Lincoln. *The Sea and Civilization: A Maritime History of the World*. Atlantic Books, 2014.

Philbrick, Nathaniel. *In the Heart of the Sea: The Epic True Story That Inspired 'Moby Dick.'* Harper Perennial, 2005. (너새니얼 필브릭, 한영탁 옮김, 『바다 한가운데서』, 중심, 2001).

Rayner, Ranulf. *The Story of the America's Cup 1851~2013*. Antique Collector's Club, 2015.

Rediker, Marcus. *The Amistad Rebellion: An Atlantic Odyssey of Slavery and Freedom*. Verso, 2013.

탐험

Alexander, Caroline. *The Endurance: Shackleton's Legendary Antarctic Expedition*. Bloomsbury, 1999. (캐롤라인 알렉산더, 김세중 옮김, 『인듀어런스: 어니스트 섀클턴의 위대한 실패』, 뜨인돌, 2002).

Ballard, Robert D. *Adventures in Ocean Exploration: From the Discovery of the 'Titanic' to the Search for Noah's Flood*. National Geographic, 2001.

Barrie, David. *Sextant: A Voyage Guided by the Stars and the Men Who Mapped the World's Oceans*. William Collins, 2015.

Fernandez-Armesto, Felipe (ed.). *The Times Atlas of World Exploration*. HarperCollins, 1991.

Keay, John (gen. ed.). *The Royal Geographical Society History of World Exploration*. Hamlyn, 1991.

Lincoln, Margarette (ed.). *Science and Exploration in the Pacific: European Voyages to the Southern Oceans in the Eighteenth Century*. Boydell, 2001.

Sobel, Dava. *Longitude: The True Story of a Lone Genius Who Solved the Greatest Scientific Problem of His Time*. Walker, 1995. (데이바 소벨, 김진준 옮김, 『경도 이야기: 인류 최초로 바다의 시공간을 밝혀낸 도전의 역사』, 웅진지식하우스, 2012).

잠수함

Bak, Richard. *The CSS Hunley: The Greatest Undersea Adventure of the Civil War*. Cooper Square Press, 2003.

Hoyt, Edwin P. *The Voyage of the Hunley: The Chronicle of the Pathbreaking Confederate Submarine*. Burford Books, 2002.

Hutchinson, Robert. *Jane's Submarines: War Beneath the Waves from 1776 to the Present Day*. HarperCollins, 2001.

Polmar, Norman, and White, Michael. *Project Azorian: The CIA and the Raising of the K-129*. Naval Institute Press, 2012.

군함

Ballard, Robert D. *The Discovery of the Bismarck*. Hodder & Stoughton, 1990.

_____. *The Lost Ships of Guadalcanal: Exploring the Ghost Fleet of the South Atlantic*. Weidenfeld & Nicolson, 1993.

Hore, Peter. *Battleships*. Lorenz, 2014.

Ireland, Bernard. *Jane's Battleships of the 20th Century*. Harper Collins, 1996.

_____, and Grove, Eric. *Jane's War at Sea*. HarperCollins, 1997.

McGowan, Alan. *HMS 'Victory': Her Construction, Career and Restoration*. Caxton, 2003.

Nelson, James L. *Reign of Iron: The Story of the First Ironclads, The Monitor and the Merrimack*. Harper Perennial, 2005.

Ross, David. *The World's Greatest Battleships: Illustrated History*. Amber Books, 2013.

Rule, Margaret. *'Mary Rose': The Excavation and Raising of Henry VIII's Flagship*. Conway Maritime Press, 1983.

Walker, Sally M. *Secrets of a Civil War Submarine: Solving the Mysteries of the H. L. Hunley*. Carolrhoda Books, 2005.

유용한 웹사이트

U보트
www.uboat.net

거북선
www.navy.memorieshop.com/Korea/index.html

국립 해양 대기청(National Oceanic and Atmospheric Administration)
www.oceanexplorer.noaa.gov

'군사'('Military History')
www.militaryhistory.about.com

내브소스(NavSource) 해군사
www.navsource.org

뉘담 모스
www.nydam.nu

뉴욕 요트 클럽
www.nyyc.org

대서양 횡단 증기선. ConnecticutHistory.org.
www.connecticuthistory.org/steaming-across-the-atlantic

'레인보 워리어호'. 그린피스
www.greenpeace.org/international/en/about/ships/the-rainbow-warrior

'루시타니아호'. PBS: 잃어버린 정기선
www.pbs.org/lostliners/lusitania.html

'리버티선'
www.globalsecurity.org/military/systems/ship/liberty-ships.htm

맥큐, 게리 W.(McCue, Gary W.). '존 필립 홀랜드(1841~1914)와 그의 잠수함'
www.reocities.com/pentagon/barracks/1401

메리 로즈호 박물관
www.maryrose.org

'메이플라워호'. History.com.
www.history.com/topics/mayflower

미국 해군
www.navy.mil

바운티호의 반란. 뉴 월드 백과사전
www.newworldencyclopedia.org/entry/Mutiny_on_the_Bounty

'발명가들'. About.com.
www.inventors.about.com

브루넬의 그레이트 브리튼호
www.ssgreatbritain.org

비글호 항해. AboutDarwin.com.
www.aboutdarwin.com/voyage/voyage01.html

서배너호
www.nssavannah.net

세계 해운 협의회(World Shipping Council)
www.worldshipping.org

야마토호. 제2차 세계대전 데이터베이스
www.ww2db.com/ship_spec.php?ship_id=B1220

영국 국립 역사 선박(National Historic Ships UK)
www.nationalhistoricships.org.uk

우즈홀 해양 연구소(Woods Hole Oceanographic Institution)
www.whoi.edu

워리어호
www.hmswarrior.org

원양 정기선들
www.thegreatoceanliners.com

잠수함 함대 박물관
www.ussnautilus.org

전함 미주리호 기념관
www.ussmissouri.org

조슈아 슬로컴 소사이어티 인터내셔널
www.joshuaslocumsocietyintl.org

'카라벨라: 블루 워터 세일링 선박' ('Caravels: Blue Water Sailing Ships'). InDepthInfo.com.
www.indepthinfo.com/articles/caravel.htm

카트라이트, 마크(Cartwright, Mark). '삼단노선'('Trireme'). 고대사 백과사전
www.ancient.eu/trireme

'칼립소호'. 쿠스토: 1943년 이래 바다의 관리인들
www.cousteau.org/who/calypso

캐리어호
www.uscarriers.net

'커티 사크호의 역사'. 왕립 그리니치 박물관
www.rmg.co.uk/cutty-sark/history

콘월 국립 해양 박물관
www.nmmc.co.uk

콘키티호 박물관
www.kon-tiki.no

'타이태닉호 빙산의 기원'. BBC 히스토리
www.bbc.co.uk/history/topics/iceberg_sank_titanic

'터비니아호'. 영국 국립 역사 선박
www.nationalhistoricships.org.uk/register/138/turbinia

'토리 캐니언호의 마지막 항해'. 스플래시 해양 훈련(Splash Maritime Training)
www.splashmaritime.com.au/Marops/data/less/Poll/torreycan.htm

트라이코스탈 마린(Tri-Coastal Marine)
www.tricoastal.com

퍼스트 플리트 펠로십 빅토리아 주식회사
www.firstfleetfellowship.org.au

프람호 박물관
www.frammuseum.no

'프로젝트 92M 레닌호'. 글로벌 시큐리티(Global Security)
www.globalsecurity.org/military/world/russia/92m.htm

해군사 블로그
www.navalhistory.org

해딩엄, 에반(Hadingham, Evan). '고대 중국 탐험가들'. 노바(Nova). PBS
www.pbs.org/wgbh/nova/ancient/ancient-chinese-explorers.html

해양박물관 및 공원
www.marinersmuseum.org

찾아보기

K1 항해용 크로노미터(K1 marine chronometer) 63
K-129호 210, 211
NR-1호 23
Q-보트(Q-ships) 147
U-20호 135
U-21호 144~147
U-9호 145, 147
U-보트(U-boat) 134, 144~147, 156, 162, 164, 165

가

가냥, 에밀(Gagnan, Emile) 170
갈바닉 부식(galvanic corrosion) 99
갑옷식 판붙임(clinker construction) 16, 19, 36
'게품(個品) 화물'(break bulk cargo) 182
갤리(galleys) 6, 12, 15, 37
거북선 31
걸리나호(Galena, USS) 102
게오르기 포베도노세트호(Georgii Pobedonosets, St. George) 128
게이트웨이 시티호(Gateway City) 184
겹판 건조 방식(lapstrake construction) 19
경도, 측정(longitude, measuring) 63
고크스타 배(Gokstad ship) 27
그나이제나우호(Gneisenau) 152, 153, 157
그레이, 존(Gray, John) 85
그레이트 브리튼호(Great Britain, SS) 82~85, 87
그레이트 웨스턴호(Great Western, SS) 82
그레이트 이스턴호(Great Eastern, SS) 85
그린피스(Greenpeace UK) 190~193
글로마 익스플로러호(Glomar Explorer) 210~213
글로마 챌린저호(Glomar Challenger) 213
글루아르호(Gloire) 98~101
금성 일면 통과(金星日面通過, Transit of Venus) 51, 52
기욤 2세(Guillaume II) 24~27

나

나일 해전(Nile, Battle of the 1798) 56, 58
나폴레옹 보나파르트(Napoleon Bonaparte) 56, 58, 62
나폴레옹호(Napoleon) 89
난센, 프리드쇼프(Nansen, Fridtjof) 110~113
날짜변경선(International Date Line) 45
네어스, 조지(Nares, George) 95
넬슨, 허레이쇼(Nelson, Lord Horatio) 56~59
노르망디호(Normandie, SS) 148~151
노스리버호 증기선(클러먼트호) (North River Steamboat (Clermont)) 64~67
노틸러스호(Nautilus, 1800) 64, 66
노틸러스호(Nautilus, USS) 186~189
노퍽호(Norfolk, HMS) 154
뉘담 배(Nydam ship) 16~19
뉴 아이언사이즈호(New Ironsides) 102
뉴저지호(New Jersey) 174
니냐호(Nina) 32~34
니미츠급 배(Nimitz-class ships) 204, 205, 216

다

다우(dhows) 6, 11
다윈, 찰스(Darwin, Charles) 73~77
대형 삼각돛(lateen sails) 11, 15, 32, 33, 42
데몰로고스호(Demologos) 67
덴고(天號) 작전 168, 169
덴버, 존(Denver, John) 172
도싯셔호(Dorsetshire) 156
드라카르(drakkars) 25
드라카르 랑스킵(drakkars longships) 24
드레드노트호(Dreadnought, HMS) 130~133
드레벨, 코르넬리스(Drebbel, Cornelius) 122
드레이크, 프랜시스(Drake, Sir Francis) 45
드로몬(dromons) 15
디스트로이어호(Destroyer) 114
디젤 전기 추진(diesel-electric propulsion) 190

라

라 2호(Ra II) 181
라 호(Ra) 181
라이트닝(Lightning) 106
라인연습 작전(Operation Rheinubung) 153, 155, 156
랑스킵(longships) 16, 17, 19, 20, 24~26
래틀러호(Rattler, HMS) 86~89
레닌호(Lenin, NS) 194~197

찾아보기 **221**

레오나르도 다빈치(Leonardo da
　Vinci) 86
레이테만 해전(Leyte Gulf, Battle of
　1944) 16
레인보 워리어 2호(Rainbow Warrior
　II) 193
레인보 워리어 3호(Rainbow Warrior
　III) 193
레인보 워리어호(Rainbow Warrior)
　190~193
레인보호(Rainbow) 106
레절루션호(Resolution, HMS) 52
로드니호(Rodney) 156
로마 해군(Roman navy) 15
로버트 E. 피어리호(Robert E. Peary)
　163
로열 윌리엄호(Royal William) 71
로열 조지호(Royal George) 38, 39
로저스, 모지스(Rogers, Moses) 68,
　69
루스벨트, 프랭클린 D.(Roosevelt,
　Franklin D.) 163
루시타니아호(Lusitania, RMS) 134
　~137
루자티, 파스트렝고(Rugiati,
　Pastrengo) 198, 199
뤼트옌스, 귄터(Lutjens, Gunther)
　154, 156
르두타블호(Redoubtable, 1876) 100
르두타블호(Redoutable, 1805) 57
리, 에즈라(Lee, Ezra) 123
리버티선(Liberty ships) 162~165
리베르다지호(Liberdale) 114
리부르니안(liburnians) 15
리빙스턴, 로버트 R.(Livingstone,
　Robert R.) 64~66
린데만, 오토 에른스트(Lindemann,
　Otto Ernst) 156
링컨, 에이브러햄(Lincoln,
　Abraham) 105

마

마우레타니아호(Mauretania, RMS)
　134~136
마운트 템플호(Mount Temple) 142
마젤란, 페르디난드(Magellan,
　Ferdinand) 42~45
막탄 전투(Mactan, Battle of 1521)
　44
매클레인, 맬컴(McLean, Malcolm)
　182~185
매키, 알렉산더(McKee, Alexander)
　38, 39
맥아더, 더글러스(MacArthur,
　Douglas) 175, 176
맥아더, 엘런(MacArthur, Ellen) 117
머제스틱호(Majestic) 146
메데아(Medea) 21
메리 로즈호(Mary Rose) 36~41
메이플라워호(Mayflower) 46~49
메인호(Maine, USS) 118
메테오르호(Meteor) 97
모니터호(Monitor, USS) 102~105
모라호(Mora) 24~27
무사시호(武藏號) 166, 168
무쓰호(陸奥號) 195
무어, 프랜시스(Moore, Frances)
　108
미드웨이급(Midway class) 161
미슬호(Mysl) 190
미시간호(Michigan, USS) 100, 131
미주리호(Missouri, USS) 174~177

바

바사호(Vasa) 38
바운티호(Bounty) 128
바이킹(Vikings) 6, 16, 17, 19, 24
　~27, 34, 48
바이퍼호(Viper, HMS) 132
바인, 앨린(Vine, Allyn) 206
바크(barks) ⇨ 세대박이
바턴, 오티스(Barton, Otis) 207
바티스카프(bathyscaphes) 209

반달호(Vandal) 190
밸러드, 로버트(Ballard, Dr. Robert)
　20~23, 137, 142, 143, 155
뱅크스, 조지프(Banks, Joseph) 51
버밍엄호(Birmingham, USS) 159
버지니아호(Virginia, CSS) 102
　~104
보선(寶船) 28~31
보인호(Boyne) 39
볼티모어 클리퍼(Baltimore clippers)
　78, 79
부슈널, 데이비드(Bushnell, David)
　86, 123
뷔상토르호(Bucentaure) 57
브라운, 리처드(Brown, Richard) 90
브라운, 배질(Brown, Basil) 19
브레멘호(Bremen) 136, 148
브루넬, 이점바드 킹덤(Brunel,
　Isambard Kingdom) 82~85, 87
브리태닉호(Britannic) 143
블라이, 윌리엄(Bligh, William) 128
블랙 프린스호(Black Prince) 100
블랜드, 에드(Bland, Ed) 209
블루리본(Blue Riband) 136, 149,
　151
비글호(Beagle, HMS) 72~77
비비, 윌리엄(Beebe, William) 207,
　209
비스마르크호(Bismarck) 152~157
빅토리선(Victory ships) 164, 165
빅토리아 여왕(Victoria) 92
빅토리아호(Victoria) 42~45
빅토리어스호(Victorious, HMS)
　154, 155
빅토리호(Victory, HMS) 54~59

사

사라고사 조약(Zaragoza, Treaty of
　1529) 45
사쓰마호(薩摩號) 131
사이밍턴, 윌리엄(Symington,
　William) 65

산 안토니오호(San Antonio) 42, 44
산타 마리아호(Santa Maria) 32~35
산타크루스 전투(Santa Cruz, Battle of 1797) 56, 58
산티아고호(Santiago) 42, 43
살라미스 해전(Salamis, Battle of 482 BCE) 13, 14
삼단노선(三段櫓船, triremes) 12~15
상비센트곶 해전(Cape St. Vincent, Battle of 1797) 54
샘슨, 찰스(Samson, Charles) 159
샤럿 던다스호(Charlotte Dundas) 65
샤른호르스트호(Scharnhorst) 152, 153, 157
샹플랭, 사뮈엘 드(Champlain, Samuel de) 48
서배너호(Savannah, NS) 195, 196
서배너호(Savannah, SS) 68~71
서북 항로(Northwest Passage) 53
서턴후, 서퍽주(Sutton Hoo, Suffolk) 19
서퍽호(Suffolk, HMS) 154
석유 유출(oil spills) 198~201
'선(先) 선체' 구조('shell-first' construction) 10, 23
세대박이(barks) 72, 86, 99, 106, 110
셉모르푸티호(Sevmorput) 195
셰어, 라인하르트(Scheer, Reinhard) 132
수선장갑대(belt armour) 98
수용선(receiving hulks) 97
수중 음파탐지기(sonar) 97
슈비거, 발터(Schwieger, Walther) 135
슈퍼드레드노트(superdreadnoughts) 131, 158
스레셔호(Thresher, USS) 142
스미스, 에드워드 J.(Smith, Edward J.) 140~142
스미스, 존(Smith, John) 48
스미스, 프랜시스 페팃(Smith, Francis Pettit) 86, 87, 89
스베르드루프, 오토(Sverdrup, Otto) 113
스코피언호(Scorpion, USS) 142
스콧, 로버트 팰컨(Scott, Robert Falcon) 113
스크루 프로펠러(screw propellers) 82, 83, 85~89
스타 허큘리스호(Star Hercules) 21, 22
스타렐라호(Starella) 20
스탬퍼드브리지 전투(Stamford Bridge, Battle of 1066) 24
스토크스, 프링글(Stokes, Pringle) 73
스티븐스, 존 콕스(Stevens, John Cox) 90
스티어스, 제임스 리치(Steers, James Rich) 90
스티어스, 조지(Steers, George) 90
스파르텔곶 해전(Spartel, Battle of 1782) 54
스프레이호(Spray) 114~117
스피드웰호(Speedwell) 47
슬로컴, 조슈아(Slocum, Joshua) 114~117
시 위치호(Sea Witch) 106
시나노호(信濃號) 166
시리우스호(Sirius, HMS) 60~63
시티 오브 뉴욕호(City of New York, SS) 139
싱케, 조지프(Cinquez, Joseph, 'Cinque') 78, 80
쓰시마 해전(對馬沖海戰, 1905) 126

아

아가멤논호(Agamemnon, HMS) 58
아르고스호(Argus, HMS) 159
아르고호(Argo) 20
아르키메데스호(Archimedes, SS) 83, 87
아메리카 컵(America's Cup) 90~93
아메리카호(America) 90~93
아모코 카디즈호(Amoco Cadiz) 201
아문센, 로알(Amundsen, Roald) 113
아미스타드호(Amistad) 78~81
아부키르호(Aboukir, HMS) 145
아이디얼 X호(Ideal X, SS) 182~185
아이언 위치호(Iron Witch) 88
아이오와급(Iowa-class) 174, 176
아지포드(Azipods) 214, 216, 217
아처, 콜린(Archer, Colin) 111
아퀴드넥호(Aquidneck) 114
아크 로열호(Ark Royal, HMS) 154, 156
안티키호(Antiki) 181
알람호(Alarm, HMS) 99
알레피드호(Alepide) 88
알렉토호(Alecto, HMS) 87, 88
앙리 그라사 디외호(Henry Grâce á Dieu) 37
애틀랜틱 엠프레스호(Atlantic Empress, SS) 200
앤 매킴호(Ann McKim) 106
앤더슨, 윌리엄 R.(Anderson, William R.) 188
앤서니 두루마리(Anthony Roll) 37
앨버트 공(Albert, Prince) 82, 92
앨빈호(Alvin, DSV) 206~209
앵뱅시블호(Invincible) 99
야마토호(大和號) 166~169
야스페르센 컬렉션(Jaspersen Collection) 16
얼루어 오브 더 시스호(Allure of the Seas, MS) 214~217
에게언 캡틴호(Aegean Captain) 200
에러버스호(Erebus) 88
에릭슨, 존(Ericsson, John) 88, 89, 102, 105
에식스호(Essex) 168
에이릭손, 레이프(Eriksson, Lief) 34

엑손 발데스호(Exxon Valdez) 201
엔겔하르트, 콘라드(Engelhart, Conrad) 16, 18
엔터프라이즈호(Enterprise, USS) 202~205
엘리자베스 2세(Elizabeth II) 117
엘말라크, 카말(el-Mallakh, Kamal) 8, 9
엘카노, 후안 세바스티안(Elcano, Juan Sebastian) 45
영락제(永樂帝) 28, 30, 31
예비함대(Mothball Fleet) 176
예이젠시테인, 세르게이(Eisenstein, Sergei) 129
오단노선(五段櫓船, quinqueremes) 14
오라이언급 배(Orion-class ships) 132
오로라호(Aurora) 92
오리건호(Oregon, USS) 118~121
오세베르그 배(Oseberg ship) 27
오션급 배(Ocean-class ships) 162 ⇨ 리버티선(Liberty ships)
오스트레일리아 2호(Australia II) 92
오아시스 오브 더 시호(Oasis of the Seas) 215
오토 한호(Otto Hahn) 195
올림피아스호(Olympias) 15
올림픽호(Olympic, RMS) 138, 139, 143
요르트스프링 배(Hjortspring boat) 19
용선(龍船) ⇨ 드라카르
우드겟, 리처드(Woodget, Richard) 108
운터제보트(Unterseeboot) ⇨ U보트
워리어호(Warrior, HMS) 100, 101
워싱턴호(Washington) 114
원자력선(nuclear ship) 186, 194~197, 203
월리스, 앨프리드 러셀(Wallace, Alfred Russel) 76, 77

월시, 돈(Walsh, Don) 209
위스콘신호(Wisconsin) 174
윌리엄 1세(William I) ⇨ 기욤 2세
유나이티드 빅토리호(United Victory, SS) 165
유르케비치, 블라디미르(Yurkevich, Vladimir) 149, 150
유틀란트 해전(Jutland, Battle of 1916) 132
이글호(Eagle, HMS) 123, 158
이단노선(二段櫓船, biremes) 12
이사벨 1세(Isabella I) 32
이순신(李舜臣) 31
이시스호(Isis) 20~23
인데버호(Endeavour, HMS) 50~53
인디애나급(Indiana class) 120
인디펜던스호(Independence) 98
일 드 프랑스호(Ile de France) 149
일러스트리어스호(Illustrious, HMS) 158~161
일리, 유진 버턴(Ely, Eugene Burton) 159
임프레그너블호(Impregnable, HMS) 55

자

잠수구(bathyspheres) 207
잠수함(submarines) 7, 23, 64, 66, 86, 122~125, 132, 134, 135, 137, 142~147, 156, 158, 166, 168, 172, 186~189, 194, 197, 204, 206, 208, 210~213
잭슨, F. G.(Jackson, F. G.) 113
저넷호(Jeanette) 110
저비스, 존(Jervis, Sir John) 54
「전함 포툠킨(Battleship Potemkin)」 129
정복자 윌리엄(William the Conqueror) ⇨ 기욤 2세
정화(鄭和) 28~31
제러마이아 오브라이언호(Jeremiah O'Brien, SS) 165

제럴드 R. 포드급(Gerald R. Ford) 205, 216
제이슨 원격 조작 잠수기(Jason ROV) 21, 22
제이슨 프로젝트(Jason Project) 21
제임스 베인스호(James Baines) 106
젠틀먼호(Gentleman) 81
젤리코, 존(Jellicoe, Sir John) 132
조지 3세(George III) 50
존 W. 브라운호(John W. Brown, SS) 165
존 해리슨(Harrison, John) 63
증기터빈 엔진(steam-turbine engines) 131, 132
집시 모스 4호(Gipsy Moth IV) 117

차

찰스턴호(Charleston) 69
챈티클리어호(Chanticleer, HMS) 73
챌린저호(Challenger, HMS) 94~97
철갑함(ironclads) 99, 100, 102, 104, 105
치체스터, 프랜시스(Chichester, Francis) 117
'침하 효과'('squat effect') 216

카

카농오뷔지에(canon-obusier, 곡사포) 101
카라벨라(caravels) 32, 46
'카라벨라' 판붙임('Caravela' planking) 36, 46
카라카(carracks) 32, 42
카르파티아호(Carpathia) 142
카를 5세(Charles V) 42
카보토, 조반니(Caboto, Giovanni) 48
카이저, 헨리 J.(Kaiser, Henry J.) 163
칼립소호(Calypso, RV) 170~173
캐벗, 존(Cabot, John) 48 ⇨ 카보토,

조반니
캘리포니안호(Californian) 142
캡틴호(Captain, HMS) 58
커루, 조지(Carew, Sir George) 40
커티 사크호(Cutty Sark) 106~109
컨테이너선(container ships) 182~185
케르베로스호(Cerebus, HMVS) 105
코르벳(corvettes) 95
코르부스(corvus, 까마귀) 14
코브라호(Cobra, HMS) 132
코펜하겐 해전(Copenhagen, Battle of 1801) 56, 58
콘셉시온호(Concepcion) 42, 44, 45
콘테 디 카보우르호(Conte di Cavour) 160
콘티키호(Kon-Tiki) 178~181
콜럼버스, 크리스토퍼(Columbus, Christopher) 32~35
쿠니베르티, 비토리오(Cuniberti, Vittorio) 130, 131
쿠론호(Couronne) 99
쿠바 미사일 위기(Cuban Missile Crisis) 202, 203
쿠스토, 자크이브(Cousteau, Jacques-Yves) 170~173
쿠푸 파라오의 태양선(Khufu, Pharaoh: solar barge) 8~11 ⇨ 태양선
쿡, 제임스(Cook, James) 50~53, 60, 62, 63
퀴라소호(Curacao) 71
퀸 메리호(Queen Mary) 151
크나르(knarrs) 25
크레시호(Cressy, HMS) 145
크루즈 유람선(cruise ships) 214~217
크루프 장갑(Krupp armour) 119, 126
크리스천, 플레처(Christian, Fletcher) 128
크발순 배(Kvalsund ship) 19

클러몬트호(Clermont) 64~67
클리퍼(clippers) 106~109
클리퍼드 J. 로저스호(Clifford J. Rogers) 185
킹 조지 5세호(King George V) 156

타
타란토 전투(Taranto, Battle of 1940) 158, 160
타이태닉호(Titanic, RMS) 137~143, 155, 208
탕가로아호(Tangaroa) 180
태양선(solar barge) 8~11
탠틀링거, 키스(Tantlinger, Keith) 183
터비니아호(Turbinia) 132
터틀호(Turtle) 86, 123
테러호(Terror) 88
테미스토클레스(Themistocles) 13
텔레프레즌스(telepresence) 21, 22
토르데시야스 조약(Tordesillas, Treaty of 1494) 43, 45
토리 캐니언호(Torrey Canyon, SS) 198~201
톰슨, 찰스 와이빌(Thomson, Charles Wyville) 94, 95
트라이엄프호(Triumph) 146
트라팔가르 해전(Trafalgar, Battle of 1805) 56~59, 64
트리니다드호(Trinidad) 42, 44, 45
트리아콘테로스(triaconters, 30櫓船) 12
트리에스테호(Trieste) 209
티그리스호(Tigris) 181
티르피츠, 알프레트 폰(Turpitz, Alfred von) 144
티르피츠호(Tirpitz) 152, 153, 157
팀비, 시어도어 러글스(Timby, Theodore Ruggles) 102, 103

파
파나마운하(Panama Canal) 118, 120, 166, 175
파슨스, 찰스(Parsons, Charles) 131, 132
파토호(Pato) 114
파피루스 배(papyrus boats) 10
패스파인더호(Pathfinder, HMS) 145, 146
패트릭 헨리호(Patrick Henry, SS) 162~165
퍼세이익급 배(Passaic-class ships) 105
퍼스트 플리트 선단(First Fleet) 60~63
페레이라, 페르난두(Pereira, Fernando) 192
페르난도 2세(Ferdinand II) 32
펙상포(Paixhans guns) 101
펜테콘테로스(penteconters, 50櫓船) 12
평저선(平底船) 4, 107
폐선(廢船, hulks) 60
포툠킨호(Potemkin) 126~129
푸에블로호(Pueblo) 204
풀턴, 로버트(Fulton, Robert) 64~68, 86
프람호(Fram) 110~113
프랜시스 스미스호(Francis Smith) 86
프렌티스, 이소벨(Prentice, Isobel) 170
프로젝트 아조리안(Project Azorian) 211, 213
프리덤 스쿠너 아미스타드호(Freedom Schooner Amistad) 79
프리티, 이디스(Pretty, Edith) 19
프린스 오브 웨일스호(Prince of Wales) 154, 155
프린스턴호(Princeton, USS) 88, 89
프린츠 오이겐호(Prinz Eugen) 153~155, 157

플라스티키호(Plastiki) 181
플라잉 클라우드호(Flying Cloud) 106
플런저호(Plunger) 123
플로이트(fluyts) 46, 47
피닉스호(Phoenix) 68
피어리, 로버트(Peary, Robert) 113
피츠로이, 로버트(FitzRoy, Robert) 73~76
피치, 존(Fitch, John) 64
피카르, 자크(Piccard, Jacques) 209
핀타호(Pinta) 32, 34, 35
필그림파더스(Pilgrim Fathers) 46~49
필립, 아서(Phillip, Arthur) 60~62

하

하디, 토머스(Hardy, Thomas) 57, 58
하랄 3세(Harald III) 24
하모니 오브 더 시스호(Harmony of the Seas) 215, 217
하비 장갑(Harveyized armour) 119
하워드, 에드워드(Howard, Sir Edward) 40
항공모함(aircraft carriers) 152, 158~161, 166~168, 174~177, 189, 197, 202~205, 214, 216
해럴드 2세(Harold II) 24, 26, 27
해스컬급 배(Haskell-class ships) 165
해적(pirates) 15, 30, 69, 78, 88, 115, 215
핼리벗호(Halibut) 210
헌리호(Hunley, CSS) 124
헌터, 존(Hunter, John) 60
헤르욜프손, 뱌르니(Herjolfsson, Bjarni) 34
헤르싱, 오토(Hersing, Otto) 145, 147
헤위에르달, 토르(Heyerdahl, Thor) 178~181
헤이스팅스 전투(Hastings, Battle of 1066) 27
헤일스 트로피(Hales Trophy) 149
헨리 8세(Henry VIII) 36, 37, 40
헨리, 패트릭(Henry, Patrick) 163
헬라스 리버티호(Hellas Liberty, SS) 165
현측포(舷側砲) 철갑선(broadside ironclads) 102, 104
호그호(Hogue, HMS) 145
호쇼호(鳳翔號) 159
호시, 가이(Horsey, Guy) 150
호크호(Hawke, HMS) 139
홀랜드, 존 필립(Holland, John Philiip) 122, 123, 125
홀랜드 6호(Holland VI, HMS) 122~125
홀랜드호(Holland, USS) 122~125
화물 잠수함(cargo submarines) 188
후드호(Hood, HMS) 154, 155
후서토닉호(Housatonic, USS) 124
'흉벽(胸壁)' 모니터선('breastwork' monitors) 105
히베르니아호(Hibernia, HMS) 159

이미지 저작권

알라미 스톡 포토(Alamy Stock Photo)
9: ⓒtravelpixs; 30: ⓒChris Hellier; 33: ⓒThe Art Archive; 80 (위쪽): ⓒWorld History Archive; 127: ⓒHeritage Image Partnership Ltd; 156: Trinity Mirror / Mirrorpix; 181: ⓒEverett Collection Inc.; 197: ⓒITAR-TASS Photo Agency

크리에이티브 코먼스(Creative Commons)
10 (아래쪽): ⓒIris Fernandez / Ancient World Image Bank; 12: ⓒMatthiasKabel / SwissChocolateSC; 15 (위쪽): ⓒMaciej Szczepańczyk; 15 (아래쪽): ⓒAlaniaris; 17 (위쪽): ⓒBullenwächter; 19 (아래쪽), 101 (아래쪽): ⓒGeni; 22 (위쪽): ⓒSailko; 29: ⓒVmenkov; 31: ⓒSteve46814; 40 (아래쪽), 41 (아래쪽): ⓒPeter Crossman of the Mary Rose Trust; 41 (위쪽), 160: ⓒTony Hisgett; 48: ⓒMupshot; 50: ⓒArchives New Zealand; 60: ⓒState Library of New South Wales; 62 (아래쪽): ⓒJJ Harrison; 73, 74 (아래쪽), 76 (아래쪽): ⓒWellcome Trust; 75: ⓒGraeme Bartlett; 84: ⓒMike Peel; 100 (위쪽): ⓒBarry Lewis; 100 (아래쪽): ⓒPaul Hermans; 109: ⓒGeorges Jansoone; 113: ⓒDr. Mirko Junge; 125 (위쪽): ⓒPat David; 128: ⓒDan Kasberger; 149: ⓒNyctopterus; 152: ⓒMaomatic / Shipbucket.com; 162: ⓒKallgan; 166: ⓒAlexpl; 168 (위쪽): ⓒHideyuki KAMON; 170: ⓒRene Beauchamp; 171: ⓒPeters, Hans / Anefo; 173: ⓒOlivier Bernard; 195: ⓒChristopher Michel; 196: ⓒAcroterion; 200: ⓒBrocken Inaglory; 203: ⓒBill Larkins; 211: ⓒTedQuackenbush; 214: ⓒDaMongMan; 215: ⓒJonathan Palombo; 216: ⓒMartin Nikolaj Christensen; 217 (아래쪽): ⓒRennett Stowe

게티(Getty)
21: ⓒDe Agostini Picture Library; 22 (아래쪽): ⓒAnnie Griffiths Belt; 25, 107: ⓒDe Agostini Picture Library; 39: ⓒEpics; 63: ⓒTopical Press Agency / Springer; Front cover, 70 (위쪽), 83, 87 (위쪽): ⓒScience & Society Picture Library; 71: ⓒUniversal History Archive; 79: ⓒHartford Courant; 122, 153: ⓒullstein bild; 139: ⓒDavid Paul Morris / Stringer; 143: ⓒPrint Collector; 150: ⓒFox Photos / Stringer; 169, 183 (위쪽): ⓒTime Life Pictures; 172: ⓒABC Photo Archives; 191: ⓒTom Stoddart Archive; 192: ⓒAFP / Stringer; 198: ⓒPopperfoto; 208 (위쪽): ⓒEmory Kristof and Alvin Chandler

셔터스톡(Shutterstock)
3: ⓒSergey Kohl; 7, 47: ⓒJoseph Sohm; 8: ⓒhecke61; 28: ⓒSIHASAKPRACHUM; Back cover (위쪽), 45, 68, 136, 137, 164 (위쪽), 164 (아래쪽): ⓒEverett Historical; 59 (위쪽): ⓒDavid Muscroft; 59 (아래쪽): ⓒMargaret Smeaton; 93: ⓒChristopher Halloran; 131: ⓒSergey Kohl; 158, 159 (위쪽): ⓒMcCarthy's PhotoWorks; 180 (위쪽): ⓒAnton_Ivanov; 180 (아래쪽): ⓒPixeljoy; 184: ⓒegd; 185: ⓒhxdyl; 187: ⓒDlabajdesign; 193: ⓒChameleonsEye; 194: ⓒsvic | Shutterstock

기타
10 (위쪽): ⓒDorling Kindersley | Thinkstock 151: ⓒAndré Wilquin | Mary Evans Picture Library 212: ⓒClaus Lunau | Science Photo Library

※ 지도 일러스트는 린지 존스가 그렸으며, 다른 모든 이미지는 저작권이 소멸됐다.

선박 톤수에 관하여

수세기에 걸쳐 선박의 크기와 무게는 놀라울 정도로 다양한 단위로 측정되어왔다. 일부 '톤수'의 숫자는 무게를 나타내는 것이 아니라 화물 운반 용량을 잰 것이다. 그것은 14세기로 거슬러 올라간다. 이때 선박에는 운송할 수 있는 화물의 양에 따라 세금이 부과됐다. 화물의 기본 단위는 툰(tun)이라고 불리는 와인 한 통이었다. 1,146리터(252갤런)의 용량에 무게는 1,016톤이었다.

19세기까지만 해도 선박의 적재량은 종종 톤(ton)으로 표시됐다.

선박의 등급을 매기는 데 사용되는 다른 많은 측정 방법 중 가장 일반적인 것은 다음과 같다. 배수량 톤수 또는 배수량은 떠 있는 선박이 밀어내는 물의 무게다. 이는 선박의 무게와 같다.

19세기 중반에 도입된 총 등록톤수는 선박의 총 내부 부피를 측정하는 것이다. 1 등록톤수는 약 100세제곱피트($2.83m^3$)의 부피다. 이는 세제곱피트 단위로 측정한 선박의 부피를 100으로 나누어 계산한다.

1969년 국제협정에 따라 총톤수가 총 등록톤수를 대체됐다. 이는 선박의 부피(m^3)를 기반으로 한 수학 공식에 의해 주어진다.

Fifty Ships that Changed the Course of History: A Nautical History of the World
By Ian Graham
copyright ⓒ 2016 Quarto Publishing
All rights reserved
Korean translation edition ⓒ 2025 Sanchurum
Published by arrangement with Quarto Publishing
Through Bestun Korea Agency
All rights reserved.

이 책의 한국어 판권은 베스툰 코리아 에이전시를 통하여
저작권자인 Quarto Publishing Plc과 독점 계약한 도서출판 산처럼에 있습니다.
저작권법에 의해 한국 내에서 보호를 받는 저작물이므로
어떠한 형태로든 무단 전재와 무단 복제를 금합니다.

세계사를 바꾼 50가지 배 이야기

지은이 이언 그레이엄
옮긴이 이재황
펴낸이 윤양미
펴낸곳 도서출판 산처럼

등 록 2002년 1월 10일 제1-2979
주 소 서울시 종로구 사직로8길 34 경희궁의 아침 3단지 오피스텔 412호
전 화 02-725-7414
팩 스 02-725-7404
E-mail sanbooks@hanmail.net
홈페이지 www.sanbooks.com

제1판 제1쇄 2025년 11월 10일

ISBN 979-11-91400-23-6 03900

값 33,000원
＊잘못된 책은 바꿔 드립니다.